Direito
Constitucional

O GEN | Grupo Editorial Nacional – maior plataforma editorial brasileira no segmento científico, técnico e profissional – publica conteúdos nas áreas de concursos, ciências jurídicas, humanas, exatas, da saúde e sociais aplicadas, além de prover serviços direcionados à educação continuada.

As editoras que integram o GEN, das mais respeitadas no mercado editorial, construíram catálogos inigualáveis, com obras decisivas para a formação acadêmica e o aperfeiçoamento de várias gerações de profissionais e estudantes, tendo se tornado sinônimo de qualidade e seriedade.

A missão do GEN e dos núcleos de conteúdo que o compõem é prover a melhor informação científica e distribuí-la de maneira flexível e conveniente, a preços justos, gerando benefícios e servindo a autores, docentes, livreiros, funcionários, colaboradores e acionistas.

Nosso comportamento ético incondicional e nossa responsabilidade social e ambiental são reforçados pela natureza educacional de nossa atividade e dão sustentabilidade ao crescimento contínuo e à rentabilidade do grupo.

Aline **Soares** Lucena Carnaúba

COORDENAÇÃO
Renee do Ó **Souza**

Direito
Constitucional

2ª EDIÇÃO REVISTA, ATUALIZADA E REFORMULADA

- A autora deste livro e a editora empenharam seus melhores esforços para assegurar que as informações e os procedimentos apresentados no texto estejam em acordo com os padrões aceitos à época da publicação, e todos os dados foram atualizados pela autora até a data de fechamento do livro. Entretanto, tendo em conta a evolução das ciências, as atualizações legislativas, as mudanças regulamentares governamentais e o constante fluxo de novas informações sobre os temas que constam do livro, recomendamos enfaticamente que os leitores consultem sempre outras fontes fidedignas, de modo a se certificarem de que as informações contidas no texto estão corretas e de que não houve alterações nas recomendações ou na legislação regulamentadora.
- Fechamento desta edição: 25.02.2022
- A Autora e a editora se empenharam para citar adequadamente e dar o devido crédito a todos os detentores de direitos autorais de qualquer material utilizado neste livro, dispondo-se a possíveis acertos posteriores caso, inadvertida e involuntariamente, a identificação de algum deles tenha sido omitida.
- **Atendimento ao cliente: (11) 5080-0751 | faleconosco@grupogen.com.br**
- Direitos exclusivos para a língua portuguesa
  Copyright © 2022 by
  Editora Forense LTDA.
  Uma editora integrante do GEN | Grupo Editorial Nacional
  Travessa do Ouvidor, 11 – Térreo e 6º andar
  Rio de Janeiro – RJ – 20040-040
  www.grupogen.com.br
- Reservados todos os direitos. É proibida a duplicação ou reprodução deste volume, no todo ou em parte, em quaisquer formas ou por quaisquer meios (eletrônico, mecânico, gravação, fotocópia, distribuição pela Internet ou outros), sem permissão, por escrito, da Editora Forense Ltda.
- Esta obra passou a ser publicada pela Editora Método | Grupo GEN a partir da 2ª edição.
- Capa: Bruno Sales Zorzetto
- **CIP – BRASIL. CATALOGAÇÃO NA FONTE.**
  SINDICATO NACIONAL DOS EDITORES DE LIVROS, RJ.

C286d
2. ed.

Direito constitucional / Aline Soares Lucena Carnaúba; coordenação Renee do Ó Souza. – 2. ed. – Rio de Janeiro: Método, 2022.
400 p.; 21 cm.   (Método essencial)

Inclui bibliografia
ISBN 978-65-5964-417-9

1. Direito constitucional. 2. Serviço público – Brasil – Concursos. I. Souza, Renee do Ó. II. Título. III. Série.

22-76365   CDU: 342(81)

Gabriela Faray Ferreira Lopes – Bibliotecária – CRB-7/6643

Mensagem

Este livro parte da simples ideia de que já estive no lugar daquele que se propõe a lê-lo.

Pura e simples empatia... que ainda vai nos dar o mundo no qual merecemos voar!

Voe!

Vamos pro jogo!

Boa leitura.

Aline Soares Lucena Carnaúba

Apresentação

Poucas são as provas de concursos públicos em que não é cobrado o conteúdo da matéria de Direito Constitucional; dos cargos de nível médio aos de nível superior, cada vez mais a matéria se encontra presente, ainda que minimante, o que demonstra a necessidade de seu estudo; não obstante, sabemos que o tempo é um bem escasso e que, podendo ser bem aproveitado, assim o devemos fazer.

No intuito de oferecer um material didático, completo no que se refere aos principais conteúdos de Direito Constitucional cobrados nas provas de concursos públicos e, obviamente, otimizando o tempo de estudo do ponto – afinal, não apenas ele estará na sua prova! – nasce a presente obra.

Aqui, uma visão abrangente da matéria, mas sem a pretensão de esgotá-la; entretanto, levando o leitor direto ao conteúdo cobrado e reincidente em provas de concursos públicos de todo o país.

Espero que este livro lhe sirva como uma bússola a orientar, ao menos na matéria de Direito Constitucional, no caminho para a aprovação da desejada carreira pública!

Bons estudos e um grande abraço!

Sumário

Capítulo 1
O Direito Constitucional 1
1.1 Constitucionalismo e neoconstitucionalismo 1
1.2 Constituição: conceito, sentidos, classificações, histórico e elementos 3
    1.2.1 Acepções de Constituição 4
    1.2.2 Classificação das Constituições 7
    1.2.3 Quadro-resumo do histórico das Constituições brasileiras 13
    1.2.4 Elementos da Constituição 16

Capítulo 2
Hermenêutica Constitucional 19
2.1 Métodos de interpretação da Constituição 19
2.2 Princípios de interpretação da Constituição 21
2.3 Mutação constitucional e reforma da Constituição 23
2.4 Regras e princípios 23

Capítulo 3
Poder Constituinte 25
3.1 Conceito e titularidade 25
3.2 Espécies e formas de exercício 26
3.3 Exercício do Poder Constituinte: a ordem jurídica anterior e fenômenos possíveis 30
3.4 Graus de retroatividade da norma constitucional 33
3.5 Vacância da Constituição (*Vacatio Constitutionis*) 34

Capítulo 4

Controle de Constitucionalidade 35

4.1 Conceito e introdução 35
4.2 Espécies de inconstitucionalidade 37
4.3 Sistemas de controle de constitucionalidade das leis 41
4.4 Momentos do controle de constitucionalidade 42
4.5 Vias de ação ou de invocação processual do controle de constitucionalidade 44
4.6 Controle difuso 45
4.7 Controle concentrado 50
    4.7.1 ADI 51
    4.7.2 ADO 64
    4.7.3 ADC 69
    4.7.4 ADPF 71
    4.7.5 Representação interventiva – hipótese de controle concentrado e concreto 78
    4.7.6 Controle de constitucionalidade nos estados-membros da Federação 80

Capítulo 5

Dos Princípios, dos Direitos e das Garantias Fundamentais 85

5.1 Dos princípios fundamentais 85
    5.1.1 Direitos e garantias fundamentais – teoria e regime jurídico constitucional 88
5.2 Direitos e garantias fundamentais na CF/1988 94
    5.2.1 Normas gerais 94
    5.2.2 Dos direitos e deveres individuais e coletivos – art. 5º.. 96
        5.2.2.1 Direito à vida 96
        5.2.2.2 Direito à liberdade 97
        5.2.2.3 Direito (princípio) à igualdade 98
        5.2.2.4 Princípio da legalidade (art. 5º, II, da CF/1988) 100
        5.2.2.5 Direito à liberdade de expressão (art. 5º, IV, V, IX, XIV) 100
        5.2.2.6 Liberdade de crença religiosa, de convicção política e filosófica (art. 5º, VI, VII e VIII) 102

5.2.2.7 Liberdade de atividade intelectual, artística, científica ou de comunicação (art. 5°, IX e X)............ 104
5.2.2.8 Proibição de tortura (art. 5°, III).............................. 104
5.2.2.9 Inviolabilidade da intimidade, da vida privada, da honra, da imagem das pessoas e domiciliar (art. 5°, X e XI)............ 105
5.2.2.10 Inviolabilidade das correspondências e comunicações (art. 5°, XII).............. 107
5.2.2.11 Liberdade de profissão (art. 5°, XIII)........................ 109
5.2.2.12 Liberdade de reunião e de associação (art. 5°, XVI, XVII a XXI)............ 109
5.2.2.13 Direito de propriedade (art. 5°, XXII, XXIII, XXIV, XXV e XXVI)............ 111
5.2.2.14 Direito de petição e de certidão (art. 5°, XXXIV).... 112
5.2.2.15 Princípio da inafastabilidade da jurisdição (art. 5°, XXXV)............ 113
5.2.2.16 Princípio de proteção ao direito adquirido, à coisa julgada e ao ato jurídico perfeito – limites à retroatividade da lei (art. 5°, XXXVI)............ 114
5.2.2.17 Direitos e garantias processuais (art. 5°, XXXVII, XXXVIII, XXXIX, XL, XLV, XLVI, XLVII, LIII, LIV, LV, LVI, LVII, LX, LXII, LXIII, LXIV, LXV, LXVII, LXXIV, LXXVIII)............ 115
5.2.2.18 Vedação a racismo, tortura, tráfico de entorpecentes, terrorismo, crimes hediondos e ação de grupos armados contra a ordem constitucional – mandados de incriminação e de imprescritibilidade (art. 5°, XLII, XLIII, XLIV)............ 126
5.2.2.19 Ações constitucionais previstas no art. 5° – "remédios constitucionais" (LXVIII, LXIX, LXX, LXXI, LXXII, LXXIII)............ 127
5.2.2.20 Extradição (art. 5°, LI e LII)............ 138
5.2.2.21 Prisão, excesso e indenização por erro judiciário (art. 5°, LXI, LXVI e LXXV)............ 139
5.2.2.22 Direito ao sigilo de dados pessoais em meios digitais (LXXIX)............ 140
5.3 Direitos sociais............ 140
5.4 Da nacionalidade............ 143
5.5 Direitos políticos 147

Capítulo 6

Organização Político-Administrativa 151
6.1 Introdução 151
6.2 A Federação na Constituição Federal de 1988 154
6.3 Os entes federativos e os Territórios Federais 155
6.4 Repartição de competências entre os entes federativos ... 161
6.5 Intervenção 166
    6.5.1 Intervenção federal 167
    6.5.2 Intervenção estadual 171

Capítulo 7

Da Administração Pública na Constituição 173
7.1 Introdução 173
7.2 Os princípios administrativos 174
7.3 Organização da Administração Pública e ingresso no serviço público 177
7.4 Regime jurídico dos agentes públicos 183
7.5 Outras regras importantes destinadas à Administração 193

Capítulo 8

Os Poderes do Estado – Legislativo, Executivo e Judiciário 201
8.1 Tripartição de Poderes 201
8.2 Poder Legislativo 203
    8.2.1 Câmara dos Deputados 204
    8.2.2 Senado Federal 206
    8.2.3 Comissões 209
        8.2.3.1 CPIs 209
    8.2.4 Reuniões e atribuições do Congresso Nacional ... 216
    8.2.5 Estatuto dos Congressistas 218
        8.2.5.1 Imunidades 218
        8.2.5.2 Prerrogativa de foro 221
        8.2.5.3 Outras previsões 222
    8.2.6 Incompatibilidades com o exercício do cargo e perda do mandato 223

8.2.7 Membros dos Poderes Legislativos estaduais, distritais e municipais: deputados estaduais, distritais e vereadores 226
8.2.8 Função legislativa do Poder Legislativo – processo legislativo 226
8.2.9 Função fiscalizadora do Poder Legislativo – os Tribunais de Contas 233
  8.2.9.1 Tribunal de Contas da União 234
  8.2.9.2 Tribunais de Contas estaduais, distritais e municipais 237
8.3 Poder Executivo 238
  8.3.1 Investidura, impedimentos e vacância 239
  8.3.2 Atribuições do Presidente da República 241
  8.3.3 Poder Regulamentar e decretos autônomos 242
  8.3.4 Órgãos auxiliares à Presidência da República – Ministros e Conselhos 243
  8.3.5 Crimes de responsabilidade e crimes comuns 245
8.4 Poder Judiciário 248
  8.4.1 Órgãos do Poder Judiciário e garantias 249
  8.4.2 Garantias aos Magistrados e regras 249
  8.4.3 Alguns órgãos da estrutura do Poder Judiciário e previsões constitucionais 252
    8.4.3.1 CNJ 252
    8.4.3.2 STF 253
    8.4.3.3 STJ 254
    8.4.3.4 Justiça Federal 255
    8.4.3.5 Justiça do Trabalho 257
    8.4.3.6 Justiça Eleitoral 259
    8.4.3.7 Justiça Militar 260
    8.4.3.8 Justiça Estadual e Distrital 261
    8.4.3.9 Os precatórios judiciais 261
    8.4.3.10 Súmula Vinculante 269

Capítulo 9

Das Funções Essenciais à Justiça 271
9.1 Introdução 271
9.2 O Ministério Público 271
9.3 Advocacia Pública 276

9.4 Advocacia 277
9.5 Defensoria Pública 278

Capítulo 10
Da Defesa do Estado e das Instituições Democráticas ... 281
10.1 Introdução 281
10.2 Estado de Defesa 282
10.3 Estado de Sítio 283
10.4 Forças Armadas 285
10.5 Segurança Pública 287

Capítulo 11
Sistema Tributário Nacional 291
11.1 Introdução 291
11.2 Competência e espécies tributárias 292
    11.2.1 Impostos 296
    11.2.2 Taxas 301
    11.2.3 Contribuições de melhoria 302
    11.2.4 Empréstimos compulsórios 303
    11.2.5 Contribuições e COSIP 304
11.3 Limitações constitucionais ao poder de tributar – princípios constitucionais 307
    11.3.1 Introdução 307
    11.3.2 Princípio da legalidade tributária 308
    11.3.3 Princípio da isonomia tributária 310
    11.3.4 Princípio da não surpresa tributária 310
    11.3.5 Princípio do não confisco 312
    11.3.6 Princípio da liberdade de tráfego 314
    11.3.7 Princípio da uniformidade geográfica, da uniformidade da tributação de rendas dos entes federativos e da vedação a isenções heterônomas 315
    11.3.8 Princípio da não discriminação tributária 315
    11.3.9 Imunidades tributárias 316
    11.3.10 Repartição de receitas tributárias 323

Capítulo 12
Das Finanças Públicas 327

12.1 Introdução 327
12.2 Normas gerais 328
12.3 Orçamento 330
12.4 Vedações do art. 167 334

Capítulo 13
Da Ordem Econômica e Financeira 341

13.1 Introdução 341
13.2 Princípios da ordem econômica brasileira 342
13.3 A atuação do Estado na ordem econômica 344
   13.3.1 Agente econômico em sentido estrito 344
   13.3.2 Agente normativo e regulador 346
   13.3.3 Agente prestador de serviços públicos 346
   13.3.4 Atuação em regime de monopólio e exploração de recursos minerais e potenciais de energia hidráulica em face do art. 21, VIII e IX 347
   13.3.5 Política urbana, agrícola e fundiária, e reforma agrária .. 349
13.4 O Sistema Financeiro Nacional (SFN) 353

Capítulo 14
Da Ordem Social 355

14.1 Introdução 355
14.2 Seguridade Social 355
   14.2.1 Saúde 358
   14.2.2 Previdência social 360
   14.2.3 Assistência social 363
14.3 Educação 364
14.4 Cultura 371
14.5 Desporto 372
14.6 Ciência, tecnologia, inovação e comunicação social 373
14.7 Meio ambiente 374
14.8 Da família, da criança, do adolescente, do jovem e do idoso 376
14.9 Dos índios 378

Referências 381

1

O Direito Constitucional

1.1 Constitucionalismo e neoconstitucionalismo

O **Constitucionalismo** consiste em um movimento teórico, político e jurídico – não se restringindo a apenas um movimento, mas vários, como o inglês, o americano, o francês – que consistia em estruturar racionalmente o Estado e limitar seu poder então arbitrário, por meio de uma base documental que servisse de suporte invocável e demonstrável pelo indivíduo dessa limitação do Estado, nascendo assim as constituições escritas.

Aqui, há que se atentar para duas situações: todo Estado organizado possui uma Constituição, ainda que não escrita; trata-se do conceito fático de Constituição. É desse reconhecimento que se extrai o conceito material de constituição. A chamada constituição material – ou seja, de existência, do que existe, que está no mundo – independe de um reconhecimento formal, documental para tanto. E é nesse ponto que difere do conceito formal de constituição – aperfeiçoado pelo movimento constitucional.

Apesar de ser comumente apontado como marco do constitucionalismo a Constituição dos Estados Unidos de 1787 e a Constituição da França de 1791, ambas frutos do ápice do movimento constitucional, é preciso se atentar que antes mesmo dessas Cartas, na Idade Média, encontravam-se os primeiros movimentos constitucionais, como a Magna Carta Inglesa de 1215, assinada pelo rei João Sem Terra, que limitava seus poderes ante a pressão dos nobres e do clero, e na Idade Moderna, a *Petition of Rights* de 1628, o *Habeas Corpus Act*, de 1679, a *Bill of Rights*, de 1689, e o *Act of Settlement*, de 1701.

O Direito Constitucional nasce com o constitucionalismo e se consubstancia em um ramo do Direito Público, cuja maior preocupação é organizar o Estado e limitar os poderes de seu governante, o que lhe denota uma natureza mais política – ainda que se trate de um documento escrito – do que jurídica.

Especialmente após a Segunda Grande Guerra Mundial e o movimento pós-positivista – que abandona o positivismo de Kelsen que, em suma, desapega o Direito de qualquer valor e teoria metafísica (KELSEN, 2018) –,[1] as consequências dos influxos dos Direitos Humanos e a aproximação, em face disso, do Direito com a ética, é que surge com maior vigor a partir do século XXI, um novo olhar ao constitucionalismo e ao próprio Direito Constitucional.

Sob uma nova perspectiva, o constitucionalismo deixa de exercer a função precípua de limitar o poder do soberano e apenas organizar o Estado, para, por meio de seu texto, empoderar-se e tornar eficazes suas previsões. Passa assim, do plano retórico para o plano de plena realização e concretude, devendo ser esse seu desiderato: a efetivação da Constituição e a realização no plano concreto de suas previsões e valores

---

[1]. Não obstante, que fique claro: a Teoria Pura do Direito de Kelsen jamais justificou as práticas da Alemanha nazista.

(modelo axiológico). A esse novo movimento dá-se o nome de **neoconstitucionalismo**.

Assim, podemos estabelecer as seguintes diferenças entre os dois movimentos constitucionais:

Constitucionalismo	Neoconstitucionalismo
Código Civil (CC) – centro do sistema (+ liberalismo)	Constituição – centro do sistema (liberalismo/intervencionismo do Estado)
Previsões constitucionais – declarações políticas de baixa força normativa	Previsões constitucionais – normas jurídicas dotadas de normatividade e superioridade
Modelo descritivo (deontológico)	Modelo valorativo (axiológico)
Normas restritas ao âmbito público	Normas que se irradiam às relações privadas também
Estado Legislativo de Direito	Estado Constitucional de Direito

1.2 Constituição: conceito, sentidos, classificações, histórico e elementos

Podemos conceituar a Constituição, que é o objeto de estudo do Direito Constitucional, como a norma jurídica dotada de princípios e regras jurídicas fundamentais – aqui não se tratando do mesmo conceito de Kelsen para norma fundamental (KELSEN, 2018) –,[2] supremos e a cuja observância estão vinculados todos os Poderes Constituídos do Estado na sua atuação, com o fim de lhe dar plena eficácia e realização.

Joaquim José Canotilho, chamando de "Constituição Ideal", apresenta os seguintes requisitos de uma constituição: 1. a constituição ser escrita; 2. a enumeração de direitos funda-

---

[2] A norma fundamental de Kelsen se encontra no plano metafísico que dá origem à constituição.

mentais individuais; 3. a adoção da democracia – configurando assim um estado democrático e 4. a limitação dos Poderes constituídos. A esse elenco acrescente-se a forma do Estado.

Não obstante, é preciso se atentar ao chamado fenômeno de expansão do objeto das Constituições, inaugurado com as Constituições de Weimar e do México de 1919, trata-se do fato de as atuais constituições, como a brasileira de 1988, tratarem de diversas matérias, além daquelas acima enumeradas, como as matérias ligadas aos Direitos Sociais, dando origem ao que chamamos de normas de programa ou programáticas (SILVA, 2006).

1.2.1 Acepções de Constituição

a) Constituição em sentido sociológico

Sentido de Constituição cuja representação é atribuída a **Ferdinand Lassalle**.

Na visão sociológica de Lassalle, a constituição só se legitimaria caso correspondesse aos fatores reais de poder que imperam em uma determinada sociedade, ou seja, seria a constituição um fato social que deveria estar replicado naquilo que estivesse escrito em seu documento, sob pena de não passar de uma mera **"folha de papel"**, que em nada reflete o fato social que, ao fim, esse, sim, seria a constituição.

b) Constituição em sentido político

O sentido político de Constituição foi desenvolvido por **Carl Schmitt**.

Segundo essa construção, a constituição é uma decisão política fundamental; faz Carl Schmitt a distinção entre **Constituição e lei constitucional**. Nesse sentido, só seria

Constituição aquilo que dissesse respeito às decisões políticas fundamentais, como organização do Estado, aquisição e limitação de poder etc.; aquilo que estivesse na constituição e não dispusesse desses temas seria apenas leis constitucionais.

Exemplificando por meio de normas contidas na Constituição Federal de 1988 (CF/1988), a norma contida no art. 2º é Constituição, porquanto organiza os Poderes do Estado; já a norma que consta do art. 230, § 2º, que trata da gratuidade nos transportes coletivos urbanos aos maiores de 65 anos, seria lei constitucional, pois não se trata de nenhuma decisão política fundamental do Estado.

Aqui, vale mencionar o **sentido material e formal** da Constituição, por muito se aproximar da construção teórica de Schmitt, sendo a Constituição formal aquela que obedeceu a um rito formal de promulgação da constituição e, portanto, independentemente de seu conteúdo, norma constitucional tudo contido nela será; e constituição material são as normas que tratam de conteúdo constitucional – organização do Estado, forma de aquisição de poder, limitações do soberano etc. – independentemente da forma que tenham sido postas no ordenamento jurídico.

c) **Constituição em sentido jurídico**

Tem como seu maior expoente o austríaco **Hans Kelsen**.

Nesse sentido, a Constituição seria norma jurídica, sob uma perspectiva formal, porquanto feita pela vontade e razão humanas, totalmente desvinculadas de qualquer fundamento sociológico, filosófico ou político e, portanto, puro direito posto, determinando como se deve ser, não apenas os destinatários das normas, mas como todo o ordenamento jurídico, a que a ela deve submissão (supremacia da Constituição).

Uma vez que a Constituição se desvencilha de fundamentos sociológicos, filosóficos ou políticos, seu fundamento de validade se encontra na chamada *norma hipotética fundamental*, que se trata de uma norma suposta, contida no plano lógico-jurídico.

Assim, a norma fundamental do Estado, a **Constituição, estaria no plano jurídico-positivo**; a norma fundamental que baseia e dá validade à Constituição é a norma fundamental de Kelsen que, repita-se, está dissociada de qualquer valor de natureza filosófica, política ou sociológica.

Para Kelsen, o fundamento de validade das normas não se encontra na realidade social do Estado, mas na relação de hierarquia existente entre as normas jurídicas, estando a Constituição no ápice do sistema piramidal proposto por ele.

Atenção!

No ápice da pirâmide jurídica, pensada por Kelsen, a norma que se encontra no topo é a Constituição posta no plano jurídico-positivo. A sua conhecida norma fundamental não se encontra na pirâmide por ele pensada, justamente porque não se encontra no plano jurídico, mas no plano lógico-jurídico, ou seja, fora da pirâmide jurídica. Portanto, Norma Fundamental e Constituição são conceitos distintos para Kelsen.

d) **Constituição aberta**

Segundo Joaquim José Gomes Canotilho, trata-se de conceito pelo qual se busca a manutenção da força normativa da Constituição para que permaneça regendo as relações de seu tempo. A ideia é relativizar a função material da Constituição e, em suma, para que não haja desmoronamento ou perda de sua força de regulação, a necessidade de se desconstitucionalizar certos elementos inseridos na Constituição, como matérias de ordem econômica, social etc.

Registre-se que a banca CEBRASPE/CESPE já questionou em concurso para o cargo de Analista dos Correios, dando como correta a afirmação de que a ideia de uma constituição aberta está ligada à possibilidade de sua permanência dentro de seu tempo, evitando-se o risco de perda ou desmoronamento de sua força normativa.

1.2.2 Classificação das Constituições

a) Quanto à origem

- **Outorgadas:** são as Constituições **impostas** por um agente detentor de poder, sem ter recebido legitimidade do povo para tanto. **No Brasil**, as Constituições de **1824**, a do Império, a de **1937** e a de **1967** são exemplos desse tipo de constituição. Alguns autores ainda mencionam a Emenda Constitucional (EC) de **1969** ante o fecho maior do regime ditatorial que se vivia à época. Recebem o apelido de "Cartas Constitucionais", exatamente por consistirem em uma "carta", uma imposição por um "recado" do detentor do poder aos seus súditos, sem a participação destes no documento de forma alguma.
- **Promulgadas:** outras nomenclaturas são votada, democrática ou popular, em face da participação do povo, por meio do **regime de democracia direta ou indireta**. Com exceção das acima mencionadas, todas as demais constituições brasileiras foram democráticas: **1891, 1934, 1946 e 1988**. São as chamadas "Constituições" por excelência.

- **Cesaristas:** são outorgadas pelo detentor do poder, porém, necessitam de plebiscito ou ratificação popular para validar a vontade do agente revolucionário que a outorga; aqui, não há democracia, o que a aproxima muito mais das constituições outorgadas do que das promulgadas. Nenhuma Constituição brasileira observou o modelo.
- **Pactuadas:** também conhecidas como dualistas. São as constituições fruto da detenção do poder constituinte em mãos de mais de um titular, como Poder Executivo e Poder Legislativo; rei e aristocracia; monarquia e burguesia (geralmente entre duas forças políticas rivais). Anacrônica, foi bastante utilizada por monarquias da Idade Média.

b) **Quanto à forma**

- **Escritas:** também conhecidas como instrumentais e não costumeiras; muito próprias dos sistemas jurídicos de *civil law*. São as constituições escritas, sistematizadas em um documento assim definido, no qual se estabelece regras mínimas de constituição do Estado, exercício e obtenção de poder. Exemplo: a Constituição Brasileira de 1988.
- **Costumeiras:** "não escritas" ou consuetudinárias, são aquelas não documentadas de forma sistematizada em um único documento, o que não quer dizer, por si sós, que não estejam documentadas. A diferença fundamental é que as costumeiras, devido ao seu processo de produção, pelo costume que se torna a constituição, estão contidas em documentos esparsos. O exemplo clássico é a Constituição inglesa.[3]

---

3. O professor Paulo Bonavides entende que, atualmente, não existem constituições totalmente costumeiras, sendo a da Inglaterra "parcialmente costumeira", tendo em vista que sua composição é: direito estatutário (*statute law*); direito jurisprudencial (*case law*); costume – especialmente o parlamentar (*parliamentary custom*) – e os acordos constitucionais (*constitutional conventions*).

c) **Quanto ao conteúdo**

- **Material:** constituição material é a parte da Constituição que cuida, essencialmente, de assuntos ligados a constituição, organização, obtenção de poder e funcionamento do Estado, bem como estabelece direitos e garantias fundamentais, ou seja, trata de matéria substancialmente (por isso também é conhecida como Constituição substancial) constitucional. O que importa para caracterizá-la é o seu conteúdo.
- **Formal:** aqui o que importa é o processo de inserção da norma no mundo jurídico, não o seu conteúdo. Assim, uma vez inserida uma determinada norma, qualquer que seja o assunto que trate, em um documento sistematizado como Constituição, tratar-se-á de norma constitucional, e dessa natureza será a Constituição. Exemplo: a Constituição brasileira de 1988.

Atente-se que uma Constituição, como a brasileira de 1988, traz conteúdo de ordem material e formal; porém, a partir do momento que cuida de outras matérias senão aquelas descritas no conceito da acepção material, trata-se de constituição formal. A Constituição de 1988 é um exemplo desse tipo de constituição.

d) **Quanto ao modo de elaboração**

- **Dogmáticas:** trata-se de constituição desenvolvida com base em uma ideologia política e jurídica dominante em uma determinada época, por um órgão constituinte com poder para tanto. Podem ser ortodoxas ou simples, quando se valem de apenas um marco ideológico; podem ser ecléticas ou compromissárias, com base em diferentes ideologias, mas que se convergem no texto constitucional. **São sempre escritas!**

- **Históricas:** resultam de um lento processo de aperfeiçoamento de uma determinada sociedade; em um dado momento, diante do apanhado de documentos produzidos, tem-se uma síntese histórica de determinada sociedade. Não são escritas!

   e) **Quanto à estabilidade**

- **Imutáveis:**[4] são aquelas que não admitem procedimento de modificação e requerem, em caso de alteração, a ação do Poder Constituinte Originário. Absolutamente em desuso, vez que não acompanham o processo evolutivo da sociedade. Alguns autores afirmam que a Constituição brasileira possui uma parte imutável, e nessa parte atenderia à classificação, dando origem à classificação **super-rígida** (Alexandre de Moraes), qual seja, o art. 60, § 4°, da CF de 1988. Vale mencionar que o Supremo Tribunal Federal (STF) não adota a teoria, vez que permite alteração nas normas contidas no núcleo pétreo, caso não haja intenção de abolir e mais resguardar o núcleo pétreo.[5]

- **Rígidas:** são as que estabelecem um procedimento especial e mais dificultoso, destacado do processo legislativo ordi-

---

[4]. Segundo a classificação proposta pelo Professor Uadi Lammêgo Bulos, são diferentes das por ele classificadas como **fixas**; as normas constitucionais fixas só podem ser modificadas por competência igual à que a criou, ou seja, apenas pelo Poder Constituinte originário.

[5]. ADI n°s 3.105/DF e 3.128/DF, no qual foi decidido pelo STF a possibilidade de os inativos serem "taxados" em face do regime instituído pela EC n° 41. No caso, a Corte se debruçou sobre a possibilidade de ser mitigado o direito de não pagar contribuição previdenciária – o que seria um direito fundamental do aposentado – ante o art. 60, § 4°, da CF/1988. A Corte deliberou, ainda que não de forma unânime, pela possibilidade, demonstrando que direitos e garantias fundamentais, apesar de estarem acobertados pela cláusula de petrificação, podem, sim, dentro de um juízo de razoabilidade, ser relativizados. Ainda sobre o tema, a teoria da dupla revisão, que admitiria a modificação de matéria abarcada pelo núcleo pétreo, contanto que antes fosse a própria norma contida no art. 60, § 4°, modificada previamente, havendo assim, duas revisões: a norma do art. 60, § 4° e aquela que se visava alterar e se encontrava impossibilitada pela previsão constitucional de imutabilidade.

nário, para a sua alteração. É o caso da CF de 1988, conforme o art. 60, § 2°. **Decorre da rigidez da Constituição o princípio da supremacia da Constituição, sendo este o pressuposto para o surgimento e a efetivação do Controle de Constitucionalidade das normas abaixo da Constituição.**

- **Flexíveis:**[6] são as Constituições que, ao contrário da de tipo rígido, não demandam um processo legislativo diferente do ordinário para a sua alteração. A Constituição é alterada pelo mesmo processo legislativo afeto às leis ordinárias e por isso essas podem revogar o texto constitucional.
- **Semirrígidas:** a única Constituição brasileira que adotou o referido modelo foi a do Império, de 1824. Trata-se de modelo constitucional que em uma parte de seu texto adota o modelo rígido e, em outra, o modelo flexível.

f) **Quanto à extensão**

- **Analíticas:** conhecidas também como largas, prolixas, extensas, são aquelas que não cuidam apenas da organização básica do Estado, descendo a pormenores não próprios da matéria, mas que, por alguma razão política, o Poder Constituinte originário achou por bem inserir no texto constitucional. Possuem regras material e formalmente constitucionais, bem como, e especialmente, normas classificadas como programáticas (SILVA, 2006).
- **Sintética:** dotada de conteúdo resumido, abreviado e de matérias próprias à organização do Estado e direitos fundamentais, ou seja, matérias substancialmente constitucionais, relegando à especificação de seu texto ao legislador ordinário. São conhecidas como constituição concisa, breve, sumária, resumida ou sucinta.

---

[6] Uadi Lammêgo Bulos difere essas das **transitoriamente flexíveis**, que, por algum tempo definido em norma constitucional, podem ser modificadas pelo processo legislativo ordinário e, após o transcurso do tempo, apenas pelo procedimento rígido.

g) **Quanto à correspondência com a realidade (ontológico)**

Esta classificação foi proposta por Karl Loewestein, constitucionalista alemão.

- **Normativas:** são aquelas que, efetivamente, conseguem regular a vida política do Estado, por estarem em plena harmonia com a realidade social; por isso o seu nome, normativa, ou seja, elas normatizam, determinam, realmente, a vida no Estado.
- **Nominativas:** ao contrário das normativas, ante a desarmonia com a realidade social, apenas possuem o "nome" de Constituição – assemelhando-se aqui com a "folha de papel" de Lassalle –, embora tenham sido elaboradas com o intuito de regular a vida política estatal. São constituições cujas normas simplesmente "não pegam" – como costumamos falar acerca de algumas leis.
- **Semânticas:** essas constituições, desde a elaboração, se afastam da função normativa, apenas servindo como ponto de partida para o Estado. Objetivam, em suma, conferir legitimidade ao grupo detentor de poder, bem como mantê-lo.

h) **Quanto à finalidade**

- **Constituição-garantia:** trata-se da chamada Constituição-negativa. É a Constituição que tem como função precípua limitar os poderes do Estado. Possui texto sintético. Trata-se de modelo clássico de Constituição, dos primeiros movimentos constitucionais.
- **Constituição-balanço:** destina-se a registrar, por meio da promulgação de seu texto, o estágio das relações de Poder em um determinado Estado; terminado esse período, é promulgado outro texto com a mesma finalidade, retratando as forças sociais que estruturam a sociedade e o Estado.

- **Constituição-dirigente:** ao contrário da Constituição-garantia, possui texto analítico e sua função é "dirigir", estabelecer diretrizes e fins a serem alcançados pelo Estado. A Constituição estabelece um programa que deve ser cumprido pelo Estado.

i) **Quanto à função**

Trata-se de classificação proposta por Jorge Miranda (2003).

- **Provisória:** é a Constituição que se estabelece antes da Constituição definitiva, em fase pré-constitucional, com a função de definir o regime de elaboração e aprovação da Constituição definitiva e de organizar o poder político para os fins de cumprir com essa missão, bem como erradicar a ideologia do regime a ser substituído pela nova ordem constitucional.
- **Definitiva:** é a Constituição promulgada em definitivo, como o próprio nome diz, com o intuito de reger o Estado e lhe dar continuidade.

Em suma:

Classificação da CF de 1988: promulgada, escrita, formal, dogmática, rígida, analítica, normativa, dirigente e definitiva.

1.2.3 Quadro-resumo do histórico das Constituições brasileiras

Constituição do Império de 1824	Outorgada
	Conteúdo liberal (Primeira Dimensão)
	Quatro Poderes – Poder Moderador do Imperador
	Semirrígida
	Estado unitário
	Monarquia
	Texto mais longevo

Constituição Republicana de 1891	Promulgada Conteúdo liberal (Primeira Dimensão) Três Poderes Rígida Forma de Governo – República Estado Federado – com autonomia Municipal
Constituição de 1934	Promulgada Direitos fundamentais sociais (Segunda Dimensão) Inspiração em Weimar, 1919 Três Poderes Rígida Forma de Governo – República Estado Federado
Constituição de 1937 – A Constituição do Estado Novo ("Polaca")	Outorgada Inaugura a primeira ditadura Três Poderes – forte concentração nas mãos do Presidente da República Inspirada na Constituição Polonesa de 1935 Previsão de pena de morte para crimes políticos Previsão de censura prévia da imprensa Ausência de previsão do princípio da legalidade e da irretroatividade da lei em seu texto Previsão de plebiscito para vigência Fato interessante: o Brasil participava da 2ª Grande Guerra Mundial, ao lado dos Aliados, países na sua maior parte de regime democrático, em plena ditadura

Constituição de 1946	Promulgada
	Redemocratização do país
	Três Poderes
	Rígida
	Forma de Governo – República
	Estado Federado
	EC de 1961 estabelece o Parlamentarismo, mas foi rejeitado por plebiscito
	Constitucionaliza Direitos Sociais – Direito de Greve
	Constitucionaliza Direitos Políticos pela primeira vez
	Regime democrático representativo com eleições diretas
	Exclui a pena de morte
	Inclui o princípio da inafastabilidade da jurisdição
Constituição de 1967	Golpe Militar de 1964
	Inspirada na Carta de 1937
	Três Poderes – forte concentração de poderes no Presidente da República (PR)
	Rígida
	Forma de Governo – República
	Estado Federado
	Forte preocupação com a segurança nacional
	Rol de direitos fundamentais com diminuição dos individuais
Constituição de 1969 (EC n° 1 à Constituição de 1967)	Forma: Emenda Constitucional
	Material: nova Carta (maioria da doutrina)
	Outorgada
	Mudança na estrutura constitucional tributária e econômica
	Regime ditatorial
Constituição de 1988	Resultado dos trabalhos da Assembleia Nacional Constituinte, que foi convocada pela EC n° 26, de 27.11.1985

1.2.4 Elementos da Constituição

Ante a diversidade de dispositivos inseridos na Constituição e as várias finalidades deles, o que denota o aspecto ou natureza polifacético da Constituição, a doutrina, embora divirja na eleição desses elementos, achou por bem agrupar as normas ante suas características ou "faces" no texto constitucional, o que se traduz nos elementos da Constituição. Aqui, segue a classificação mais aceita, que é a do professor José Afonso da Silva, por se mostrar mais completa (SILVA, 2006):

a) **Elementos orgânicos:** como o próprio nome diz, normas que **organizam o Estado**, regulando a sua estrutura. Ex.: Título III – Da Organização do Estado; Título VI – Da Tributação e do Orçamento.

b) **Elementos limitativos:** da mesma forma, o próprio nome fala por si. São as normas constitucionais que visam **limitar** os poderes estatais e sua atuação, conferindo direitos e garantias fundamentais aos indivíduos. Ex.: Título II – Dos Direitos e Garantias Fundamentais – com exceção dos Direitos Sociais, que são elementos sociológicos.

c) **Elementos sociológicos:** estabelecem o compromisso do Estado com a sociedade. Equilibra o Estado liberal, de índole individualista, com o Social, de índole comunitarista e, assim, intervencionista. Ex.: Capítulo II do Título II – Dos Direitos Sociais; Título VII – Da Ordem Econômica e Financeira.

d) **Elementos de estabilização constitucional:** são os elementos da constituição que visam assegurar a resolução de conflitos constitucionais entre os entes políticos, a sua defesa e das instituições democráticas. São instrumentos de proteção e paz do próprio ordenamento jurídico-constitucional produzido. Ex.: Título V – Da Defesa do Estado e das Instituições Democráticas.

e) **Elementos formais de aplicabilidade:** estabelecem as regras de aplicação da constituição. Ex.: ADCT; preâmbulo; art. 5°, § 1°.

Observe: o fato de uma norma estar inserida em um dispositivo que, em regra trate de um determinado elemento ou na sua maior parte dele, não quer dizer, por si só, que todos os outros possuam a mesma natureza. *Vide* o título que trata dos Direitos e Garantias Fundamentais, onde no próprio art. 5°, que trata dos direitos e garantias individuais, em seu § 1° se excetua e o próprio Capítulo que trata dos Direitos Sociais, da mesma forma.

2

Hermenêutica Constitucional

2.1 Métodos de interpretação da Constituição

Os métodos de interpretação da Constituição são o modo, o caminho, o meio utilizado para se extrair o significado e a própria norma constitucional contida no seu texto. São eles:

a) **Método jurídico:** é o chamado método hermenêutico clássico, do qual se parte da consideração de que a Constituição é uma lei; assim sendo, aplicam-se a ela todos os métodos clássicos de interpretação jurídica. São os elementos de interpretação: o genético, o gramatical, o lógico (sistemático), o histórico, o teleológico, o doutrinário e o jurisprudencial.

b) **Método tópico-problemático:** neste método, parte-se do problema concreto ("tópico") para a norma, com o intuito de, a partir desse cotejo, se achar a solução jurídica mais apropriada do problema concreto. Por serem normas abertas, as normas constitucionais devem ser aplicadas mediante a discussão do problema, com o intuito de dar concretude ao texto. A crítica que se faz ao método é do casuísmo que pode gerar na aplicação da norma constitucional. Autor de referência: Theodor Viehweg (1964).

c) **Método hermenêutico-concretizador:** neste caso, o que se verifica é o caminho inverso do método anterior. Parte-se da norma, de sua interpretação, para se achar a solução ao caso concreto que se submete a ela. São os seus pressupostos interpretativos: subjetivos (pré-compreensões do intérprete sobre a norma); objetivos (cotejo da norma pré-apreendida com o caso concreto, servindo o intérprete como mediador, em um movimento de "ir e vir", entre a norma e a situação concreta, chamado de círculo hermenêutico). Autor de referência: Hans-Georg Gadamer (1998).

d) **Método científico-espiritual:** na leitura da norma constitucional, não deve o intérprete se ater ao expresso pela norma, mas aos valores subjacentes e em cotejo com a realidade social que deve cercar a sua atuação. Desta feita, a Constituição acompanha a dinâmica das relações sociais, renovando-se ao passo da sociedade. É também conhecido como "método integrativo". Autor de referência: Rudolf Smend (1985).

e) **Método normativo-estruturante:** segundo este método, não há identidade entre texto normativo e norma jurídica. Atente-se: texto normativo é o que está escrito; norma jurídica é o que se extrai da sua interpretação. Desta feita, para se chegar ao sentido da norma, deve-se cotejar o texto constitucional em sua literalidade com a realidade social, pois o texto normativo é apenas a "ponta do *iceberg*" da norma jurídica a ser extraída. Autor de referência: Friedrich Müller (1999).

f) **Método comparativo:** parte-se da interpretação de várias constituições, de vários ordenamentos jurídicos, acerca do mesmo tema, com a finalidade de se chegar a uma interpretação comum, por meio da atenção à evolução de institutos jurídicos, bem como identificando semelhanças e diferenças. Autor de referência: Peter Häberle (2001).

2.2 Princípios de interpretação da Constituição

Os princípios de interpretação da Constituição são os pilares que devem ser observados na interpretação da norma constitucional; escolhido o método, devem ser observadas as seguintes bases:

a) **Princípio da unidade da Constituição:** as normas postas em uma Constituição devem ser interpretadas de forma globalizada, afastando suas antinomias. Trata-se a Constituição de um sistema que, ao fim, deve se manter integrado ante a atividade interpretativa. Deve-se harmonizar os espaços de tensão entre as normas, não havendo que se falar em suplantação de uma norma por outra, porquanto todas possuem a mesma dignidade; e nem em inconstitucionalidade de normas originárias.

b) **Princípio do efeito integrador:** trata-se de corolário do princípio da unidade da Constituição, vez que na solução de problemas que demandem a interpretação da norma constitucional deve-se dar primazia à interpretação que reforça a unidade da Constituição no contexto político e social.

c) **Princípio da máxima efetividade:** conhecido como princípio da eficiência ou da interpretação efetiva. Determina que o intérprete deve atribuir à norma constitucional o sentido que mais lhe dê eficácia social. Embora originalmente voltado para as chamadas normas programáticas, tem sido muito usado para as normas que definem direitos fundamentais.

d) **Princípio da justeza:** também chamado "da conformidade funcional"; voltado para o órgão interpretativo da Constituição, no sentido de que sua interpretação não pode se voltar para o absurdo que subverta ou perturbe a ordem organizatório-funcional constitucional.

e) **Princípio da harmonização:** também conhecido como da "concordância prática"; decorre do princípio da unidade da Constituição. Segundo o princípio, os bens jurídicos protegidos pela Constituição devem ser todos protegidos na interpretação, para que possam existir concomitantemente, sem prejuízo ou predomínio em **abstrato** de um sobre o outro. Aqui, atente-se ao fato de que em **concreto**, no momento de interpretação, um bem pode prevalecer (não derrogar!) sobre o outro.

f) **Princípio da força normativa da Constituição:** aos aplicadores, na solução dos conflitos, devem dar prevalência às soluções que possam atribuir à norma constitucional o máximo de efetividade, conferindo-lhe máxima aplicabilidade.

g) **Princípio da interpretação conforme a Constituição:** impõe-se ao intérprete que, diante de normas polissêmicas ou plurissignificativas (que possuam mais de uma interpretação válida), se adote aquela que mais se coadune com o texto constitucional. São parâmetros a serem observados: a prevalência da Constituição; a busca pela conservação da norma; a exclusão de interpretação *contra legem*; a admissão de um espaço de interpretação pela norma; a rejeição da norma inconstitucional fruto da interpretação; a impossibilidade de atuação do intérprete como legislador positivo.

h) **Princípio da proporcionalidade e razoabilidade:** trata-se de princípio de natureza axiológica, que emana das ideias de justiça, equidade, bom senso, prudência, moderação e proibição de excesso. Especialmente voltado para situações de colisão entre valores consagrados pela Constituição.

i) **Teoria dos poderes implícitos (*implied powers*)**: desenvolvida pelo constitucionalismo norte-americano, preconiza que, quando a Constituição confere uma função a um determinado órgão, deve-se interpretar que, implicitamente, a ele também foram atribuídos todos os meios para o exercício dessa competência.

2.3 Mutação constitucional e reforma da Constituição

A mutação constitucional e a reforma da Constituição são institutos que se assemelham no fato de que ambos promovem mudanças na Constituição; por um, a mudança segue um rito preestabelecido no próprio texto constitucional de maneira formal, e é aperfeiçoado pelo Poder Constituinte Derivado, tratando-se das reformas constitucionais. Na mutação, o processo de mudança não é formal, mas material; decorre da Constituição, em face do poder de interpretação conferido por ela a uma Corte constitucional – no nosso caso, o Supremo Tribunal Federal, conforme a Constituição brasileira de 1988; quem exerce esse poder de reforma é o Poder Judiciário.

A mutação ocorre na provocação do Poder Judiciário; a reforma, pelo próprio ofício do Poder Constituinte Derivado, sem necessidade de provocação de terceiros para agir. Ainda, na mutação, não há alteração do texto constitucional em si, mas apenas uma releitura. Na reforma, formalmente, por meio do processo contido na própria Constituição.

2.4 Regras e princípios

Ambos são espécies de normas jurídicas, porém, inseridos na CF/1988, não há qualquer relação de hierarquia entre as espécies; diferenciam-se apenas na densidade normativa.

As (normas) regras são normas jurídicas de conteúdo de baixa abstratividade, obedecendo à regra do "tudo ou nada", ou seja, devendo eventual conflito entre elas ser resolvido por meio da eleição de uma norma aplicável ao caso concreto; por isso, com aplicação direta por meio de subsunção do fato ao seu conteúdo. São mandamentos de definição.

Os princípios são normas jurídicas de elevado grau de abstração, que não são aplicados aos casos concretos diretamente pela regra da subsunção, caracterizando-se como verdadeiros "*standards*" do Direito e que, exatamente por isso, quando conflitantes, não se excluem por meio da regra do "tudo ou nada", mas da ponderação entre eles para a solução do choque e definição daquele que deve prevalecer diante do caso concreto. São mandamentos de otimização.

3

Poder Constituinte

3.1 Conceito e titularidade

O Poder Constituinte é o poder de elaborar e modificar a constituição de um Estado que adota o tipo rígido de texto constitucional, exercido pelos legisladores legitimados para tanto, como no caso do texto de nossa Constituição Federal, nos termos do que determina o art. 60.

A titularidade do poder está contida no art. 1º, parágrafo único, do texto constitucional, quando diz que "Todo o poder emana do povo, que o exerce por meio de representantes eleitos ou diretamente, nos termos desta Constituição". Logo, titular do Poder Constituinte, inclusive não apenas teoricamente, mas positivadamente em nosso texto constitucional, é o povo.

A teoria de que o Poder Constituinte decorre do povo, teve como marco teórico a obra do abade francês Emmanuel Sieyès intitulada *Qu'est-ce que le Tiers-État?* (*O que é o Terceiro Estado?*), no qual se apontava que o titular do Poder Constituinte era a **nação**, em substituição a Deus, em face dos ideais revolucionários da época – século XVIII, Revolução Francesa, no qual se visava destituir a monarquia e a sua justificação. Não obstante, modernamente, é ao povo que é atribuída a sua titularidade.

3.2 Espécies e formas de exercício

O Poder Constituinte pode ser de duas espécies: Originário e Derivado.

O Poder Constituinte Originário, também conhecido como primário, de primeiro grau ou inicial, é o que permite a elaboração de uma constituição, dando assim início a uma nova ordem jurídica; do exercício desse poder decorrem dois eventos: o exercício do poder constituinte material – a decisão política transformadora do Estado e que põe fim a tudo da ordem anterior – e o do poder constituinte formal – que é a elaboração e aperfeiçoamento jurídico da decisão material.

O Poder Constituinte Originário é dotado das seguintes características: político (material), inicial, incondicionado, permanente e ilimitado.

Político	É uma decisão das ideias e ideologia que prevalece numa determinada sociedade. É pré-jurídico.
Inicial	Estabelece uma nova ordem jurídica.
Incondicionado	Não se condiciona na forma de manifestação.
Permanente	É um poder latente e que não se esgota no seu exercício, podendo ser invocado a todo tempo.
Ilimitado	Não se sujeita a qualquer limite anteriormente imposto pela ordem jurídica anterior.

Em face dessas características atribuídas ao Poder Constituinte Originário, o Supremo Tribunal Federal entende que as normas originárias da CF/1988 são insindicáveis juridicamente, ou seja, o Poder Judiciário não pode analisar a validade das normas constitucionais originárias por meio de ações de controle de constitucionalidade. A lógica é simples: não pode um poder constituído questionar o seu constituinte!

Já no que se refere ao Poder Constituinte Derivado, outra é a posição da Corte, ante as suas características.

O Poder Constituinte Derivado é o poder de modificar, formalmente, a Constituição Federal e de elaborar as Constituições dos estados-membros, ou seja, as Constituições Estaduais. É poder criado pelo Poder Constituinte Originário e limitado por ele, explícita e implicitamente, no e pelo próprio texto constitucional.

São as seguintes as suas características: jurídico, derivado, limitado e condicionado.

Jurídico	É posto pelo Poder Constituinte Originário, ou seja, positivado, inserido no Direito posto. Na CF/1988, encontra-se no art. 60.
Derivado	É instituído pelo Poder Constituinte Originário e decorre dele, pela autorização que ele dá para que o Derivado modifique e/ou o complemente quando necessário.
Limitado	Deve respeitar os limites estabelecidos e positivados (ou que decorram implicitamente dos positivados) da obra do Poder Constituinte Originário. No caso da CF/1988, trata-se das chamadas cláusulas pétreas e demais decorrências implícitas delas.
Condicionado	Sua atuação e forma de se manifestar devem obedecer ao procedimento determinado na CF/1988.

O **Poder Constituinte Derivado** pode ser ainda bipartido nas seguintes espécies: Poder Constituinte Derivado **Reformador** e Poder Constituinte Derivado **Decorrente**.

O Poder Constituinte Derivado **Reformador** pode ser de emenda à Constituição ou de revisão a ela.

O Poder Constituinte Derivado **Reformador de emenda** à Constituição é aquele que pode ser exercido sempre que necessário ao texto constitucional se adaptar/atualizar às demandas sociais. Dentro da ordem constitucional de 1988, deve obediência às regras contidas no art. 60 e possui, assim, maneira mais rígida de exercício, a justificar a classificação rígida de nossa Constituição.

A doutrina observa quatro categorias de limitações que podem ser impostas ao Poder Constituinte Derivado Reformador: temporais, circunstanciais, materiais e formais (processuais).

Limitações temporais	Período de tempo que o texto constitucional não pode ser modificado – na CF/1988 não há.
Limitações circunstanciais	Circunstâncias excepcionais que não permitem a alteração do texto constitucional – na CF/1988 não pode haver EC na vigência de intervenção federal, estado de defesa e estado de sítio – art. 60, § 1º.
Limitações materiais	Matérias que não podem ser objeto de abolição ou de previsões que tendam a aboli-las. Na CF/1988 são as chamadas cláusulas pétreas – art. 60, § 4º.
Limitações formais (processuais)	A previsão de exigências no processo legislativo diversas das existentes para o processo legislativo ordinário. Na CF/1988 são as previsões de inciativa e votação – art. 60, *caput* e incisos e §§ 2º, 3º e 5º.

Por outra via, o Poder Constituinte Derivado **Reformador de revisão** à constituição, de procedimento mais simplificado, foi previsto na CF/1988 no art. 3º do Ato das Disposições Constitucionais Transitórias (ADCT), com procedimento simplificado e apenas com exercício previsto para uma única vez.

Tratemos agora do Poder Constituinte Derivado **Decorrente**.

O Poder Constituinte Derivado **Decorrente** é o conferido aos estados-membros pela CF/1988, para que esses entes se organizem por meio de suas constituições. Está explicitado no art. 25, CF/1988 c/c o art. 11 do ADCT.

Atenção!

- O Distrito Federal, embora na maior parte da CF/1988 receba tratamento de "Estado-membro", no que se refere à sua organização, será por meio de Lei Orgânica, não Constituição Estadual, conforme previsto no art. 32, *caput*, da CF/1988.

- No Brasil, quando um Estado-membro modifica o texto de sua Constituição estadual, implementando as reformas realizadas nos limites impostos na própria constituição estadual e na Constituição Federal, está-se diante do Poder Constituinte Derivado Decorrente de revisão estadual.

O Poder Constituinte Originário pode se manifestar na criação de um novo Estado ou na própria refundação dele, com a promulgação de uma nova constituição, instituindo uma nova ordem jurídica.

No que se refere às formas de exercício, pode ser de forma democrática (promulgação) ou autocrática (outorga), respectivamente, com o Poder Constituinte sendo exercido pelo povo ou sendo usurpado por alguém ou um determinado grupo. Exemplo do primeiro, a CF/1988; do segundo, a Constituição Federal de 1967.

Diante do exposto, verifica-se que o Poder Constituinte Originário não pressupõe a atuação do povo para que possa se manifestar; ele se manifesta sempre que houver ruptura entre uma ordem jurídica existente e outra que se estabeleça, independentemente de se mostrar legítima ou usurpada essa manifestação.

Além da classificação apresentada, denomina-se **Poder Constituinte Difuso** o poder de fato que legitima a alteração apenas material da Constituição, sem que haja alteração correspondente em seu texto, a legitimar **as mutações constitucionais**. Trata-se de alteração de conteúdo da norma, sem a sua alteração de texto, por meio de processo informal e espontâneo, conduzido, no caso do Brasil, pelo STF.

3.3 Exercício do Poder Constituinte: a ordem jurídica anterior e fenômenos possíveis

Trata-se de questão atinente ao direito intertemporal, no qual se verifica a relação do Direito e do seu produto, qual seja, uma nova norma, ainda que de ordem constitucional, em face do passado, do presente e do futuro.

A nova ordem constitucional inaugurada pelo exercício do Poder Constituinte não pode instalar o caos; em verdade, sua missão é purificar ou evitar que o caos se instale, por uma norma jurídica que tenha se tornado obsoleta em face das novas demandas sociais; assim sendo, não poderia a nova ordem a tudo pôr fim, inclusive, às normas infraconstitucionais. Imagine se a promulgação da CF/1988 tivesse o condão de revogar toda legislação infraconstitucional anterior a ela: sequer haveria como se punir o crime de homicídio!

Não obstante, é bem verdade que o ordenamento infraconstitucional não fica incólume a esse fenômeno do Poder Constituinte e, às vezes, à própria lei constitucional. Assim sendo, vejamos os eventos possíveis.

a) **Recepção:** é o fenômeno pelo qual a legislação posta é recebida pela nova ordem constitucional porquanto compatível com ela. Essa verificação de compatibilidade apenas se dá no plano material (substancial), ou seja, do conteúdo da lei. No que se refere ao aspecto formal (procedimental), ou seja, na forma que a lei foi produzida, não se importa essa verificação. Exemplo disso é o Código Tributário Nacional que foi aprovado com observância ao procedimento destinado às leis ordinárias e adquiriu *status* de lei complementar pela Constituição de 1967, tendo sido conservado pela CF/1988.

b) **Revogação:** é o fenômeno diametralmente oposto à recepção; aqui, a lei infraconstitucional não se adéqua substancialmente ao novo texto constitucional. Não há sequer a realização de controle de constitucionalidade da norma, visto que ela é simplesmente revogada pela nova ordem, **não havendo que se falar em inconstitucionalidade superveniente da norma anteriormente produzida**, conforme entende o STF. Veja:

> A AÇÃO DIRETA DE INCONSTITUCIONALIDADE NÃO SE REVELA INSTRUMENTO JURIDICAMENTE IDÔNEO AO EXAME DA LEGITIMIDADE CONSTITUCIONAL DE ATOS NORMATIVOS DO PODER PÚBLICO QUE TENHAM SIDO EDITADOS EM MOMENTO ANTERIOR AO DA VIGÊNCIA DA CONSTITUIÇÃO SOB CUJA ÉGIDE FOI INSTAURADO O CONTROLE NORMATIVO ABSTRATO. A FISCALIZAÇÃO CONCENTRADA DE CONSTITUCIONALIDADE SUPÕE A NECESSÁRIA EXISTÊNCIA DE UMA RELAÇÃO DE CONTEMPORANEIDADE ENTRE O ATO ESTATAL IMPUGNADO E A CARTA POLÍTICA SOB CUJO DOMÍNIO NORMATIVO VEIO ELE

A SER EDITADO. O ENTENDIMENTO DE QUE LEIS PRÉ-CONSTITUCIONAIS NÃO SE PREDISPÕEM, VIGENTE UMA NOVA CONSTITUIÇÃO, A TUTELA JURISDICIONAL DE CONSTITUCIONALIDADE IN ABSTRACTO – ORIENTAÇÃO JURISPRUDENCIAL JÁ CONSAGRADA NO REGIME ANTERIOR (*RTJ* 95/980 – 95/993 – 99/544) – FOI REAFIRMADO POR ESTA CORTE, EM RECENTES PRONUNCIAMENTOS, NA PERSPECTIVA DA CARTA FEDERAL DE 1988. – A INCOMPATIBILIDADE VERTICAL SUPERVENIENTE DE ATOS DO PODER PÚBLICO, EM FACE DE UM NOVO ORDENAMENTO CONSTITUCIONAL, TRADUZ HIPÓTESE DE PURA E SIMPLES REVOGAÇÃO DESSAS ESPÉCIES JURÍDICAS, POSTO QUE LHE SÃO HIERARQUICAMENTE INFERIORES. O EXAME DA REVOGAÇÃO DE LEIS OU ATOS NORMATIVOS DO PODER PÚBLICO CONSTITUI MATÉRIA ABSOLUTAMENTE ESTRANHA A FUNÇÃO JURÍDICO-PROCESSUAL DA AÇÃO DIRETA DE INCONSTITUCIONALIDADE (ADI nº 7, Rel. Min. Celso de Mello, Tribunal Pleno, julgado em 07.02.1992, *DJ* 04.09.1992).

No caso, a ação constitucional que pode ser manejada para questionar a recepção ou não da lei anterior à CF/1988 é apenas ADPF (Lei nº 9.882/1999).

c) **Repristinação:** é a possibilidade de uma norma jurídica revogada ou declarada nula resgatar sua possibilidade de produzir efeitos frente a um novo ordenamento jurídico. Exemplo: uma lei produzida sob a égide da Constituição de 1946, não recepcionada pela Constituição de 1967 por lhe ser incompatível, portanto, revogada por essa ordem, mas que se coadune perfeitamente à nova ordem de 1988. Seria possível essa lei voltar a produzir seus efeitos? **A regra é NÃO!** **Salvo se a nova ordem constitucional isso autorizar** – afinal, o Poder Constituinte Originário é ilimitado juridicamente, certo?

Assim, no exemplo dado, caso a CF/1988 autorizasse que as normas revogadas pela ordem de 1967 fossem compatíveis consigo e voltassem a partir de 05.10.1988 a produzir efeitos, isso seria possível.

d) **Desconstitucionalização:** é o fenômeno pelo qual as normas da Constituição anterior, ao invés de serem totalmente revogadas, as compatíveis com a atual Constituição, apenas perdem seus *status* de norma constitucional, passando a fazer parte do corpo das normas infraconstitucionais, ou seja, "desconstitucionalizando-se". Da mesma forma que ocorre com a repristinação, não é aceita em regra; porém, nada impede que a nova ordem jurídica autorize essa situação, em face do poder ilimitado do Poder Constituinte Originário.

3.4 Graus de retroatividade da norma constitucional

O referido tema foi tratado pelo STF na Ação Direta de Inconstitucionalidade (ADI) nº 493, sendo reconhecidos três graus de retroatividade em face do chamado "direito adquirido":

a) **Grau de retroatividade máxima:** a lei ataca fatos consumados, ou seja, não respeita o direito adquirido, podendo inclusive rescindir com a coisa julgada. Nos termos do art. 5º, inciso XXXVI, da CF/1988, não é aceito pelo ordenamento jurídico brasileiro.

b) **Grau de retroatividade médio:** aqui a lei não afeta os fatos já consumados (atos jurídicos com seus efeitos consumados), mas apenas os efeitos pendentes, ou seja, que ainda estão por se produzir, nos atos jurídicos já praticados. Exemplo: prestações vencidas e não adimplidas.

c) **Grau de retroatividade mínima:** a lei nova apenas atingiria os efeitos futuros, ainda que de atos jurídicos já praticados. Exemplo: prestações não vencidas. Segundo o STF, firme em sua jurisprudência, as normas constitucionais possuem retroatividade mínima, salvo disposição em contrário.

3.5 Vacância da Constituição (*Vacatio Constitutionis*)

A Constituição, em regra e normalmente, possui cláusula de produção de vigência; caso exista essa previsão, trata-se da chamada *vacatio constitutionis*. Não existindo a referida previsão, entende-se que sua vigência e produção de efeitos é imediata.

A CF/1988 não possuiu período de vacância: foi promulgada em 05.10.1988, passando a viger e produzir efeitos desde então.

4

Controle de Constitucionalidade

4.1 Conceito e introdução

A inconstitucionalidade, em sentido estrito, pode ser definida como qualquer ato ou manifestação (ação) e inércia (omissão) indevidado Poder Público – ou de quem em função de delegação atue – que infrinja o texto constitucional, desrespeitando-o. Esse desrespeito pode se dar por meio da legislatura.

O Controle de Constitucionalidade das leis se trata de mecanismo previsto na CF/1988, em seu art. 102, cuja função é verificar a compatibilidade da lei produzida sob a égide de um determinado texto constitucional e esse texto.

Os requisitos para o exercício do controle de constitucionalidade de uma lei são: a existência de uma Constituição escrita e rígida; a atribuição do exercício de controle a um órgão – no caso do Brasil, a depender do tipo de controle, o STF e todo Poder Judiciário – e o reconhecimento da supremacia do texto constitucional (princípio da supremacia da Constituição).

O parâmetro de controle é o próprio texto constitucional, bem como aquilo que é tido como **bloco de constitucionalidade**, traduzindo-se nas normas não inseridas diretamente no texto constitucional, mas que são reconhecidas por ela com a mesma estatura, como o caso dos Tratados de Direitos Humanos aprovados nos termos do art. 5º, § 3º, da CF/1988.

O Controle de Constitucionalidade das leis se trata de mecanismo que visa ou torna absoluta a presunção relativa de constitucionalidade de uma lei; ou transmuda a referida presunção de constitucionalidade relativa em declaração de inconstitucionalidade. Vale aqui o registro de que toda lei promulgada goza da chamada presunção relativa de sua constitucionalidade, pois não seria razoável presumir que o Poder Legislativo produzisse leis inconstitucionais.

Por fim, a doutrina e o STF refutam a possibilidade de controle de constitucionalidade de normas constitucionais originárias, podendo apenas as normas frutos de emendas constitucionais sofrerem o crivo de constitucionalidade pela Corte. O raciocínio é que, devido à ilimitação do Poder Constituinte Originário, sua obra é incontrolável, ou seja, insindicável, pelos Poderes Constituídos, faltando competência ao STF – por ser Poder constituído – para tanto. *Vide* ADI nº 815/DF.

Por fim, como dito, o direito pré-constitucional também não é objeto de controle de constitucionalidade, sendo apenas verificada a sua recepção ou revogação pelo novel ordenamento jurídico.

Atenção!

A declaração de inconstitucionalidade de uma lei não se confunde com a teoria da **derrotabilidade da norma jurídica**.

A derrotabilidade da norma jurídica (*defeasibility*) preceitua que as normas jurídicas possuem exceções de aplicações que devem ser consideradas ao momento de sua aplicação, ou seja, no caso concreto, podendo, mesmo se mantendo no sistema, mostrar-se inaplicável ao caso concreto. Perceba: é uma teoria que atua no plano de aplicação da norma, não de sua previsão em abstrato.

A norma tem sua aplicação afastada ("derrotada") para que sejam atendidos os fins de justiça e seu não desvirtuamento, num caso concreto, porém, se mantém abstratamente no sistema jurídico e apta a produzir efeitos em outras situações, cuja aplicação não se mostre injusta ou em desacordo com seus fins.

4.2 Espécies de inconstitucionalidade

a) Comissiva ou omissiva

A inconstitucionalidade estatal poderá resultar de uma ação ou omissão.

Diz-se inconstitucionalidade por ação quando o Estado desrespeita a Constituição por meio de uma conduta comissiva, positiva. Pode se dar por vício formal, material ou por **decoro parlamentar** (*vide* o caso do "mensalão") (LENZA, 2018).

Por sua vez, tratando-se de conduta omissiva, o Estado deixa de atuar quando lhe é exigido pela Constituição. A inconstitucionalidade por omissão se verifica diante das chamadas normas constitucionais de eficácia limitada, conforme classificação de José Afonso da Silva (2006).

A inconstitucionalidade por omissão pode ser total ou parcial; será total diante da total ausência de texto normativo; será parcial quando, embora o legislador tenha produzido a norma, não a fez a contento, sendo ela insuficiente para atender às determinações constitucionais em sua inteireza, podendo criar, inclusive, situações de inconstitucionalidade em afronta ao princípio da igualdade (é o caso da **lei excludente de benefício incompatível com o princípio da isonomia**).

b) Formal e material

A inconstitucionalidade formal se refere ao descumprimento do procedimento traçado pela Constituição para a produção da norma. É chamada de inconstitucionalidade nomodinâmica.

A inconstitucionalidade material, por sua vez, é aquela que atinge o próprio conteúdo da norma produzida, em sua substância, vez que afronta o texto constitucional. Também conhecida como nomoestática.

c) Total ou parcial

A regra é a aferição de constitucionalidade e o reconhecimento de inconstitucionalidade da lei em sua parte ou ato normativo, ou seja, dispositivo por dispositivo, matéria por matéria; não em sua globalidade ou totalidade. A ideia é de preservação dos atos legislativos.

Por isso, a sindicância de constitucionalidade do STF no Brasil pode se dar sobre qualquer parte do dispositivo de lei: parte do artigo, parágrafo, inciso, alínea ou até mesmo uma única palavra. Não obstante, frise-se: a declaração parcial de inconstitucionalidade promovida pelo STF não poderá subverter o intuito da lei, modificando seu sentido, sob pena de ofensa ao princípio da Separação de Poderes.

O Poder Judiciário deve sempre tentar "salvar" o texto legal; entretanto, não sendo possível, a declaração de inconstitucionalidade é medida que se impõe.

Por último, em algumas situações o STF tem verificado que a declaração de inconstitucionalidade agravaria o estado inconstitucional; desta feita, opta por não declarar a inconstitucionalidade, deixando de declarar a nulidade do ato atacado, com o intuito de evitar o agravamento do estado de inconstitucionalidade. Exemplo: a Corte declarando a inconstitucionalidade da lei que fixasse o salário mínimo que não fosse capaz de atender a todas as exigências constitucionais que deveriam ser por ele cobertas (art. 7°, IV, da CF/1988). A declaração de nulidade do texto o retiraria da ordem jurídica, para nada ficar a normatizar o referido valor, até que uma outra lei fosse promulgada, o que constitucionalmente seria pior.

d) Direta ou indireta

A inconstitucionalidade direta é a que ocorre entre os atos normativos contidos no art. 59 do texto constitucional em cotejo à própria Constituição; são os chamados atos normativos primários.

Na inconstitucionalidade indireta (reflexa) o vício não afronta diretamente a constituição, mas um dos atos normativos contidos no art. 59. Nesses casos, não cabe controle de constitucionalidade, mas apenas de legalidade. Assim tem se posicionado o STF, pois se trata de conflito entre atos normativos secundários em face dos primários.

Atenção!

A inconstitucionalidade indireta não se confunde com a derivada ou "por arrastamento". Na inconstitucionalidade derivada, também chamada de "consequente", a norma secundária que é fruto de uma primária declarada inconstitucional, perde sua validade em face disso. Exemplo: um decreto que regulamenta uma determinada lei. Sendo a lei declarada inconstitucional, o decreto, por derivação, também será tido como inconstitucional.

Exemplo outro, estava contido na CF/1988 antes da EC nº 113/2021: art. 100, § 9º, foi declarado inconstitucional pelo STF na ADI nº 4.425, sendo o § 10 do mesmo dispositivo sido declarado inconstitucional por arrastamento e evidente vínculo de dependência ao dispositivo mencionado.

e) Originária ou superveniente

A inconstitucionalidade originária da norma se trata de vício congênito: ou seja, desde sua feitura, a norma é incompatível com o texto constitucional.

Quanto à inconstitucionalidade superveniente, seria a norma que se torna inconstitucional em face de promulgação de emenda constitucional. Vale rememorar que o STF não adota a referida tese, resolvendo-se a questão no âmbito do direito intertemporal: a norma constitucional revoga a infralegal incompatível com ela.

Atenção!

- E a situação inversa: a norma que teve sua constitucionalidade questionada, mas, em face de emenda constitucional se torna constitucional – caso de **constitucionalidade superveniente?** O STF **não admite a constitucionalidade superveniente e reforçando esse entendimento, embora tivesse perdido seu objeto a ADI nº 2.158**, em face da mudança do paradigma constitucional pela promulgação de EC que tornava constitucional a norma então tida por inconstitucional à época de propositura da ação, julgou a referida ADI.

- Dois outros tipos de inconstitucionalidade, em face de suas cobranças em provas, devem ser trazidos aqui: a **inconstitucionalidade circunstancial** e a chamada **inconstitucionalidade "chapada"**.

Quando falamos em inconstitucionalidade circunstancial, falamos de uma norma que se mostra inconstitucional em sua aplicação frente a uma circunstância, ou seja, em face de uma situação específica. Ou seja: uma norma pode se mostrar inconstitucional em face de situação específica, como decidido pelo STF na ADI nº 223, na qual entendeu inconstitucional a norma que proibia liminar em face da Fazenda Pública para a concessão de medidas de saúde e proteção à vida do indivíduo. Não obstante, em outras situações de índole administrativa, reconheceu a constitucionalidade da norma.

Já quanto à inconstitucionalidade "chapada", também conhecida como "desvairada", "enlouquecida", trata-se de expressão utilizada pelo então Ministro Carlos Ayres Britto, na qual se referia a situações de inconstitucionalidade evidente, flagrante, da norma.

4.3 Sistemas de controle de constitucionalidade das leis

Essa é uma opção feita pelo legislador constituinte originário.

Pode ser o sistema de controle de constitucionalidade judicial, político e misto.

- a) **Judicial:** a Constituição determina que o Poder Judiciário é quem deve fazer o controle de constitucionalidade das leis, é o sistema de controle judicial o vigente. Esse sistema tem origem no direito americano, vez que foi o primeiro Estado a reconhecer esse poder a uma Corte Constitucional.
- b) **Político:** o poder de controle das leis é atribuído a um outro poder que não seja o Judiciário, trata-se do controle político. Exemplo sempre lembrado, é o caso da França,

onde o poder de controle da constitucionalidade das leis é atribuído a um órgão constitucional para isso instituído.

No Brasil, parte da doutrina afirma como exemplo o poder de veto do Presidente da República – o chamado "veto constitucional" – e o realizado pelas Casas Legislativas – Câmara dos Deputados e Senado Federal – nas suas Comissões de Constituição. Não obstante, há que se lembrar que no Brasil o Poder que detém a última palavra é o Poder Judiciário.

c) **Misto:** no sistema misto, a Constituição outorga determinadas matérias constitucionais a um determinado órgão político e outras ao Poder Judiciário.

4.4 Momentos do controle de constitucionalidade

O controle pode ser feito de forma prévia (preventivo) ou posterior (repressivo).

a) **Controle prévio:** é o realizado durante o processo legislativo, ou seja, sobre o **projeto** de lei ou **projeto** de emenda constitucional – não sobre a lei ou a emenda! – pelas comissões de Constituição e Justiça das duas casas legislativas e pelo "veto constitucional" do Presidente da República.

Outra situação na qual o controle prévio pode ser realizado, só que pelo Poder Judiciário: reconhece o STF a possibilidade de ajuizamento de Mandado de Segurança pelo parlamentar que entenda que o devido processo legislativo não esteja sendo respeitado, nos termos determinados pela Constituição Federal.

Atenção!

Que fique claro: esse é um direito subjetivo do parlamentar, portanto, apenas ele tem legitimação para impetrar o *writ*. Nesse sentido consolidou-se a jurisprudência do STF.

b) **Controle posterior:** aqui o controle recai sobre a lei ou a própria emenda constitucional, já normas inseridas no ordenamento. O controle é realizado propriamente pelo órgão incumbido pela Constituição de verificar se há vício de conteúdo ou no próprio processo legislativo, no caso, em regra, o Poder Judiciário.

Atenção!

A CF/1988 reconhece duas situações em que o controle repressivo pode ser realizado pelos Poderes Legislativo e Executivo: art. 49, V, onde é dada ao Congresso Nacional competência para sustar os atos normativos do Poder Executivo que exorbitem do poder regulamentar ou da delegação deferida a ele (*vide* arts. 84, IV, e 68 da CF/1988).

Outra situação é a contida no art. 62, quando da edição de medida provisória e o Congresso deixa de convertê-la em lei por entender inconstitucional.

No que se refere aos órgãos administrativos autônomos de controle, a Súmula nº 347 do STF autorizava que o Tribunal de Contas apreciasse a constitucionalidade das leis; entretanto, ao julgar os MS nºs 35.490, 35.494 e 35.500, **o STF modificou seu posicionamento, passando a entender que não cabe ao Tribunal de Contas, que não tem função jurisdicional, exercer controle de constitucionalidade das leis**, chegando o Ministro Alexandre de Moraes a declarar que o Verbete nº 347 tem sua subsistência comprometida desde a promulgação da CF/1988.

Essa era uma atuação da Corte de Contas que vinha sendo discutida pela doutrina e jurisprudência, tendo sido formado um juízo negativo acerca dessa atuação. Os órgãos não estariam autorizados, pela Constituição Federal de 1988, a realizar o controle de constitucionalidade das leis. Para corroborar ainda mais com a tese observe que a súmula supracitada foi editada no ano de 1963.

4.5 Vias de ação ou de invocação processual do controle de constitucionalidade

O que se chama de "vias de ação" nada mais é do que a forma de processo, ou seja, a via processual pela qual pode ser invocada a inconstitucionalidade de uma lei.

Pode ser pela chamada via direta ou indireta.

a) **Via direta:** é quando o objeto da ação é a própria declaração da constitucionalidade ou inconstitucionalidade da lei. Busca-se uma ação direta para atacar apenas o texto legal. Aqui o controle é em abstrato (via abstrata), porquanto não há um "caso concreto" a ser mencionado na ação, mas apenas a própria declaração de (in)constitucionalidade da lei é o objeto da ação. Chamada também de via principal.

Nesse caso, apenas os órgãos do Poder Judiciário com atribuição para tanto pode conhecer da ação, a ser proposta apenas por pessoas legitimadas pela Constituição Federal, art. 103. É um processo objetivo.

b) **Via indireta:** neste caso, a apreciação da (in)constitucionalidade da lei não é o objeto da ação, mas apenas um meio de defesa em juízo. Existe um caso concreto e a parte alega a inconstitucionalidade de uma lei como via de defesa (exceção) do que pretende em juízo. Aqui o controle é em concreto, ou seja, baseado em um fato da vida que vem sendo atingido pela incidência da norma inconstitucional e por isso a declaração de sua inconstitucionalidade, ainda que não seja o pedido principal, faz-se necessária para se atingir o pedido principal da ação, que pode ser uma condenação, por exemplo. É a chamada via concreta.

Aqui, o controle é difundido por todo o Poder Judiciário. E qualquer das partes pode alegar a inconstitucionalidade na defesa do objeto pretendido. É um processo subjetivo.

Atenção!

No controle pela via direta, a intenção é a defesa do ordenamento jurídico, não um interesse próprio da parte. A "defesa do ordenamento" é o próprio objeto da ação. Essa é a razão, inclusive de se afirmar que aqui o processo é objetivo e não há partes propriamente ditas. Já no controle pela via indireta, a parte busca tutela jurisdicional em proveito próprio, sendo a "defesa do ordenamento" apenas a causa de pedir, não o objeto de sua ação: seu pedido é o bem da vida buscado por si por meio da ação proposta.

4.6 Controle difuso

O controle difuso de constitucionalidade tem sua origem no direito norte-americano, no conhecido caso Marbury *versus* Madson, quando o *Chief Justice* John Marshall reconheceu, para decidir uma questão concreta levada à Suprema Corte Norte-Americana, que, havendo conflito entre a aplicação de uma lei e a Constituição, se aplica a regra constitucional em respeito à sua hierarquia.

O controle difuso é o meio pelo qual se faz o controle pela via indireta ou por defesa (exceção), sendo realizado por qualquer membro do Poder Judiciário: desde o juiz de primeira instância ao Ministro do STF. É realizado de forma incidental (*incidenter tantum*), mostrando-se como prejudicial ao mérito a ser analisado. Trata-se de causa de pedir – que pode não se limitar à declaração de inconstitucionalidade.

É preciso se atentar a algo: o controle de constitucionalidade pela via difusa realizado pelos membros do Poder Judiciário de primeiro grau, ou seja, não colegiados, no exercício desse controle apenas afastam a aplicação da lei que, na fundamentação de sua decisão entendem inconstitucional; logo não há dispositivo declarando a inconstitucionalidade da lei, mas apenas a sua não aplicação – deixa de aplicar – ao caso concreto, em face da inconstitucionalidade reconhecida.

No que se refere aos Tribunais, a regra é outra.

As Cortes, observando a norma contida no art. 97 da CF/1988, declaram a inconstitucionalidade da lei também por meio da via difusa, quando inaugurada a instância recursal.

Arguida a inconstitucionalidade, a questão, que se constitui como um incidente processual, será remetida ao órgão dentro da organização do Poder Judiciário (pleno ou órgão especial) incumbido de decidir acerca do incidente, que deverá contar com o voto da maioria absoluta dos membros da Corte (ou do seu órgão especial), pela declaração da inconstitucionalidade, para que possa ser declarada. Trata-se da cláusula de reserva de plenário (*full bench*). Uma vez decidido o incidente, a câmara, seção ou órgão fracionário retoma o julgamento da causa entre as partes.

O STF, inclusive, entende que o respeito ao art. 97 da CF/1988 se trata de verdadeira cláusula de eficácia da declaração, tendo editado a Súmula Vinculante nº 10, com o seguinte teor:

> Viola a cláusula de reserva de plenário (CF, art. 97) a decisão de órgão fracionário de tribunal que, embora não declare expressamente a inconstitucionalidade de lei ou ato normativo do poder público, afasta sua incidência, no todo ou em parte.

Atenção!

A cláusula de reserva de plenário contida no art. 97, segundo jurisprudência do STF não se aplica às Turmas Recursais dos Juizados Especiais (*vide* RE nº 453.744-AgR), pois não se trata de órgão de segundo grau, mas de órgão colegiado formado por juízes de primeiro grau, não se tratando de "Tribunal". Tanto que o próprio nome do órgão é "Turma" – colegiado.

Ainda, segundo o STF: 1. a cláusula de reserva de plenário não se aplica à verificação da recepção ou não (revogação) de direito pré-constitucional; 2. a decisão monocrática cautelar não viola o art. 97 da CF/1988.

Os efeitos da decisão que declara a inconstitucionalidade em sede de controle de difuso são: *inter partes* e *ex tunc*.

Inter partes porque limitada às partes no processo, ou seja, no caso concreto. *Ex tunc* em face da regra da nulidade, na qual a lei é nula desde o seu nascimento, assim não podendo produzir efeitos. Aqui, repita-se: ainda que seja declarada a nulidade, ela se refere, em regra, ao caso concreto, às partes do processo.

Vale informar que o STF tem admitido excepcionar a regra e modular os efeitos das decisões proferidas em sede de controle difuso, fazendo aplicação analógica do art. 27 da Lei n° 9.868/1999. (*Vide* RE n° 197.917 – Caso do Município de Mira Estrela.)

No que se refere à limitação de efeitos entre as partes do processo, saliente-se que o STF, aliado à doutrina, em alguns momentos, revisitou seu posicionamento, inclusive em relação ao alcance do art. 52, X, da CF/1988, tese que vem sendo chamada de transcendência dos motivos determinantes da sentença em controle difuso ou de abstrativização (objetivação) do controle difuso. Em suma, trata-se da possibilidade de a decisão de inconstitucionalidade produzida como fundamento de uma sentença transcender, ou seja, passar a produzir seus efeitos para além daquele processo.

Sustenta-se que o art. 52, X, apenas teria a finalidade de determinar ao Senado que, por meio de resolução, desse publicidade ao decidido.

Logicamente, aqui, estamos falando de um controle difuso realizado pelo STF ou pelos Tribunais de Justiça, ou seja, as Cortes que possuem condições de analisar em última instância a constitucionalidade de uma lei em face, respectivamente, das Constituições Federal e Estaduais.

Ordinariamente e na literalidade do texto constitucional, para que a lei declarada inconstitucional pela via difusa pudesse ter seus efeitos estendidos a terceiros, é necessária a observância do contido no art. 52, X, da CF/1988: que o Senado Federal, mediante resolução, suspenda a eficácia, no todo ou em parte, da lei declarada inconstitucional pelo STF.

Nesse ponto, por último, vale mencionar que no julgamento da Reclamação n° 4.335, o STF rechaçou a tese acima exposta, acerca da possibilidade da decisão em via difusa se expandir além das partes e da mera função de publicidade da resolução expedida pelo Senado, nos termos do art. 52, X, da CF/1988, o que ainda deixa a questão em aberto.

Atenção!

Quando a matéria for cobrada em provas de concursos públicos, é necessário que o candidato observe o enunciado da questão e a fase na qual se encontra. Em provas objetivas, apesar do entendimento do STF e da possível definição pela tese da abstrativização da decisão proferida em via difusa, vindo a letra da lei e sendo ela a cobrada – eis a necessidade de atenção ao enunciado! – é a regra contida no art. 52, X, da CF/1988, que deve ser considerada como resposta correta.

Já em questões subjetivas, é importante que o candidato conheça o conteúdo da matéria e do que se trata a tese de abstrativização do controle difuso.

Quanto ao parâmetro de controle, ao contrário do controle de constitucionalidade concentrado, que só pode ser a Constituição contemporânea à edição legislativa, o controle de constitucionalidade pela via difusa admite parâmetro maior: pode ser tanto a constituição atual como a pretérita, já revogada, mas na vigência da edição da lei a ser analisada.

Ainda, após a edição da EC nº 45/2004, nos termos do art. 5º, § 3º, são parâmetros os tratados de direitos humanos que tenha ingressado no ordenamento pelo mesmo trâmite legislativo destinado às emendas constitucionais.

Pergunta que surge: como levar ao conhecimento do STF uma decisão em sede de controle difuso, proferida em um juízo/corte inferior? Por meio do recurso extraordinário.

Ressalvado o cabimento de recurso ordinário na hipótese do art. 102, II, da CF/1988, é o recurso extraordinário a via adequada para fazer subir ao STF a controvérsia constitucional resolvida em sede concreta, ou seja, por meio de controle difuso.

Por último, no que se refere às ações civis públicas, não podem ser utilizadas como sucedâneos das ações concentradas de constitucionalidade; vale dizer que uma ação civil pública não se presta para questionar a validade frente à Constituição de uma norma e sendo esse seu único objeto.

Doutra banda, é possível que em uma ação civil pública a causa de pedir tenha como fundamento o reconhecimento da inconstitucionalidade de uma lei, mostrando-se prejudicial ao pedido e, assim, seja realizado o controle pela via difusa.

4.7 Controle concentrado

O controle concentrado assim se denomina pelo fato de o poder de declarar a inconstitucionalidade de uma lei estar "concentrado" – e não difuso ou distribuído genericamente – a um único órgão com competência para tanto.

São as seguintes as ações constitucionais de controle de constitucionalidade das leis:

a) ADI (art. 102, I, *a*, da CF/1988);
b) Ação Declaratória de Constitucionalidade – ADC (art. 102, I, *a*, da CF/1988);
c) Ação Direta de Inconstitucionalidade por Omissão – ADO (art. 103, § 2°, CF/1988);
d) Arguição de Descumprimento de Preceito Fundamental – ADPF (art. 102, § 1°, da CF/1988);
e) Representação Interventiva – ADI Interventiva (art. 36, III, c/c o art. 34, VII, da CF/1988).

As ADI, ADC e ADO são regidas pela Lei n° 9.868/1999, com as alterações introduzidas pela Lei n° 12.063/2009 na ADO. A ADPF é regida pela Lei n° 9.882/1999, e a ADI Interventiva, pela Lei n° 12.562/2011.

O controle de constitucionalidade pela via concentrada foi introduzido no ordenamento jurídico brasileiro por emenda à Constituição Federal de 1946, a EC n° 16/1965. Tem sua origem na Constituição da Áustria de 1920, basicamente elaborada por Hans Kelsen, cujo fundamento é a sua pirâmide de validação dos atos normativos, sendo a Constituição a última instância da pirâmide e submetida apenas à norma fundamental (*grundnorm*).

Passemos ao estudo de cada espécie.

4.7.1 ADI

A ADI é a ação típica do controle abstrato brasileiro; seu objetivo é a declaração em tese, ou seja, de forma objetiva e abstrata, de nulidade do ato normativo pela sua afronta direta, material ou formal, ao texto constitucional.

Trata-se de ação marcada pela generalidade (a decisão atinge a todos); impessoalidade (não há partes no processo, atuando o legitimado como representante do interesse público); e abstração (vez que não há direito subjetivo a ser tutelado, mas o próprio ordenamento jurídico).

Compete exclusivamente ao STF processar e julgar a ADI, conforme o art. 102, I, *a*, da CF/1988.

Os **legitimados** para a propositura da ADI, conforme o art. 103 da CF/1988, são:

> Art. 103. Podem propor a ação direta de inconstitucionalidade e a ação declaratória de constitucionalidade:

I – o Presidente da República;

II – a Mesa do Senado Federal;

III – a Mesa da Câmara dos Deputados;

IV – a Mesa de Assembleia Legislativa ou da Câmara Legislativa do Distrito Federal;

V – o Governador de Estado ou do Distrito Federal;

VI – o Procurador-Geral da República;

VII – o Conselho Federal da Ordem dos Advogados do Brasil;

VIII – partido político com representação no Congresso Nacional;

IX – confederação sindical ou entidade de classe de âmbito nacional.

No que se refere à necessidade de **capacidade postulatória** para ingresso da referida ação, segundo o STF, apenas os legitimados nos incisos VIII e IX, respectivamente, partido político com representação no Congresso Nacional e confederação sindical ou entidade de classe de âmbito nacional, precisam de advogado para a propositura da ADI; ainda, deve constar da procuração outorgada ao advogado poder específico para atacar o ato impugnado.

Entretanto, em que pese os demais legitimados não precisarem de advogado para propositura da ADI, apenas podem se ocupar daquela por si proposta, o que quer dizer que não podem intervir em outras ADIs que não sejam os respectivos autores da ação e nem os (eventuais) sujeitos passivos.

Na prática, é comum que todos se valham de suas representações jurídicas para a propositura das ADIs.

Ainda, a jurisprudência do STF classifica os legitimados em universais (neutros) e especiais (interessados). Os legitimados universais possuem interesse presumido em todas as ADIs; já os especiais devem demonstrar a "pertinência temática" do que pretendem na ADI as suas finalidades institucionais. São assim divididos:

Legitimados Universais (neutros)	Legitimados Especiais (interessados)
■ Presidente da República ■ Mesa do Senado Federal ■ Mesa da Câmara dos Deputados ■ Procurador-Geral da República ■ Conselho Federal da Ordem dos Advogados do Brasil ■ Partido político com representação no Congresso Nacional	■ Mesa de Assembleia Legislativa ou da Câmara Legislativa do Distrito Federal ■ Governador de Estado ou do Distrito Federal ■ Confederação sindical ou entidade de classe de âmbito nacional

Alguns posicionamentos relevantes do STF:

a) A "associação de associação" pode propor ADI; por muito tempo o entendimento da Corte era outro; modificou-se na ADI nº 3.153.

b) As associações que representam frações de categorias não possuem legitimidade para propositura de ADI.

c) O partido político, cuja representação foi perdida posteriormente ao ajuizamento da ADI, não tem por caracterizada a sua deslegitimação, devendo a ADI seguir seu curso, vez que a legitimação em ADI, por se tratar de processo objetivo, verifica-se no momento de propositura da ação.

d) Ainda sobre os partidos políticos, basta a existência de um único parlamentar em uma das Casas Legislativas para que seja legitimado; apenas o diretório nacional possui a referida legitimidade.

e) Governador afastado, ainda que cautelarmente, de suas funções não tem legitimidade ativa para a propositura de ADI (ADI nº 6.728).

Acerca do **objeto** da ADI, algumas premissas devem, de plano, ser estabelecidas:

a) O ato normativo deve ser contemporâneo ao texto constitucional parâmetro.
b) Não pode ser norma originária da Constituição parâmetro.
c) A afronta deve ser direta ao texto constitucional.
d) A norma deve estar em vigor – ausente esse requisito, ainda que superveniente, perde-se o objeto da ADI.
e) A norma deve trazer conteúdo abstrato ou até mesmo concreto.

No caso da última premissa, qual seja, o conteúdo abstrato da norma, há que se atentar para a modificação da jurisprudência do STF quanto às **normas orçamentárias e demais normas de efeitos concretos.**

O STF entendia que essas normas não poderiam ser objeto de ADI, tendo em vista que leis de efeitos concretos possuem objeto, destinatário(s) e tempo de vigência determinados – assemelhando-se muito mais a atos administrativos.

A Corte reviu sua jurisprudência ao julgar a ADI nº 4.048-MC, sob o argumento de que as leis orçamentárias são leis de efeitos concretos, mas que dão origem a vários outros atos e possuem requisitos constitucionais que devem ser atendidos, o que permitiria o controle dessas leis em sede de ADI.

Estabelecidas essas premissas, **são passíveis de controle de constitucionalidade os seguintes atos normativos**:

a) Emendas à Constituição Federal.

b) Constituição dos estados-membros,

c) Tratados e Convenções internacionais.

d) Normas primárias – que decorrem diretamente das espécies contidas no art. 59 da CF/1988 – federais e estaduais.

e) Medidas provisórias.

f) Decretos autônomos – aqueles que não tenham por função regulamentar uma lei.

g) Decretos legislativos do Congresso Nacional que suspendem a execução dos atos normativos do Poder Executivo que exorbitem do poder regulamentar ou dos limites da delegação legislativa.

h) Regimentos internos dos tribunais – decorrem diretamente da CF/1988, art. 96, I, *a*.

Atenção!

Segundo o STF, em respeito ao princípio da separação dos poderes, previsto no art. 2º da CF/1988, quando não caracterizado o desrespeito às normas constitucionais pertinentes ao processo legislativo, é defeso ao Poder Judiciário exercer o controle jurisdicional em relação à interpretação do sentido e do alcance de normas meramente regimentais das Casas Legislativas, por se tratar de matéria *interna corporis* (RE nº 1.297.884).

O STF, com base no mesmo fundamento contido na alínea *h*, já afirmou que cabe controle de constitucionalidade de resolução do CNMP, *vide* ADI n° 4.263/DF, entendimento que se estende para as resoluções do Conselho Nacional de Justiça (CNJ).

A Corte, da mesma forma, entendeu caber ADI de resolução do Tribunal Superior Eleitoral (TSE). *Vide* ADI n° 5.122.

Situação que pode ocorrer é a alteração do texto impugnado em sede de ADI, antes de seu julgamento. Como fica a situação da ADI? Nesses casos, entende o STF que a parte que propôs a ação deve aditar seu pedido, apontando que a inconstitucionalidade, apesar da alteração do texto, ainda persiste, tendo em vista a perda da vigência do ato atacado. Se a parte assim não proceder, o STF não conhecerá da ação em face de causa superveniente de perda de seu objeto.

No que se refere aos atos normativos municipais que afrontam a Constituição Federal, não são passíveis de controle por ADI, apenas por ADPF em sede concentrada e pela via difusa, caso seja admissível recurso extraordinário. Observe que, nesse caso, **haverá a necessidade de a norma impugnada ser de reprodução obrigatória na Constituição Estadual (não mera imitação), e será feito controle difuso em via concentrada: pois a ação é proposta de forma concentrada frente ao Tribunal de Justiça, subirá ao STF por meio de recurso extraordinário (RE), e caso declarada a inconstitucionalidade, o Senado Federal, nos termos do art. 52, X, determinará a suspensão de sua eficácia.**

Caso afrontem apenas a Constituição Estadual ou norma de imitação (que o pacto federativo não exija reprodução), cabe apenas ação direta no Tribunal de Justiça respectivo, sem recurso extraordinário ao STF.

A **causa de pedir** na ADI é aberta. Significa que, embora o STF, em face do princípio da inércia do Poder Judiciário, esteja vinculado ao pedido e só possa se manifestar acerca dos dispositivos legais apontados como inconstitucionais – salvo os arrastados por ele e que dependam dele para aplicação – e quando provocado (inércia da jurisdição), a Corte Suprema brasileira é livre para declarar a inconstitucionalidade pelos motivos indicados pela parte (ou não!), mas como por qualquer outro fundamento/parâmetro constitucional.

O **princípio da parcelaridade** da decisão em ADI também permite que a Corte declare a inconstitucionalidade de lei, dispositivo, palavra ou até mesmo do sentido da norma impugnada.

Por isso, exige a Corte que a petição inicial traga os dispositivos impugnados e os fundamentos de cada impugnação, bem como o pedido, sob pena de não conhecimento da ação.

A ADI **não se sujeita a prazo de prescrição ou decadência**, vez que os atos inconstitucionais não se convalidam com o tempo. Por essa razão, uma vez proposta a ação e inaugurada a competência constitucional por meio da ADI, não há que se falar em desistência da ação, conforme o art. 5º, *caput*, da Lei nº 9.868/1999.

O **procedimento**, uma vez admitida a ADI, se desenvolve nos termos dos arts. 6º ao 9º da Lei nº 9.868/1999, não sendo admitida intervenção de terceiros, conforme o *caput* do art. 7º, mas apenas a manifestação de *amicus curiae*, admitindo-se, inclusive, sua manifestação por meio de sustentação oral, conforme entendimento do STF.

Ainda sobre **o *amicus curiae***, a Corte entende que tem até o momento da entrada do processo em pauta de julgamento para ingressar no feito; após isso, não é aceita a admissão.

Não há direito subjetivo à participação na condição de *amicus curiae*, porquanto se trata de mero colaborador; assim, a decisão que admite ou inadmite a participação no processo nessa qualidade é irrecorrível, conforme o art. 7°, § 2°, da Lei n° 9.868/1999 e no entendimento do próprio STF, vide o RE n° 602.584 AgR/DF.

A jurisprudência do STF é firme no sentido de não aceitar a participação de pessoas físicas na condição de *amicus curiae*, vez que lhe faltaria o requisito da representatividade, conforme decisão em ADI n° 4.178/GO.

Ainda, segundo a Corte, tem o *amicus curiae* a natureza de parte interessada na ADI, devendo, portanto, atuar como um agente colaborador em posição de privilégio, uma vez que lhe é dado intervir no processo de modo *sui generis*, em razão de não haver interesse concreto a ser defendido, por se tratar de processo abstrato. Por essa razão, **não admite o STF a interposição de recurso por** *amicus curiae*.

Vale mencionar que **o STF admite a referida colaboração em sede de controle difuso**, em que pese ser um instituto próprio do controle concentrado. Apenas para fins de complementação da matéria, é cabível a participação nos exames de **repercussão geral** e nos procedimentos de aprovação de **súmula vinculante**.

O art. 8° da Lei n. 9.868/99 determina que serão ouvidos o **Advogado-Geral da União (AGU) e o Procurador-Geral da República (PGR)**, sucessivamente e com prazo de 15 dias para manifestação de cada um. Pergunta-se: qual a vinculação das manifestações dessas autoridades?

O STF já teve posicionamento no sentido de que o AGU estava, em face da interpretação a ser dada ao art. 103, § 3°, da CF/1988, obrigado a defender a constitucionalidade do ato impugnado; não obstante, a Corte **reviu seu posicionamento** e passou a entender que o AGU pode deixar de defender a constitucionalidade da norma questionada perante ela, havendo autonomia na sua manifestação.

Já no que diz respeito ao PGR, quando não for o autor da ação, vez que diferentemente do AGU, é legitimado ativo, deverá ser ouvido em todas as ações, nos termos do art. 103, § 1º, da CF/1988. Sua atuação sempre foi autônoma, podendo defender a constitucionalidade ou a inconstitucionalidade da norma e até mesmo mudando de opinião acerca da ação proposta por si, passar a defender a improcedência da ADI que ele mesmo ajuizou.

Atenção!

O AGU e o PGR atuam em todas as ADIs, inclusive as de normas **estaduais**! É o próprio AGU quem fará a defesa do ato, em sendo o caso.

É possível a concessão de medida cautelar em ADI, conforme o art. 10 da Lei nº 9.868/1999. São os **requisitos ordinários**:

a) não ser período de recesso;
b) decisão da maioria absoluta do Tribunal;
c) presença de ao menos oito ministros;
d) prévia audiência dos órgãos e autoridade da qual emanou o ato impugnado, no prazo de cinco dias.

O relator ainda pode julgar indispensável ouvir o AGU e o PGR antes de decidir, e o prazo destes será de três dias, conforme o art. 10, § 1º, da Lei nº 9.868/1999.

Sendo período de recesso do Tribunal, a medida pode ser deferida pelo Presidente da Corte, a ser referendada pelo pleno; da mesma forma, nos termos do art. 21 do Regimento Interno do STF, em caso de urgência, a medida pode ser deferida pelo relator, também *ad referendum* do Pleno do STF.

A regra é que a **medida cautelar** possua eficácia *ex nunc*, o que pode ser excepcionado pela Corte, conferindo-lhe eficácia *ex tunc*.

No que se refere ao seu alcance, sua eficácia é igual à da própria decisão na ação: *erga omnes* e vinculante aos órgãos do Poder Judiciário e Administração Pública direta e indireta federal, estadual e municipal. Não haverá dito efeito se a liminar for indeferida.

Atenção!

O efeito vinculante *erga omnes* só se verifica quando no caso de deferimento da medida cautelar. No caso de indeferimento, não há que se falar no referido efeito.

A concessão de medida cautelar repristina eventual lei anterior que tenha sido revogada pela lei atacada, salvo manifestação em sentido contrário do STF, conforme o art. 11, § 2º, da Lei nº 9.868/1999. Para tanto – que se evite o chamado "efeito reprístinatório indesejado" – deve haver pedido do autor da ação.

A medida cautelar não possui limite legal de vigência, podendo produzir efeitos até que a ADI tenha seu mérito julgado.

Nos termos do art. 22 da Lei nº 9.868/1999, a deliberação sobre a inconstitucionalidade ou constitucionalidade da lei ou ato normativo só será feita na presença de ao menos oito ministros na sessão, sendo a maioria formada pelo voto de seis ministros, conforme o art. 23. Logo, existem dois *quóruns*: um para **instalação/deliberação** – oito ministros; e outro para **decisão de mérito** – seis ministros.

A ADI é uma ação dúplice, dotada de ambivalência, vez que o resultado num ou noutro sentido produz eficácia jurídica, seja quando é dado provimento à ação ou não; vale dizer: se a ADI for julgada improcedente, é porque a lei é constitucional; caso seja julgada procedente, é porque, de fato, a lei é inconstitucional.

Os efeitos da decisão do Tribunal em ADI são, cumulativamente e em regra:

a) contra todos (*erga omnes*);
b) efeitos retroativos (*ex tunc*);
c) efeito vinculante – para os demais órgãos do Poder Judiciário e a Administração Pública, art. 28, parágrafo único, da Lei nº 9.868/1999 (note: é a Administração Pública, não o Chefe do Poder Executivo);
d) efeito repristinatório da legislação anterior – caso a lei declarada inconstitucional tenha revogado alguma outra, vez que a declaração de nulidade a impede de produzir qualquer efeito, inclusive o de revogar a lei anterior.

Aqui, duas atenções devem ser tomadas: o efeito repristinatório pode ser modulado pelo STF, expressamente, caso haja requerimento, também expresso, do autor da ação.

Os feitos retroativos da decisão, da mesma forma. A autorização está contida no art. 27 da Lei nº 9.868/1999. Trata-se do instituto de modulação dos efeitos da decisão em ADI:

> Art. 27. Ao declarar a inconstitucionalidade de lei ou ato normativo, e tendo em vista **razões de segurança jurídica ou de excepcional interesse social**, poderá o Supre-

mo Tribunal Federal, por **maioria de dois terços de seus membros, restringir os efeitos** daquela declaração **ou** decidir que ela só tenha **eficácia a partir de seu trânsito em julgado ou de outro momento que venha a ser fixado**. (Grifos nossos.)

Atente-se aos requisitos exigidos por lei na seguinte equação: motivação + quórum qualificado = modulação temporal.

- Motivação: razões de segurança jurídica ou de excepcional interesse social.
- Quórum qualificado: maioria de dois terços de seus membros.

Resultado: possibilidade de modulação temporal – eficácia a partir de seu trânsito em julgado ou de outro momento que venha a ser fixado.

Atenção!

O STF tem admitido a aplicação do art. 27 da Lei n° 9.868/1999 em sede de controle difuso.

A declaração de inconstitucionalidade em ADI, por si só, não tem o condão de desfazer todos os atos já praticados com base na lei declarada inconstitucional. É preciso que a parte ingresse com a ação cabível ou, casos de pendência de decisão, com o recurso adequado. Logo, a decisão em ADI não produz efeitos automaticamente em atos e decisões pretéritas.

Atenção!

Eficácia normativa da ADI: a decisão proferida em ADI mantém ou expulsa a lei questionada do sistema jurídico.

Eficácia executiva da ADI: opera-se a partir da publicação no *Diário Oficial*, sendo prospectiva e cabendo reclamação quando não observados os parâmetros decididos pelo STF. Não atinge automaticamente atos pretéritos praticados com a aplicação da norma declarada inconstitucional, devendo ser proposta a ação cabível.

A decisão em ADI começa a produzir efeitos a partir da publicação da ata do julgamento no Diário da Justiça da União, conforme o art. 28, *caput*, da Lei n° 9.868/1999.

Nos termos do art. 26 da lei, comporta apenas embargos de declaração.

Algumas decisões do STF, no que se refere aos seus efeitos e à própria declaração, são dignas de registro:

a) **Inconstitucionalidade progressiva ("lei ainda constitucional" ou "norma em trânsito para inconstitucionalidade"):** trata-se de decisão proferida pelo STF quando questionado acerca do descumprimento do comando contido no art. 5°, LXXIV, da CF/1988, no que se refere à instalação de Defensorias Públicas em todo o país. Entende a Corte que algumas normas de nosso ordenamento jurídico, como o art. 68 do Código de Processo Penal (CPP), se encaminham para a inconstitucionalidade em face da referida disposição constitucional. A medida se impõe em face da impossibilidade de, em alguns casos, se efetivar de pronto a nova ordem constitucional, como é o caso da instalação de Defensorias Públicas em todo o país.

b) **A impossibilidade de "fossilização da Constituição":** conforme a Corte, o efeito vinculante da decisão em ADI não atinge o Poder Legislativo e o Executivo nas suas funções típicas de legislar e sancionar eventual lei, sob pena de afrontar o princípio da separação de Poderes e impedir até mesmo eventual evolução social. Registre-se que o Poder Legislativo, inclusive, pode editar ato em afronta ao decidido pelo STF.

c) **Declaração de inconstitucionalidade sem pronúncia de nulidade:** o STF já se manifestou pela inconstitucionalidade de uma lei (Caso do Município Luís Eduardo Magalhães – ADI nº 2.240/BA), mas se valendo do contido no art. 27 da Lei nº 9.868/1999, deixou de declarar a nulidade da lei, prestigiando a segurança jurídica em face da regra da nulidade da lei inconstitucional. Trata-se dos casos em que a declaração de nulidade, ao invés de restaurar a ordem constitucional, poderia gerar um caos constitucional.

d) **Declaração de inconstitucionalidade sem redução de texto:** são as decisões nas quais a Corte estabelece, sem que haja modificação do texto da lei, que determinadas interpretações ou aplicações da lei são tidas inconstitucionais, e não o texto em si. Vale o registro: pode apenas a Corte restringir e não adicionar sentido, atuando como verdadeiro **legislador positivo**. É dado à Corte apenas atuar como legislador negativo, retirando do ordenamento determinada aplicação e interpretação da lei.

4.7.2 ADO

A ADO tem por finalidade corrigir a falta de normatividade, ou seja, a omissão legislativa e a de órgão administrativo que deva editar atos normativos, que impeça a produção da totalidade de efeitos de uma norma constitucional. Assim como a ADI, trata-se de ação direta que visa corrigir uma inconstitucionalidade, porém, de ordem omissiva, chamada pela doutrina de **"síndrome de inefetividade das normas constitucionais"**.

Assim sendo, a maior parte do já explanado no item anterior se aplica à ADO, razão pela qual nos limitaremos a apontar suas diferenças e abordar com maior objetividade, com o intuito de evitar a repetição de ideias e atender aos fins desta obra.

A legitimação ativa é a mesma da ADI, conforme o art. 103 da CF/1888.

Já a legitimação passiva é atribuída aos órgãos e autoridades omissos e com atribuição para a edição do ato normativo em falta no ordenamento.

O objeto da referida ação é a chamada omissão inconstitucional relacionada com as normas classificadas por José Afonso da Silva (2006) como normas de eficácia limitada de caráter mandatório, cuja plena aplicabilidade está condicionada à produção normativa constitucionalmente prevista.

Segundo o autor, quanto ao grau de sua eficácia as normas constitucionais podem ser:

a) **Normas constitucionais de eficácia plena.**
b) **Normas constitucionais de eficácia contida.**
c) **Normas constitucionais de eficácia limitada:**

- **definidoras de princípios programáticos;**
- **definidoras de princípios institutivos ou organizativos de natureza impositiva.** (Deve haver o dever de legislar! A faculdade de legislar não autoriza o uso da ADO.)

As omissões que autorizam a propositura de ADO são as federais, estaduais e do Distrito Federal no exercício de sua competência estadual.

Segundo jurisprudência do STF, uma vez produzido o ato normativo na pendência de ADO, essa perde o seu objeto (*vide* ADI QO nº 1.836/SP).

O art. 12-B da Lei n° 9.868/1999 impõe ao legitimado o dever de, na petição inicial, indicar a omissão inconstitucional total ou parcial quanto ao cumprimento de dever constitucional de legislar ou quanto à adoção de providência de índole administrativa e o pedido com suas especificações.

Da mesma forma que na ADI, a ADO não admite desistência, mas seu fundamento legal reside no art. 12-D. Da mesma forma que na ADI, o único recurso cabível são os **embargos de declaração** (art. 26 da Lei n° 9.868/1999).

No que se refere ao procedimento, conforme o art. 12-E, aplica-se o cabível – porquanto se está falando de omissão – as normas destinadas ao procedimento da ADI.

Conforme o art. 12-E, § 2°, o AGU poderá ser solicitado a se manifestar, pelo relator, acerca da omissão inconstitucional, não sendo obrigatória, assim, sua manifestação.

Quanto ao PGR, da mesma forma que na ADI, sua participação é sempre obrigatória.

É possível também a concessão de medida cautelar, observados os requisitos contidos no art. 12-F da Lei n° 9.868/1999, cujos requisitos são:

a) excepcional urgência e relevância da matéria;
b) decisão da maioria absoluta do Tribunal;
c) presença de ao menos oito ministros;
d) prévia audiência dos órgãos e da autoridade da qual emanou o ato impugnado, no prazo de cinco dias.

Em caso de omissão parcial, a medida cautelar poderá consistir na suspensão da aplicação da lei ou do ato normativo questionado, bem como na suspensão de processos judiciais ou de procedimentos administrativos, ou ainda em outra providência a ser fixada pelo Tribunal, conforme o § 1° do mencionado dispositivo.

Declarada a inconstitucionalidade em ADO, segundo o art. 12-H, será dada ciência ao Poder competente para a adoção das providências necessárias. Sendo órgão administrativo, o omisso, deverão ser adotadas as providências em 30 dias ou outro prazo razoável, a depender das peculiaridades do caso, fixado pelo Tribunal.

Atenção!

Se a omissão for de Poder, ou seja, Legislativo ou Executivo, não há que se falar em prazo, em respeito ao princípio da separação de Poderes.

- **ADO x Mandado de Injunção**

Assemelham-se as duas ações por se tratar de ações constitucionais e que possuem a mesma finalidade: impugnar uma omissão normativa que afronta a Constituição e não dá plena efetividade a uma norma constitucional. Ainda, ambas as decisões proferidas possuem natureza mandamental, no sentido de comunicar, em regra, à autoridade a sua omissão e "mandar" que produza a norma.

Diferenças:

ADO	Mandado de Injunção
É processo objetivo – defesa do ordenamento jurídico	É processo subjetivo – defesa de direito subjetivo
Legitimação restrita – art. 103 da CF/1988	Legitimação da parte detentora do direito subjetivo
Competência para julgamento exclusiva do STF	Competência de vários órgãos do Poder Judiciário, a depender da autoridade
Lei n° 9.868/1999 (com alterações introduzidas pela Lei n° 12.063/2009)	Lei n° 13.300/2016

Da mesma forma que na ADI, a decisão em ADO é irrecorrível e pode ter seus efeitos modulados, nos termos do art. 27 da lei que trata da referida ação, e sendo, em regra, *erga omnes* e *ex tunc*.

Vale aqui, em face da jurisprudência do STF, fazermos alguns apontamentos quanto aos efeitos da decisão em ADO.

O art. 103, § 2°, da CF/1988 assim dispõe sobre o ponto:

> § 2° Declarada a inconstitucionalidade por omissão de medida para tornar efetiva norma constitucional, **será dada ciência ao Poder competente para a adoção das providências necessárias e, em se tratando de órgão administrativo, para fazê-lo em trinta dias.** (Grifos nossos.)

Combinado com o conteúdo do § 1° do art. 12-H da Lei n° 9.868/1999:

> Art. 12-H. (...)
>
> § 1° Em caso de omissão imputável a órgão administrativo, as providências deverão ser adotadas no prazo de 30 (trinta) dias, **ou em prazo razoável a ser estipulado excepcionalmente pelo Tribunal, tendo em vista as circunstâncias específicas do caso e o interesse público envolvido.** (Grifos nossos.)

Logo:

a) **Poder competente (Legislativo e Executivo):** será comunicado apenas, sob pena de ofensa ao princípio da separação dos Poderes.

b) **Órgão administrativo:** será comunicado e terá o prazo de 30 dias para editar a norma ou outro fixado pelo Tribunal, com base nas circunstâncias e no interesse público envolvido no caso.

> **Atenção!**
>
> Embora a CF/1988 seja explícita em dizer que o STF, no que se refere aos Poderes, apenas poderá dar ciência a esses de sua omissão inconstitucional, a Corte tem, em alguns julgados, adotado aquilo que é denominado por doutrina como posição "concretista intermediária": a Corte não pode atuar como legislador positivo, mas pode fixar um prazo – em casos em que a mora se mostre abusiva – para que o Poder edite o ato (*vide* ADO nº 25).

Vale o registro de que essa é a regra destinada à decisão do mandado de injunção, conforme o art. 8º da Lei nº 13.300/2016.

Por último, no que se refere à **fungibilidade entre as ações** de ADI e ADO, é admitida pelo STF (*vide* ADIs nºs 875, 1.987 e 2.727), tendo sido superada anterior jurisprudência que não a admitia.

4.7.3 ADC

Da mesma forma que a ADI e a ADO, e com o intuito de evitar repetição de ideias, no que se refere à ADC, registramos:

a) é ação de controle abstrato;
b) o processo é objetivo;
c) tem como legitimados as mesmas partes da ADI e ADO (art. 103, CF/1988 – EC nº 45/2004) – portanto, revogado o disposto no art. 13 da Lei nº 9.868/1999);
d) a competência para julgamento pertence ao STF;
e) o quórum de instalação/decisão: 8/6 ministros;
f) os efeitos da decisão *ex tunc* e *erga omnes*;
g) é ação ambivalente.

Demais apontamentos já feitos com relação à ADI, da mesma forma, como a causa de pedir aberta, a impossibilidade de desistência, a inexistência de prescrição e decadência, o ingresso de *amicus curiae*, a atuação do PGR, a ambivalência da ação e a irrecorribilidade das decisões, salvo interposição de embargos de declaração, aplicam-se à ADC.

Particularidade da ADC é o seu pedido: aqui o legitimado provoca o STF para que a presunção de constitucionalidade relativa se torne absoluta, pela chancela do STF à constitucionalidade da norma. Aqui, a improcedência é o reconhecimento da inconstitucionalidade da norma, sendo uma "ADI de sinal trocado".

A improcedência da ADC leva à declaração de inconstitucionalidade, o que acarreta o efeito repristinatório da legislação anterior, acaso existente.

O objeto da **ADC é apenas ato normativo federal**, diferenciando-se assim da ADI e da ADO, que atuam sobre normas estaduais também.

Ainda sobre o objeto da ação, é pressuposto da ADC, conforme o art. 14 da Lei nº 9.868/1999, que haja relevante controvérsia judicial acerca da constitucionalidade da norma, que deverá ser demonstrada na petição inicial, inclusive apontando as ações em andamento nas quais a constitucionalidade esteja sendo impugnada em controle incidental (ou seja, pela via difusa e como causa de pedir nas ações) e os argumentos suscitados acerca da constitucionalidade ou não da norma.

Atenção!

É essencial a verificação dessa circunstância em ADC, vez que o STF não é órgão de consulta acerca da constitucionalidade ou não das leis e, como sabido, as normas são presumidamente constitucionais (*juris tantum*).

Outra anotação importante: esse pressuposto é uma particularidade da ADC, não sendo exigido para as demais ações diretas (ADI e ADO).

A **medida cautelar** em ADC é possível e consiste na medida prevista no art. 21, *caput*, da Lei nº 9.868/1999: determinar que os juízes e os Tribunais suspendam o julgamento dos processos que envolvam a aplicação da lei ou do ato normativo objeto da ação até seu julgamento definitivo.

Quanto à participação do AGU, uma vez que se defende a constitucionalidade do ato, segundo a doutrina e a própria jurisprudência do STF, não haveria que se falar de sua citação. Aqui registramos nossa opinião diversa para que o leitor reflita: se a ADC é uma ADI de sinal trocado, assim sendo, sua improcedência culminando com a declaração de sua inconstitucionalidade, cremos que o AGU deveria, sim, ser citado para se manifestar sobre a norma, nos mesmos moldes do determinado para a ADI.

4.7.4 ADPF

A previsão constitucional da ADPF se encontra no art. 102, § 1º, da CF/1988:

> Art. 102. (...)
>
> § 1º A arguição de descumprimento de preceito fundamental, decorrente desta Constituição, será apreciada pelo Supremo Tribunal Federal, na forma da lei.

A lei referida pelo dispositivo constitucional é a Lei nº 9.882/1999.

A ADPF é uma ação residual; apenas caberá quando não for o caso de ADI, ADO ou ADC, vez que não se restringe apenas a atos normativos, podendo ser impugnado qualquer ato do Poder Público que descumpra a Constituição, resultando lesão ou ameaça de lesão a preceito fundamental constitucionalmente previsto. Essa é a conclusão que se extrai do art. 1º, *caput*, da Lei nº 9.882/1999:

> Art. 1º A arguição prevista no § 1º do art. 102 da Constituição Federal será proposta perante o Supremo Tribunal Federal, e terá por objeto **evitar** ou **reparar** lesão a preceito fundamental, resultante de **ato** do Poder Público. (Grifos nossos.)

Assim, tem-se por objeto da ADPF: qualquer ato (ou omissão) normativo do Poder Público, incluídos leis e atos normativos federais, estaduais e municipais, bem como os anteriores à CF/1988, servindo no caso como verdadeira ação de controle de recepção ou não do ato normativo frente à CF/1988.

Atos concretos, de execução, infralegais inclusive, são objeto de controle por ADPF. Essa é a posição de nossa Corte Suprema (*vide* ADPF nº 1).

Segundo o STF, em um primeiro momento de sua jurisprudência, enunciados de súmulas de Tribunais não eram passíveis de ADPF, porquanto apenas expressam o entendimento judicial reiterado de uma determinada questão levada a juízo. Não obstante, a jurisprudência da Corte reviu seu posicionamento, passando a entender que cabe, sim, ADPF em face de súmulas vinculantes (ADPF nº 152/DF) e súmulas de outros Tribunais do Poder Judiciário (ADPF nº 501/SC) – desde que enunciem preceitos gerais e abstratos. *Vide* ementa:

> EMENTA: AGRAVO REGIMENTAL EM ARGUIÇÃO DE DESCUMPRIMENTO DE PRECEITO FUNDAMENTAL. SÚMULA 450 DO TRIBUNAL SUPERIOR

> DO TRABALHO. ENUNCIADO DE CARÁTER NORMATIVO. CABIMENTO. PRECEDENTES. PRINCÍPIO DA SUBSIDIARIEDADE. ATENDIMENTO. AGRAVO REGIMENTAL A QUE SE DÁ PROVIMENTO. I – Viabilidade da Arguição de Descumprimento de Preceito Fundamental ajuizada em face de enunciado de Súmula de Jurisprudência predominante editada pelo Tribunal Superior do Trabalho. II – Atendimento ao princípio da subsidiariedade, uma vez que não há instrumento processual capaz de impugnar ações e recursos que serão obstados com base em preceito impositivo no âmbito da Justiça trabalhista. III – Agravo regimental a que se dá provimento (ADPF nº 501 AgR, Rel. Alexandre de Moraes, Rel. p/ Acórdão: Ricardo Lewandowski, Tribunal Pleno, julgado em 16.09.2020).

A ADPF é cabível ainda em duas hipóteses: de forma autônoma e incidental.

A ADPF autônoma está disciplinada no *caput* do art. 1º da Lei nº 9.882/1999, conforme supracitado, podendo ainda ser preventiva ("evitar") e repressiva ("reparar").

Na forma incidental, a previsão é a contida no art. 1º, parágrafo único, da referida lei:

> Parágrafo único. Caberá também arguição de descumprimento de preceito fundamental:
> I – quando for relevante o fundamento da controvérsia constitucional sobre lei ou ato normativo federal, estadual ou municipal, incluídos os anteriores à Constituição;
> II – (VETADO).

Vale registrar que no caso de ADPF incidental a controvérsia se origina em processos subjetivos e não objetivos, sendo esse último o caso da ADPF autônoma. Inclusive, esse é o entendimento do STF acerca do tema, conforme a ADPF de n° 3, bem como da leitura do art. 6°, § 1°, da Lei n° 9.882/1999.

Na ADPF incidental, além do caso concreto, é necessária a verificação de divergência judicial relevante.

Atenção!

Os atos normativos federais e estaduais contemporâneos e passíveis de controle de constitucionalidade por via de ADI, ADO ou ADC não podem ser objeto de ADPF, em respeito ao princípio da subsidiariedade da ADPF!

Em face da subsidiariedade da ADPF, o STF já reconheceu a possibilidade de conhecer uma ADPF proposta equivocadamente como ADI, vez que cumpridos os requisitos dessa última. (*Vide* ADPF n° 72 convertida na ADI n° 3.513 do Estado do Pará.)

O conceito de preceito fundamental não é apresentado pela CF/1988, restando ao STF, no exercício de sua função, defini-lo e à doutrina, em auxílio, chegarem a ele; porém, adiante-se que há controvérsia até mesmo na Corte Suprema, que dirá entre os doutrinadores!

Para alguns autores, em suma, os preceitos fundamentais da Constituição podem ser expressos ou implícitos e se tratam de previsões que dão suporte e informam o sistema constitucional vigente, devendo ser apontados pelo STF quais são eles, vez que se trata da Corte com competência para tanto. Essa tem sido a posição com maior aderência por doutrina e STF.

A competência para processar e julgar a ADPF é do STF, e a legitimidade para sua propositura é a mesma para propositura de ADI, ADO e ADC, conforme previsto, respectivamente, nos arts. 102, § 1°, e 103 e incisos, da CF/1988.

Proposta a ADPF, a petição inicial será indeferida liminarmente caso o relator verifique que não seja o caso da ação, especialmente no que diz respeito ao princípio da subsidiariedade; dessa decisão, caberá agravo no prazo de cinco dias, tudo conforme contido no art. 4° da Lei n° 9.882/1999. Entretanto, nos termos do art. 994, III, c/c o art. 1.003, § 3°, do Código de Processo Civil (CPC), o prazo de interposição de recurso de agravo interno passa a ser de 15 dias.

Vale destacar que a Corte, apesar do previsto no art. 1.072, IV, do CPC, já se manifestou negativamente quanto à alteração, no que se refere ao prazo de cinco dias contido na Lei n° 8.038/1990 para o mesmo recurso, mantendo assim o prazo de cinco dias em face do princípio da especialidade da norma (*vide* o HC n° 1.345.554).

Da mesma forma que em ADI, ADO e ADC, poderá ser concedida **medida liminar** em sede de ADPF, conforme o art. 5° da Lei n° 9.882/1999. O quórum é a maioria absoluta dos membros da Corte, podendo ser dispensado na forma do § 1°, quando pode ser deferida a medida pelo relator, *ad referendum* da Corte.

Para concessão da medida liminar, o relator poderá ouvir os órgãos e autoridades do ato questionado, bem como o AGU e o PGR, ambos no prazo de cinco dias, conforme o § 2° do art. 5°.

A liminar poderá consistir na determinação de que juízes e tribunais suspendam o andamento de processos ou os efeitos de decisões judiciais, ou de qualquer outra medida que apresente relação com a matéria objeto da arguição de descumprimento de preceito fundamental, salvo se decorrentes da coisa julgada, segundo o § 3° do dispositivo supracitado.

A decisão em ADPF demanda a observância de duas regras, o art. 97 da CF/1988 (Quando for declarar a inconstitucionalidade de ato normativo apenas! **Para aferição de revogação ou de recepção de norma pré-constitucional, segundo o STF, não!**) e o art. 8° da Lei n° 9.882/1999: deverá, respectivamente, ser proferida pelo quórum da maioria absoluta do Tribunal, e a sessão deverá ser instalada com a presença de 2/3 dos Ministros da Corte, ou seja, oito membros.

A eficácia da decisão em ADPF, assim como nas demais ações de controle concentrado, será retroativa (*ex tunc*), vinculante a todos os órgãos do Poder Público e válida contra todos (*erga omnes*) – art. 10, § 3°, da Lei n° 9.882/1999, e é de aplicabilidade imediata.

No art. 11, encontra-se a possibilidade de, assim como na ADI, se modular os efeitos da decisão em ADPF:

> ao declarar a inconstitucionalidade de lei ou ato normativo, no processo de arguição de descumprimento de preceito fundamental, e tendo em vista razões de segurança jurídica ou de excepcional interesse social, poderá o Supremo Tribunal Federal, por **maioria de dois terços de seus membros**, restringir os efeitos daquela declaração ou decidir que ela só tenha eficácia a partir de seu trânsito em julgado ou de outro momento que venha a ser fixado. (Grifos nossos.)

Atenção!

Em ADPF o quórum de 2/3 é para instalação da sessão e modulação dos efeitos da decisão!

Caso a discussão na ADPF seja acerca de direito pré-constitucional, ou seja, acerca de sua recepção ou revogação pela CF/1988, o STF declarará a sua recepção ou revogação, como foi o caso da Lei de Imprensa.

Atenção!

O STF entende que cabe acordo em ADPF, em que pese se tratar de processo objetivo, desde que demonstrado um conflito intersubjetivo implícito, que comporte solução por meio de autocomposição. Cabe ao STF apenas homologar as disposições patrimoniais que forem combinadas e que estiverem dentro do âmbito de disponibilidade das partes. Trata-se de acordo de questão incidente, que visa dar maior efetividade à prestação jurisdicional. *Vide* ADPF nº 165.

A ADPF não admite ação rescisória: art. 12 da Lei nº 9.882/1999.

Por fim, ainda que se trate de uma ação remanescente para realização de controle de constitucionalidade objetivo, segundo o STF, ação de controle concentrado de constitucionalidade não pode ser utilizada como sucedâneo das vias processuais ordinárias:

> A natureza jurídica dos processos de índole objetiva não se mostra compatível com a análise aprofundada de fatos envolvendo supostas práticas ilícitas, atos de improbidade administrativa ou infrações criminais imputadas a particulares, servidores públicos ou autoridades políticas.
>
> A jurisdição constitucional prestada por meio do processo de controle concentrado de constitucionalidade tem por objeto, única e exclusivamente, a validade formal ou material de leis e atos administrativos dotados dos atributos da generalidade, impessoalidade e abstração, por isso o seu caráter objetivo.

Com base nesse entendimento, o Plenário, por maioria, não conheceu de arguição de descumprimento de preceito fundamental ajuizada em face de discursos, pronunciamentos e comportamentos, ativos e omissivos, atribuídos ao Presidente da República, a ministros de Estado e a integrantes do alto escalão do Poder Executivo federal. Vencidos os ministros Ricardo Lewandowski e Edson Fachin (ADPF nº 686/DF).

4.7.5 Representação interventiva – hipótese de controle concentrado e concreto

A CF/1988 traçou como regra a autonomia política dos entes federativos; porém, admite excepcionalmente o afastamento dessa autonomia política, conforme seus arts. 34 e 35, condicionando ao atendimento dos requisitos do art. 36.

A intervenção em um ente da Federação é medida drástica e última que só se justifica na tentativa de se evitar a própria desagregação da Federação pelo descumprimento de normas constitucionais basilares à sua manutenção, o que poderia levar ao caos político.

Assim sendo, só poderá se efetivar nas hipóteses taxativas da Constituição (arts. 34 e 35).

A intervenção pode ser: espontânea e provocada.

Será **espontânea** – também conhecida como de ofício – quando autorizado o Chefe do Executivo de forma direta e por iniciativa sua; exemplo: art. 34, I, c/c o art. 36, § 1º, ambos da CF/1988.

Já a **intervenção provocada** demanda a necessidade de iniciativa de um órgão. Nos casos em que essa iniciativa demanda provimento judicial, é por meio da **ação de repre-**

sentação interventiva (ação direta de inconstitucionalidade interventiva).

Embora seja uma ação de controle concentrado – ou seja, que compete a um determinado órgão –, o controle é feito no caso concreto, ou seja, diante de uma lei ou ato normativo ou atuação inconstitucional de um órgão (concretamente), sendo os casos dos arts. 34, VII, e 35, IV, da CF/1988.

Atenção!

O Poder Judiciário (tanto o STF quanto os Tribunais de Justiça – TJs), não decreta intervenção! Apenas dá autorização ao Chefe do Executivo para que deflagre o procedimento, tendo em vista que isso é ato político exclusivo seu e não restando vinculado à decisão judicial.

São legitimados para a propositura da referida ação: o PGR nos casos de intervenção do art. 34, VII, da CF/1988; e o Procurador-Geral de Justiça da unidade federativa respectiva, conforme o art. 35, IV, da CF/1988.

A ação de representação interventiva federal tem seu procedimento regulamentado na Lei nº 4.337/1964; ainda, a Lei nº 12.562/2011 regulamentou o inciso III do art. 36 da CF/1988, estabelecendo o procedimento para julgamento no STF.

No que se refere à concessão de liminar, o art. 5º da Lei nº 12.562/2011 a admite, mas condiciona a decisão ao quórum de maioria absoluta dos membros do STF.

No que se refere à decisão proferida pelo Tribunal de Justiça acerca da representação interventiva, não cabe recurso para o STF, conforme o enunciado da Súmula nº 637: "Não cabe recurso extraordinário contra acórdão de Tribunal de Justiça que defere pedido de intervenção estadual em Município".

4.7.6 Controle de constitucionalidade nos estados-membros da Federação

A CF/1988 prevê a possibilidade de que os estados-membros da Federação instituam o controle de constitucionalidade das leis em face de suas constituições, conforme previsão contida no art. 125, § 2º:

> Art. 125. (...)
>
> § 2º Cabe aos Estados a instituição de representação de inconstitucionalidade de leis ou atos normativos estaduais ou municipais em face da Constituição Estadual, vedada a atribuição da legitimação para agir a um único órgão.

Em face do princípio da simetria, todas as ações são autorizadas à criação: ADI, ADO, ADC e ADPF.

No que se refere à legitimação para a propositura da ação, a Constituição não a enumerou, apenas criando a proibição de que somente um órgão seja legitimado para tanto, inclusive, o STF já reconheceu a possibilidade de ausência de correspondência entre os legitimados federais e estaduais (*vide* ADI nº 558 e RE nº 261.677). Vale mencionar que doutrina autorizada reconhece a necessidade de simetria em face dos correspondentes estaduais legitimados pela Constituição no art. 103.

O parâmetro de controle é a Constituição Estadual.

Os objetos podem ser leis estaduais e municipais, bem como atos normativos primários que afrontem a Constituição do Estado-membro.

Atenção!

As leis estaduais possuem dois parâmetros de controle: a Constituição Federal e a sua Estadual.

Pergunta: e se o parâmetro estadual for tido como inconstitucional frente à Constituição Federal pelo TJ, em controle incidental realizado na ação objetiva de controle de constitucionalidade de lei, por exemplo, estadual em face da Constituição Estadual?

Nesse caso, o TJ deve julgar extinta a ação sem resolução de seu mérito ante a impossibilidade jurídica do pedido, vez que a própria norma constitucional estadual que servia de parâmetro foi declarada inconstitucional (MENDES; COELHO; BRANCO, 2008).

No caso de haver ações diretas simultâneas em face de lei estadual, ou seja, questionando sua constitucionalidade frente à Constituição Federal e à Constituição Estadual, deve ser observado se se trata de dispositivo de reprodução obrigatória na Constituição Estadual ou não.

Caso seja, e o STF declare a inconstitucionalidade da norma antes do Tribunal de Justiça, a da Corte estadual resta prejudicada, em face da vinculação ao entendimento da Corte Suprema brasileira. Porém, enquanto estiver sob julgamento a que corre no STF, haverá a determinação da suspensão da que tramita no TJ.

Se a norma impugnada não for de reprodução obrigatória, mas de reprodução autônoma, porém contestada em ambas as Cortes, a análise será feita com base em parâmetros distintos – pois o da Constituição Estadual não é de reprodução obrigatória. Dois podem ser os resultados: (1) o STF declarar inconstitucional em face da CF/1988, o que vincula o TJ, não podendo mais declarar a sua constitucionalidade; (2) o STF reconhecer a dignidade da norma, declarando-a constitucional frente à CF/1988 e prosseguindo o TJ na sua análise frente à Constituição Estadual, podendo inclusive declarar a norma inconstitucional **frente à Constituição Estadual.**

O TJ pode declarar inconstitucionalidade de lei federal em face da CF/1988? Sim! Em controle difuso, como qualquer membro do Poder Judiciário – exemplo: controle difuso de uma norma do CC brasileiro.

No que se refere à recorribilidade da decisão proferida pelo TJ, em regra não cabe qualquer recurso a outros tribunais superiores, em respeito ao princípio federativo.

A única situação em que se admite **recurso extraordinário para o STF** é quando o parâmetro é **norma de reprodução obrigatória** nas constituições dos estados-membros.

Atenção!

Note que nessa situação será interposto RE em face de controle concentrado de constitucionalidade. Assim sendo, segundo o STF, os efeitos da decisão no RE, nesse caso, é *erga omnes* – diferente do seu efeito ordinário, que é *inter partes* (vide RE n° 187.142).

A doutrina denomina essa situação de controle abstrato (porque esse foi o modelo adotado no TJ) no modelo difuso (porquanto essa a atuação do STF no caso, vez que o RE é meio de acesso ao âmbito recursal em processos subjetivos).

Por fim, a interposição de RE está condicionada à não existência de ação simultânea no STF acerca da mesma norma estadual.

Quanto à situação do Distrito Federal, uma particularidade deve ser mencionada: cabe à União criar a fiscalização abstrata das leis e atos normativos distritais em face de sua Lei Orgânica, conforme o art. 22, XVII, da CF/1988.

Não obstante, no que se refere às municipalidades, não se admite controle concentrado de constitucionalidade de leis ou atos normativos municipais em face da lei orgânica respectiva.

Segundo o STF, não é possível extrair, da literalidade do art. 125, § 2º, da CF/1988 o cabimento de controle concentrado de constitucionalidade de leis ou atos normativos municipais contra a lei orgânica respectiva (ADI nº 5.548).

5

Dos Princípios, dos Direitos e das Garantias Fundamentais

5.1 Dos princípios fundamentais

O art. 1º da CF/1988, em seu *caput*, conforma o Estado brasileiro dando sua **forma de Estado (federação)**, estabelecendo sua **forma de governo (república)** e seu **regime político (democrático)**, cuja limitação dos poderes constituídos é feita pelo Direito, ou seja, pelo conjunto de normas jurídicas expedidas na forma autorizada pela Constituição.

A forma federativa no Brasil é cláusula pétrea, nos termos do art. 60, § 4º, I, da CF/1988.

Já a forma republicana de governo, por poder ensejar intervenção federal, caso não respeitada, conforme o art. 34, VII, *a*, trata-se de princípio sensível.

Uma vez que o parágrafo único do art. 1º da CF/1988 afirma que todo poder emana do povo que o exerce por representantes eleitos, foi consagrada a democracia semidireta ou participativa.

São fundamentos da República Federativa do Brasil:

a) **a soberania:** significando que o Estado brasileiro a nenhum outro Estado se sujeita em sua ordem interna e está em pé de igualdade com os demais que compõem a sociedade internacional;

b) **a cidadania:** formal, assegurando a todos a participação no cenário político, e material, proporcionando o Estado condições de fato para que as pessoas participem do Estado na condução de suas políticas públicas e garantias de seus direitos;

c) **a dignidade da pessoa humana:** o Estado brasileiro se concentra no ser humano e o tem como referência, sabendo que ele não pode ser meio, mas sempre a finalidade às suas decisões;

d) **os valores sociais do trabalho e da livre-iniciativa:** o que denota que o Estado brasileiro adota o regime de economia capitalista, entretanto, sem descuidar dos trabalhadores, o que decorre da própria dignidade da pessoa humana, devendo haver equilíbrio entre esses fundamentos;

e) **o pluralismo político:** o Estado brasileiro reconhece a diversidade de correntes ideológicas que o compõem, assegurando a participação de todas no processo de formação da vontade geral.

O art. 2º da CF/1988 define os poderes do Estado brasileiro e como se desenvolve a relação entre eles: são independentes em sua atuação, todavia, preservando a harmonia nessa atuação independente. Consagra o princípio fundamental da separação dos Poderes.

O art. 3º apresenta os objetivos fundamentais, ou seja, as metas do Estado brasileiro a serem atingidas por meio da Constituição e de sua prática pelos Poderes constituídos:

I – construir uma sociedade livre, justa e solidária;

II – garantir o desenvolvimento nacional;

III – erradicar a pobreza e a marginalização e reduzir as desigualdades sociais e regionais;

IV – promover o bem de todos, sem preconceitos de origem, raça, sexo, cor, idade e quaisquer outras formas de discriminação.

Esses objetivos demonstram a intenção do constituinte de assegurar igualdade material entre todos, buscando assegurar identidade de oportunidades e pleno acesso aos meios de desenvolvimento de personalidade e vida humanas.

No art. 4°, estão enumerados os princípios fundamentais pelos quais a República Federativa do Brasil deve se pautar em relação com outros Estados soberanos e organismos internacionais, ou seja, na ordem internacional:

I – independência nacional;

II – prevalência dos direitos humanos;

III – autodeterminação dos povos;

IV – não-intervenção;

V – igualdade entre os Estados;

VI – defesa da paz;

VII – solução pacífica dos conflitos;

VIII – repúdio ao terrorismo e ao racismo;

IX – cooperação entre os povos para o progresso da humanidade;

X – concessão de asilo político.

Parágrafo único. A República Federativa do Brasil buscará a integração econômica, política, social e cultural dos povos da América Latina, visando à formação de uma comunidade latino-americana de nações.

Esses princípios enumerados pela Constituição, em suma, buscam demonstrar o reconhecimento da soberania dos outros Estados pelo Estado brasileiro, o ser humano como centro de suas decisões, inclusive em âmbito internacional, bem como a sua posição de país pacifista, aberto ao diálogo para a solução de eventuais celeumas com outros Estados soberanos.

Seu parágrafo único enuncia objetivo a ser perseguido pelo Brasil que é a integração política, econômica, social e cultural dos povos da América Latina.

5.1.1 Direitos e garantias fundamentais – teoria e regime jurídico constitucional

A Magna Carta Inglesa é o marco do surgimento dos direitos fundamentais; embora não garantisse uma gama de liberdades irredutíveis aos indivíduos, assegurava limitações de poderes dos reis, especialmente frente aos barões que se encontram insatisfeitos com as questões tributárias da realeza.

Já a positivação dos direitos fundamentais tem seu marco na independência americana e sua Declaração (1776), e na Revolução Francesa, com a Declaração dos Direitos do Homem e do Cidadão (1789). O grande ideal de início era impor limites ao Estado em face dos indivíduos. Trata-se do "não fazer" ao Estado em respeito aos chamados direitos individuais.

Esses são os chamados **direitos fundamentais de 1ª geração** – ou dimensão, como preferem alguns doutrinadores – e tem como base assegurar as liberdades individuais.

Os **direitos fundamentais de 2ª geração** possuem como marco fundamental de surgimento as Constituições do México de 1917 e de Weimar, na Alemanha, em 1919, e tem como marco histórico desencadeador a Revolução Industrial na Europa, a partir do século XIX. No Brasil, o marco é a Constituição de 1934.

O que caracteriza os direitos fundamentais de 2ª geração é o aspecto positivo, ou seja, de prestações do Estado e a demanda por recursos para sua efetivação – razão pela qual se encontram sob a cláusula de reserva do possível para concretização.

Os **direitos fundamentais de 3ª geração** são aqueles que não consideram o ser humano individualmente, mas inserido em uma sociedade de massa, com problemas comuns e que devem ser considerados como de todos e não apenas de uma única pessoa, porquanto vão além dele. Trata-se de inserção em uma coletividade – porque é assim que se vive – e de deveres em face dela, mas também direitos, pautados na solidariedade e fraternidade, no humanismo e na universalidade. São esses princípios que subsidiam o direito ao meio ambiente equilibrado, ao desenvolvimento e à paz.

Doutrina conceituada aponta direitos de 4ª e 5ª gerações – ou dimensões. Vale informar que a discussão à nomenclatura geração e dimensão pauta-se no sentido que as palavras podem comportar: geração daria a ideia de superação de uma por outra; dimensão, não. Entretanto, trata-se de geração de expressão consagrada, e por isso a mantemos; porém, a crítica é válida.

Os **direitos fundamentais de 4ª geração**, segundo a doutrina, seriam aqueles decorrentes dos avanços da engenharia genética, segundo Noberto Bobbio (LENZA, 2018); já Paulo Bonavides entende que esses direitos de 4ª geração decorrem da globalização política, sendo a fase última de instituição do Estado social, sendo eles: a democracia, a informação e o pluralismo. Vale mencionar que o último autor entende que o direito à paz seria o de **5ª geração**.

Dentro dessa perspectiva, vale mencionar que o indivíduo, frente aos direitos fundamentais, se encontra em quatro *status*, conforme leciona o doutrinador alemão Georg Jellinek: passivo, negativo, positivo e ativo.

No *status* **passivo**, a situação do indivíduo é de subordinação frente às determinações do Estado, como o dever de pagar tributos; **no negativo**, o indivíduo goza de espaço de liberdade no qual não é dado ao Estado determinar, como no caso das liberdades, respeitadas regras mínimas impostas. Já no *status* **positivo**, o indivíduo possui o direito de exigir do Estado que atue lhe prestando serviços ou bens, como é o caso da saúde pública; por fim, no *status* **ativo**, o indivíduo pode influir sobre a formação da vontade estatal, o que é o caso dos direitos políticos.

Há que se fazer as seguintes diferenciações: direitos humanos e direitos fundamentais; direitos e garantias fundamentais.

Os direitos humanos são reivindicações perenes acerca da posição humana e de base jusnaturalista, que não se encontram positivados em um texto constitucional; uma vez positivados, esses direitos adquirem o *status* de direitos fundamentais.

Os direitos fundamentais são bens declarados pela Constituição e atribuídos a cada indivíduo, que pode invocá-los; as garantias fundamentais são os instrumentos pelos quais os direitos fundamentais podem ser reivindicados.

São as seguintes as características dos direitos fundamentais:

a) **imprescritibilidade:** não perdem sua eficácia pelo decurso do tempo;

b) **inalienabilidade:** não podem ser transferidos pelo seu titular a outrem;

c) **irrenunciabilidade:** não podem ser abdicados pelo seu titular; entretanto, o constitucionalismo moderno e a nossa própria ordem jurídica admitem a renúncia temporária e excepcional, como no caso do direito de imagem; o que não pode haver é renúncia geral;

d) **inviolabilidade:** não podem ser inobservados pelo Poder Público e também nas relações particulares;

e) **universalidade:** abrange a todos os indivíduos;

f) **efetividade:** a atuação do Estado deve ter por escopo efetivá-los;

g) **interdependência:** apesar de autônomas, as várias previsões se interpenetram para atingir suas finalidades;

h) **de ações imprescritíveis:** as ações que visam reparar violações de direitos humanos e direitos fundamentais, segundo jurisprudência, são imprescritíveis (vide REsp n° 959.904);

i) **abertos:** os direitos humanos e fundamentais não são *numerus clausus*, podendo outros ser reconhecidos; a previsão Constitucional que respalda a característica é o art. 5°, § 2°, da CF/1988;

j) **historicidade:** possuem caráter histórico, sendo revelados ao longo da história e se construindo em diversas fases, desde o Cristianismo.

Os destinatários dos direitos e garantias fundamentais, de início, foram os indivíduos. Atualmente, são reconhecidos direitos fundamentais às pessoas jurídicas e ao próprio Estado, como o próprio direito de requisição administrativa, contido no art. 5°, XXV, da CF/1988.

A origem dos direitos fundamentais tem como partes indivíduo e Estado; não obstante, evoluiu-se a sua aplicação até mesmo nas relações privadas, ou seja, entre indivíduos. Logo, os direitos fundamentais devem ser observados tanto nas **relações verticais**, entre indivíduo x Estado (relações públicas), como nas **relações horizontais**, entre os próprios indivíduos (relações privadas). É a chamada **eficácia horizontal dos direitos fundamentais**.

Em que pese isso não ter sido explicitado na CF/1988, é aceita, pacificamente, pela doutrina e pela jurisprudência a referida teoria, pois a CF aderiu à teoria implicitamente quando, por exemplo, previu as normas trabalhistas contidas no art. 7º. Segundo a doutrina, a autonomia da vontade não é fundamento suficiente para afastar a aplicação dos direitos e garantias fundamentais às relações privadas.

O STF, invocando a tese, por exemplo, reconheceu como obrigatória a observância do devido processo legal, da ampla defesa e do contraditório no caso de exclusão compulsória de associado de cooperativa e de afastamento de associado de sociedade civil (*vide* REs nºs 158.215 e 201.819).

Os direitos fundamentais **não são absolutos**. O limite de um direito fundamental é outro direito fundamental e a própria razão de sua invocação, razão pela qual não podem ser reivindicados para proteção de práticas ilícitas. Assim, por exemplo, a liberdade de pensamento não pode ser escusa do crime de racismo.

Vale registrar que existe doutrina que afirma que o único direito fundamental absoluto é o de não ser torturado.

Alguns direitos e garantias fundamentais podem ser contidos por restrições legais autorizadas pela Constituição, expressa ou implicitamente. Portanto, normas infraconstitucionais podem apresentar restrições na forma de **reservas legais**, podendo ser **simples ou qualificadas**.

A reserva legal simples se verifica quando a Constituição apenas menciona que a *lei* poderá regular a situação constitucional, sem apresentar qualquer condicionamento ou regra a isso; exemplo: art. 5º, VI.

A reserva legal qualificada, por sua vez, além da previsão de que a lei regulará a situação, apresenta **condições** ou **finalidades** que devem ser observadas pela lei que irá disciplinar aquele direito ou garantia fundamental, exemplos: art. 5º, XII, que só admite interceptação telefônica e sua regulação, para fins penais.

Essas limitações aos direitos e garantias fundamentais são genéricas, pois independem de conflitos concretos.

Vale registrar que a limitação permitida pela Constituição não pode levar ao esvaziamento do próprio direito fundamental previsto; a restrição não é ilimitada. É preciso que o legislador atue com base nos princípios da razoabilidade, da proporcionalidade e da proibição do excesso. Essa atuação é denominada **teoria dos limites**.

É possível haver limitações casuísticas, ou seja, diante do caso concreto. Comumente isso se verifica nos casos de colisões entre os direitos fundamentais.

A colisão entre direitos fundamentais ocorre quando, num **caso concreto (jamais na previsão em abstrato!)**, ambas as partes podem reivindicar direito fundamental que ampare a sua situação. Nesse caso, o encarregado de interpretar o direito deve se valer da técnica de harmonização, ou seja, de conciliação entre os dois direitos fundamentais, prestigiando um no caso concreto, sem declarar a invalidade do preterido (como ocorre com as normas legais – não normas princípios –, em face de conflito).

5.2 Direitos e garantias fundamentais na CF/1988

5.2.1 Normas gerais

A CF/1988, em seu Título II, arrola os direitos e garantias fundamentais dos arts. 5º ao 17.

No art. 5º, trata dos direitos individuais – especialmente os de 1ª geração ou dimensão –, as chamadas liberdades negativas.

Do art. 6º ao 8º, abrange os direitos sociais, as chamadas liberdades positivas – 2ª geração ou dimensão.

Seguindo nos direitos de 2ª geração ou dimensão – mantemos as duas expressões porque são cobradas nas provas de concursos – os direitos de nacionalidade (art. 12); os direitos políticos (arts. 14, 15 e 17).

Nos termos do art. 5º, § 1º, os direitos e garantias fundamentais possuem aplicabilidade imediata, ainda que precisem ser regulados ou que haja regulação legal para tanto, como o caso do *habeas corpus* ou da assistência judiciária gratuita. Essa é a autoaplicabilidade conferida ao art. 5º. Aqui, o exigido é complementação legislativa regulatória e não a dar efetividade à norma.

Existem outros que necessitem de regulamentação para produzir seus efeitos? Sim! É o caso do art. 7º, em alguns de seus incisos, como os X, XI, XII, XX, XXI, XXIII, XXVII.

Não obstante, é importante que se registre que a previsão do art. 5º, § 1º, naquilo que é compatível aos demais direitos e garantias fundamentais do Título II, é plenamente aplicável.

O § 2º do art. 5º prevê a enumeração aberta dos direitos e garantias fundamentais, não olvidando da existência de outros que decorram, inclusive, da interpretação da CF/1988.

Logo, os direitos fundamentais podem estar **catalogados** no Título II, que trata desses direitos, ou fora dele, ou seja, **fora do catálogo** do referido Título. Podendo, inclusive, se encontrar fora da CF/1988, entretanto, não terão o *status* de norma constitucional, salvo se previstos em tratados de direitos humanos, aprovados na forma do art. 5°, § 3°, da CF/1988.

As normas internacionais que observem o art. 5°, § 3°, da CF/1988 na sua inserção no ordenamento jurídico brasileiro passam a compor o chamado **bloco de constitucionalidade**, que serve de parâmetro para o controle de constitucionalidade das normas à CF/1988.

A CF/1988, no seu art. 5°, § 4°, afirma que o Brasil se submete à jurisdição do Tribunal Penal Internacional (TPI); trata-se de um abrandamento ao princípio da soberania do nosso Estado, o que se justifica em respeito aos direitos humanos e até mesmo porque não se trata de decisão proferida por outro Estado: mas por organismo internacional, ao qual vários outros Estados aderiram, em face da dignidade da humanidade.

Ainda, a jurisdição do TPI é pautada no **princípio da complementaridade**; significa dizer que a competência do Tribunal não se sobrepõe à dos Estados, destinando sua intervenção apenas a situações gravíssimas de impunidade pelo Estado soberano. Vale mencionar que quando o Brasil deixa que um cidadão seu se submeta ao julgamento pelo TPI, não se trata de extradição, mas do instituto da **entrega**, cuja definição é exatamente essa: a entrega de um indivíduo para ser julgado por organismo internacional sem qualquer vinculação a um Estado específico.

Registre-se que os §§ 3° e 4° não são originários da CF/1988, sendo acrescentados pela EC n° 45, de 2004, o que os torna passíveis de controle de constitucionalidade.

5.2.2 Dos direitos e deveres individuais e coletivos – art. 5º

O art. 5º traz a maior parte dos direitos fundamentais de 1ª geração/dimensão positivados em nosso ordenamento jurídico. Esse rol é composto de direitos individuais e coletivos.

Já no *caput* do art. 5º, estão enumeradas as bases do nosso ordenamento jurídico a título de direitos e garantias conferidos ao indivíduo: vida, liberdade, igualdade, segurança e propriedade – inclusive bens jurídicos tutelados pelas leis penais.

Não se trata de direitos absolutos, e o próprio dispositivo, ao seu final, deixa claro isso na expressão: "nos termos seguintes".

5.2.2.1 Direito à vida

É o direito básico de todo indivíduo e de onde partem todos os demais. Sem vida, não há liberdade, igualdade, propriedade e nenhum outro direito mais.

Está expresso no *caput* do art. 5º, e a CF/1988 protege a vida de forma geral, sem especificar a partir de que momento a vida é direito e objeto de proteção pelo ordenamento jurídico, o que indica que tanto a vida extrauterina como a intrauterina é protegida.

Não obstante, não se trata de direito absoluto, conforme a previsão contida no inciso XLVII, "a", do próprio art. 5º da CF/1988, caso de pena de morte em caso de guerra declarada.

Tendo em vista a previsão constitucional, algumas teses foram fixadas pelo STF:

- Células-tronco embrionárias (ADI nº 3.510): as pesquisas com células-tronco embrionárias não violam o direito à vida.

- Interrupção de gestação de feto anencéfalo (ADPF n° 54): desde que comprovado por laudos médicos com 100% de certeza da inviabilidade da vida do feto em face da ausência de cérebro, não viola o direito à vida a antecipação do parto.
- Interrupção **voluntária** da gestação no primeiro trimestre (HC n° 124.306 – julgado pela 1ª Turma do STF): de forma pontual e no caso concreto, foi concedido *habeas corpus* **para afastamento de prisão preventiva** de pessoa que teria praticado crime de aborto no primeiro trimestre de sua gestação. Apesar da vasta argumentação dos ministros que compõem a 1ª Turma da Corte, o aborto no primeiro trimestre é crime e não há vinculação dos demais órgãos do Poder Judiciário à referida decisão.
- Criação de Cadastro de Empregadores que submetam pessoas a trabalharem em condições análoga à de escravo (ADPF n° 509).
- Inconstitucionalidade de leis municipais que proíbam ensino sobre questões de gênero (ADIs n°s 5.537 e 5.580).
- Reconhecimento do direito à alteração de prenome e gênero no registro civil de pessoas transgênero (ADI n° 4.275).
- Ainda em resguardo à vida e à saúde, o STF asseverou a constitucionalidade da obrigatoriedade de apresentação de comprovante de vacina, além do teste para detecção de Covid-19, para o viajante que chegar ao Brasil – "Passaporte Sanitário" (o que se traduz também em uma restrição à liberdade de locomoção/ingresso no território brasileiro – ADPF n° 913).

5.2.2.2 *Direito à liberdade*

Trata-se do direito cerne de deflagração dos movimentos constitucionais do século XVIII e início do XIX.

Compreende a liberdade em sua plenitude ao indivíduo: física, de locomoção, de crença, convicções, de pensamento, de expressão, ideológica, de associar-se, manifestar-se etc.

5.2.2.3 Direito (princípio) à igualdade

A igualdade é a base da república e da democracia. Não há como se estabelecer uma democracia sem que a todos seja dispensado, de início, um mesmo tratamento a cada indivíduo na feitura da lei (voltado ao legislador – **igualdade na lei**) e na sujeição às consequências da lei (voltado ao aplicador – **igualdade perante a lei**).

O *caput* do art. 5º trata da ideia fundamental e formal de igualdade; isso, porém, não veda que a lei faça discriminações, com o intuito de equiparar situações que concretamente apresentem desigualdades na sua origem ou por sua natureza, como no caso de mulheres e grupos sociais, contanto que haja razoabilidade para tanto. É o que se tem por igualdade material.

Nas palavras de Rui Barbosa, "tratar igualmente os iguais e desigualmente os desiguais na medida de suas desigualdades" (*Oração aos Moços*).

A própria CF/1988, em diversos dispositivos, se encarrega de aperfeiçoar a previsão contida no *caput* do art. 5º, como os próprios incisos I, XXXVII, XLI e XLII, que consagram a ideia de isonomia formal, mas também a aceitação do diploma da necessidade de se diferenciar algumas situações, com o intuito de alcançar a igualdade substancial.

No ponto, vale destacar algumas decisões do STF sobre o tema nas chamadas ações afirmativas:

- Cotas raciais (ADPF n° 186 e ADC n° 41): as reservas de cotas raciais para acesso às universidades se mostram legítimas, e a Lei n° 12.990/2014 é constitucional.
- Lei Maria da Penha (ADC n° 19 e ADI n° 4.424): os arts. 1°, 33 e 41 são constitucionais, foi o que restou decidido na ADC; a Corte deu interpretação conforme a CF/1988 aos arts. 12, I, e 16, na ADI, todos tomando como base a igualdade substancial.
- Súmula n° 683 do STF: "O limite de idade para a inscrição em concurso público só se legitima em face do art. 7°, XXX, da Constituição, quando possa ser justificado pela natureza das atribuições do cargo a ser preenchido".
- É inconstitucional a interpretação que exclui o direito de candidatos com deficiência à adaptação razoável em provas físicas de concursos públicos; é inconstitucional a submissão genérica de candidatos com e sem deficiência aos mesmos critérios em provas físicas, sem a demonstração da sua necessidade para o exercício da função pública (ADI n° 6.476).
- Na apuração do imposto sobre a renda de pessoa física, a pessoa com deficiência que supere o limite etário e seja capacitada para o trabalho pode ser considerada como dependente quando a sua remuneração não exceder as deduções autorizadas por lei.
- O art. 226 da CF/1988 não interdita a formação de família composta por pessoas do mesmo sexo (ADI n° 4.277).
- Súmula Vinculante n° 37: "Não cabe ao Poder Judiciário, que não tem função legislativa, aumentar vencimentos de servidores públicos sob o fundamento de isonomia".
- A tese da legítima defesa da honra é inconstitucional, por contrariar os princípios da dignidade da pessoa humana [Constituição Federal (CF), art. 1°, III] (1), da proteção à vida e da igualdade de gênero (CF, art. 5°, *caput*) (ADPF n° 779).

5.2.2.4 Princípio da legalidade (art. 5º, II, da CF/1988)

É o princípio basilar do Estado de Direito, pelo qual se opõe ao Estado baseado na força, no poder autoritário e antidemocrático. O princípio da legalidade, voltado ao Estado, preceitua a limitação da sua atuação pela lei e pautada na lei (governo *sub lege* e *per lege*), inclusive sendo repetido no *caput* do art. 37 da CF/1988.

Em sua aplicação voltada aos particulares, prescreve que só a lei pode criar obrigações a eles e que, não estando vedado determinado comportamento, conduta, é porque se trata de ato permitido.

5.2.2.5 Direito à liberdade de expressão (art. 5º, IV, V, IX, XIV)

A norma contida no art. 5º, IV, se mostra como uma cláusula geral, sendo complementada pelos incisos V, IX e XIV, dentre outros, na CF/1988 que possuem como base a liberdade de expressão ou seus limites, como é o caso da vedação de racismo.

Ante as previsões constitucionais, algumas posições do STF devem ser mencionadas, quando tomado por base o princípio como razão de decidir:

- Desnecessidade do diploma de jornalismo para o exercício da profissão de jornalista (RE nº 511.961): foi o que decidiu o STF com base na ampla interpretação que deve ser conferida ao dispositivo.
- Denúncia apócrifa (Inq nº 1.957): a vedação ao anonimato impede o acolhimento de denúncias anônimas, em face da impossibilidade de responsabilização do denunciante; porém, nada impede que investigações sejam instaladas com base na denúncia.

- Lei de Imprensa (ADPF nº 130): foi considerada totalmente revogada pela Constituição Federal, em face da sua incompatibilidade com, dentre outros, o princípio da liberdade de expressão.
- *Hate speech* (HC nº 82.424): a liberdade de expressão, como os demais direitos e garantias fundamentais, não é absoluta, encontrando limites em outros consagrados pela Constituição. Manteve-se condenação imposta pelo Tribunal de Justiça do Rio Grande do Sul (TJRS) a autor de livro cujo conteúdo apresentava discriminação contra os judeus, afrontando a norma contida no art. 5º, XLII.
- "Marcha da Maconha" (ADPF nº 187): foi considerado legítimo o movimento, contanto que seja pacífico, não haja consumo e nem incitação ao consumo e não haja participação de crianças e adolescentes, regras que tentam compatibilizar o exercício da liberdade de expressão com outros valores constitucionalmente consagrados.
- Tatuagem e concursos públicos (RE nº 898.450): o tema foi apreciado em repercussão geral (Tema nº 838), sendo definido pela Corte que os editais não podem estabelecer restrições a pessoas com tatuagem, salvo em situações excepcionais em razão de conteúdo que viole valores constitucionais. Um exemplo seria um candidato que tivesse tatuado uma suástica, uma vez que o conteúdo se mostra inapropriado aos valores consagrados pela Constituição.
- O caso do episódio de Natal do humorístico "Porta dos Fundos": não foi autorizada a retirada do serviço de *streaming*, tendo em vista que o fato de desagradar a uma parcela da população não se respalda a censura posterior e apenas por isso, em uma sociedade democrática, pluralista e em um modelo de Estado laico como o brasileiro (Rcl nº 38.782).

■ Ante conflito entre a liberdade de expressão de agente político, na defesa da coisa pública, e honra de terceiro, há de prevalecer o interesse coletivo (RE n° 685.493).

■ É incompatível com a Constituição a ideia de um direito ao esquecimento, assim entendido como o poder de obstar, em razão da passagem do tempo, a divulgação de fatos ou dados verídicos e licitamente obtidos e publicados em meios de comunicação social analógicos ou digitais. Eventuais excessos ou abusos no exercício da liberdade de expressão e de informação devem ser analisados caso a caso, a partir dos parâmetros constitucionais – especialmente os relativos à proteção da honra, da imagem, da privacidade e da personalidade em geral – e as expressas e específicas previsões legais nos âmbitos penal e cível (RE n° 1.010.606).

5.2.2.6 Liberdade de crença religiosa, de convicção política e filosófica (art. 5°, VI, VII e VIII)

O art. 5°, VI e VII, trata da liberdade de consciência e da assistência a ela, em lugares de internação coletiva, sejam civis ou militares, nos ternos da lei.

O art. 5°, VIII, consagra a denominada "escusa de consciência" ou "objeção de consciência". É admitido pela Constituição que seja suscitada a escusa, porém, ao fazê-la, o indivíduo deve cumprir obrigação alternativa imposta compatível com a sua escusa, dela não podendo se eximir, sob pena de ser privado de direitos, conforme previsto em lei.

Embora o Estado brasileiro seja laico, é assegurado o direito de professar a sua fé a cada um, bem como o de não professar fé alguma (direito de ser ateu ou agnóstico inseridos na laicidade do Estado).

Vejamos como já se pronunciou o STF em algumas situações:

- A invocação de Deus no preâmbulo da Constituição (ADI nº 2.076): não se trata de norma de reprodução obrigatória e não possui conteúdo jurídico, da mesma forma.
- Ensino religioso nas escolas (ADI nº 4.439): poderá ser ministrado de forma confessional nas escolas públicas de ensino fundamental, contanto que a matrícula seja facultativa.
- É ilegítima a recusa de vacinação compulsória ao filho menor, por pais que justificam a não submissão pelas suas convicções filosóficas (ARE nº 1.267.879).
- É possível a realização de etapas de concursos públicos em datas/horários distintos do edital, em face de escusa religiosa, desde que presente razoabilidade e se resguardando a igualdade de todos os candidatos, bem como sem ônus desproporcional à administração pública (RE nº 611.874).
- É possível, mesmo em estágio probatório, por escusa religiosa, que o servidor público cumpra suas atribuições funcionais observando critérios alternativos para tanto, assegurada a razoabilidade, ônus não desproporcional à Administração, que deve fundamentar a sua decisão (ARE nº 1.099.099).
- A imposição legal de manutenção de exemplares de Bíblias em escolas e bibliotecas públicas estaduais configura contrariedade à laicidade estatal e à liberdade religiosa consagrada pela CF/1988 (ADI nº 5.258).
- A liberdade religiosa não protege a incitação ao ódio a outras religiões (RHC nº 146.303).
- Norma de constituição estadual que designa pastor evangélico para prestar assistência religiosa nas corporações militares é inconstitucional (ADI nº 3.478).
- É constitucional a lei de proteção animal que, a fim de resguardar a liberdade religiosa, permite sacrifício ritual de animais em cultos de religiões de matriz africana (RE nº 494.601).

- É compatível com a Constituição Federal a imposição de restrições à realização de cultos, missas e demais atividades religiosas presenciais de caráter coletivo como medida de contenção do avanço da pandemia da Covid-19 (ADPF nº 811).
- A imposição legal de manutenção de exemplares de Bíblias em escolas e bibliotecas públicas estaduais configura contrariedade à laicidade estatal e à liberdade religiosa consagrada pela Constituição da República de 1988 (ADI nº 5.258).

5.2.2.7 Liberdade de atividade intelectual, artística, científica ou de comunicação (art. 5º, IX e X)

A CF/1988 assegura a liberdade intelectual, artística, científica ou de comunicação, independentemente de censura prévia.

Essa liberdade não acarreta a impossibilidade de o Estado impor restrições a acessos em espetáculos em face de sua natureza e conteúdo, quando impróprio para algumas idades, estabelecendo a faixa etária de acesso.

Sobre o citado direito, o STF, no que se refere às biografias não autorizadas (ADI nº 4.815), entendeu ser inexigível o consentimento da pessoa biografada para tanto, sem perder de vista a possibilidade de ser eventualmente indenizada em face de abusos como violação à sua imagem, honra, intimidade e privacidade.

5.2.2.8 Proibição de tortura (art. 5º, III)

É considerado por alguns doutrinadores como o único direito fundamental absoluto.

A Lei nº 9.455/1997 define os crimes de tortura.

Sobre o tema, a jurisprudência do STF já se debruçou em algumas questões:

- Uso de algemas (Súmula Vinculante nº 11): "só é lícito o uso de algemas em casos de resistência e de fundado receio de fuga ou de perigo à integridade física própria ou alheia, por parte do preso ou de terceiros, justificada a excepcionalidade por escrito, sob pena de responsabilidade disciplinar, civil e penal do agente ou da autoridade e de nulidade da prisão ou do ato processual a que se refere, sem prejuízo da responsabilidade civil do Estado."
- Lei da Anistia (ADPF nº 153): a lei é válida e consiste em uma lei-medida de transição do antigo regime ao constitucional democrático para o qual o país se encaminhava, sendo uma decisão política que não ofende a CF/1988.

5.2.2.9 Inviolabilidade da intimidade, da vida privada, da honra, da imagem das pessoas e domiciliar (art. 5º, X e XI)

Conforme o art. 5º, X, são invioláveis a intimidade, a vida privada, a honra e a imagem das pessoas, assegurado o direito a indenização pelo dano material ou moral decorrente de sua violação.

Segundo o STF:

- Investigação de paternidade (HC nº 71.373): o investigado não é obrigado a fornecer seu material genético, mas se submete às consequências legais disso.
- Sigilo bancário: de início, a Corte se pronunciou pela exigência de ordem judicial para tanto e para todos – Receita Federal, Ministério Público, Polícia Judiciária etc.; posteriormente, mudou seu entendimento no que se refere à Receita Federal do Brasil e o dispositivo contido no art. 6º da LC nº

105/2001, firmando a tese de que não há quebra de sigilo no caso, mas mera transferência de sigilo da órbita bancária para a fiscal, respaldada no art. 145, § 1°, da CF/1988.

Atenção!

Alargando o entendimento, o Plenário do STF decidiu que é legítimo o compartilhamento com o Ministério Público e as autoridades policiais, para fins de investigação criminal, da integralidade dos dados bancários e fiscais do contribuinte obtidos pela Receita Federal e pela Unidade de Inteligência Financeira (UIF), sem a necessidade de autorização prévia do Poder Judiciário (RE n° 1.055.941).

- É válida a proibição de propaganda eleitoral, em qualquer horário, via ligação telefônica para propaganda (*telemarketing*) (ADI n° 5.122).
- É inconstitucional norma que prevê compartilhamento de dados de usuários por prestadoras de serviços de telecomunicações com o Instituto Brasileiro de Geografia e Estatística – IBGE (ADIs n°s 6.387 e 6.388).

Já o art. 5°, XI, como decorrência da inviolabilidade da vida privada e intimidade do indivíduo, prescreve que a casa é asilo inviolável do indivíduo, ninguém nela podendo penetrar sem consentimento do morador, salvo em caso de flagrante delito ou desastre, ou para prestar socorro, ou, durante o dia, por determinação judicial. Logo, temos as seguintes situações autorizadas:

1. Durante o dia (com a aurora): consentimento do morador, flagrante delito ou desastre, prestação de socorro e **ordem judicial**.
2. Durante a noite (com o crepúsculo): consentimento do morador, flagrante delito ou desastre, prestação de socor-

ro. Vale mencionar que os crimes permanentes autorizam a entrada, por exemplo, cárcere privado, extorsão mediante sequestro.

A regra alcança qualquer recinto que não seja público, inclusive os de natureza profissional, como escritórios, consultórios, empresas etc.

Registre-se jurisprudência do STF, conforme o RE nº 603.616 (repercussão geral):

> A entrada forçada em domicílio sem mandado judicial só é lícita, mesmo em período noturno, quando amparada em fundadas razões, devidamente justificadas *a posteriori*, que indiquem que dentro da casa ocorre situação de flagrante delito, sob pena de responsabilidade disciplinar, civil e penal do agente ou da autoridade, e de nulidade dos atos praticados (Tema nº 882).

5.2.2.10 Inviolabilidade das correspondências e comunicações (art. 5º, XII)

Segundo a CF/1988, nos termos do art. 5º, XII,

> é inviolável o sigilo da correspondência e das comunicações telegráficas, de dados e das comunicações telefônicas, salvo, no último caso, por ordem judicial, nas hipóteses e nas formas que a lei estabelecer para fins de investigação criminal ou instrução processual penal.

Da mesma forma que outros direitos e garantias fundamentais, não se trata de direito absoluto. Tanto assim que o STF já deixou assentada a possibilidade de interceptação de correspondência e comunicações telegráficas (HC nº 70.814), sempre que o referido direito estiver sendo utilizado como instrumento de práticas ilícitas, o que se diferencia do afirmado pelo STF, no RE nº 1.116.949, reafirmando a regra do direito fundamental, quando afirmou que sem autorização legal, ou fora das hipóteses previstas em lei, é inadmissível a prova obtida por meio de violação de cartas, telegramas ou quaisquer outras correspondências (pacote e meios análogos).

No que se refere à interceptação telefônica, três são os requisitos exigidos pelo dispositivo constitucional: 1. lei; 2. existência de efetiva investigação criminal ou instrução processual penal; 3. ordem judicial (estando a determinação sob reserva de jurisdição). A lei que regulamenta o dispositivo é a de nº 9.296/1996.

No que se refere ao tema, alguns posicionamentos da Corte Suprema brasileira merecem ser registrados:

- Interceptação em processo de extradição (Ext nº 1.021): não cabe.
- Compartilhamento em processo administrativo (Inq. nº 2.725): é cabível.
- Prorrogação de interceptação (HC nº 83.515): é possível, contanto que devidamente fundamentada e a complexidade do caso exigir.
- Gravação clandestina (RE nº 630.944): a gravação clandestina é aquela onde um dos interlocutores realiza o registro sem que o outro interlocutor saiba; o STF admite a prova que dela decorra, contanto que não haja causa legal de sigilo ou de reserva do diálogo, vez que esse instituto se relaciona ao inciso X.
- É necessária a transcrição do trecho completo de conversa utilizada como meio de prova, vedada a sua edição, podendo ser determinada a transcrição integral do diálogo (ADI nº 4.263 e AP-AgR nº 508).

5.2.2.11 Liberdade de profissão (art. 5°, XIII)

Segundo o dispositivo constitucional, a regra é a liberdade profissional, salvo lei exigindo condições. O STF já se manifestou no sentido de que a norma alcança tanto a liberdade de escolha como a de exercício.

Trata-se de norma de eficácia contida, podendo ter o alcance da liberdade prevista restringida, nos seguintes termos, conforme entendimento do STF (RE n° 1.263.641):

- a lei não pode determinar limitação arbitrária ou injustificada;
- as limitações devem ter por missão atenuar os riscos do exercício da profissão (interesse da coletividade), baseadas em critérios técnicos;
- não podem as limitações dificultar o acesso à profissão – não podem criar "reservas de mercado".

Exemplo de contenção do direito de liberdade de profissão é o Exame de Ordem para inscrição na Ordem dos Advogados do Brasil – OAB (art. 8°, IV, da Lei n° 8.906/1994). Registre-se que o STF já se pronunciou pela constitucionalidade do referido exame.

Da mesma forma, a Corte entendeu que a atividade de músico não exige a inscrição em conselho de fiscalização.

Por último, segundo o STF, os servidores dos Ministérios Públicos dos Estados e da União não podem advogar (ADI n° 5.454).

5.2.2.12 Liberdade de reunião e de associação (art. 5°, XVI, XVII a XXI)

A liberdade de reunião prevista no inciso XVI do art. 5° da CF/1988 trata das reuniões estáticas e móveis, como passeatas; por outra mão, além de assegurar estas, também tutela o direito de quem não queira se reunir.

Os participantes das reuniões, sejam estáticas ou móveis, não poderão portar armas; não obstante o fato de um indivíduo portar, não autoriza a dissolução da reunião, mas apenas o desarmamento daquele ou sua contenção.

O direito de reunião não demanda autorização de qualquer autoridade competente, mas apenas comunicação prévia para que não se inviabilize os direitos de outras pessoas, como de se locomoverem e até mesmo de se reunirem também, inclusive, dando-se preferência para a reunião previamente avisada à autoridade; aqui, vale registrar: a reunião anterior convocada e já comunicada à autoridade competente é a que terá preferência de realização, não podendo outra frustrá-la – eis outra razão acerca da necessidade de aviso-prévio à autoridade competente.

Ainda, trata-se de direito que pode ser restringido pelo estado de defesa (art. 136, § 1º, I, a) e do estado de defesa (art. 139, IV). A finalidade da reunião, obviamente, deve ser pacífica.

Ela deve ocorrer em locais públicos e abertos, não sendo autorizada, sob o argumento de acesso público, a realização em órgãos públicos ou em que perturbem a ordem pública e violem o direito de propriedade.

O direito de associação assegurado na Constituição se diferencia do direito de reunião, porquanto este tem caráter temporário, enquanto a associação tem caráter de permanência.

No que se refere ao direito de associação, as únicas restrições constitucionais são: o objeto da associação – sempre lícito – e proibição de associação paramilitar (art. 5º, XVII). O direito de se associar consiste em: criar, aderir, desligar-se e dissolver a associação.

A associação pode ter suas atividades suspensas por decisão judicial liminar; para dissolução compulsória, a decisão judicial deve ser definitiva, tendo feito coisa julgada, ou seja, não passível mais de reversão por recurso.

Por fim, no que se refere à representação processual em juízo – e até administrativamente – dos associados, segundo jurisprudência do STF, não basta a autorização genérica contida no estatuto aderido ao se associar: deve ser dada autorização específica para a representação processual – em juízo ou extrajudicialmente – individual ou em assembleia geral ou específica, devendo, ainda, ao momento de propositura da ação, ser apresentado rol dos filiados.

Atenção!

Segundo o STF, no caso de mandado de segurança coletivo, segundo o STF, por se tratar de situação de substituição processual, não existe a necessidade de autorização expressa, nos termos acima expostos.

5.2.2.13 *Direito de propriedade (art. 5º, XXII, XXIII, XXIV, XXV e XXVI)*

Da mesma forma que outros direitos fundamentais, o direito de propriedade não é absoluto.

A propriedade na CF/1988 está condicionada ao atendimento de sua função social, conforme previsão dos arts. 182, § 2º, e 186.

Ainda, o direito de propriedade sofre limitações pelos institutos da desapropriação (art. 5º, XXIV), da requisição administrativa (art. 5º, XXV), da expropriação (art. 243) e até mesmo pela tributação (art. 145). Em face dessas restrições constitucionais, entende-se que o direito de propriedade é uma norma de eficácia contida.

O direito de propriedade abrange bens corpóreos e incorpóreos; exemplo de bens incorpóreos são os direitos autorais previstos nos incisos XXVII e XXVIII.

O direito à propriedade industrial e de herança também são decorrência do direito de propriedade.

Atenção!

Segundo o STF, a expropriação do art. 243 não se aplica a bens públicos! (ACO-AgR nº 2.187)

5.2.2.14 Direito de petição e de certidão (art. 5º, XXXIV)

No que se refere ao direito de petição, assegura a Constituição que a autoridade que recebe o pedido tem o dever de receber, de examinar o pedido e de expedir uma resposta em tempo razoável. A legitimidade é universal: qualquer pessoa pode peticionar para os poderes públicos, seja o Poder Executivo, o Legislativo, o Judiciário, o Ministério Público e demais órgãos, na defesa de direitos e contra ilegalidade e abuso de poder. O direito de petição é um direito político, não sendo necessário demonstrar interesse processual individual, o que é objeto do direito de ação.

Vale registrar uma diferença: o direito de petição não se confunde com o direito de ação, razão pela qual esse pode ser condicionado pela lei, como o faz o CPC brasileiro. Essa é a jurisprudência do STF.

O direito de obtenção de certidões independentemente do pagamento de taxas também é assegurado pela CF/1988. O prazo de expedição da certidão requerida é de 15 dias contados do pedido do registro, conforme o art. 1º da Lei nº

9.051/1995. Não há necessidade de que o indivíduo que requer a expedição de certidão demonstre finalidade para tanto, apenas que requeira.

5.2.2.15 Princípio da inafastabilidade da jurisdição (art. 5º, XXXV)

Pode ser chamado também de princípio do amplo acesso ao Judiciário. A lei não excluirá da apreciação do Poder Judiciário a lesão ou a ameaça de lesão a direito. Não existe, assim e em regra, a instância administrativa de curso forçado no Brasil; as exceções são:

a. a Justiça Desportiva, com previsão constitucional no art. 217, §§ 1º e 2º;

b. o *habeas data*, nos termos da Lei nº 9.507/1997;

c. atos ou omissões administrativas que contrariem entendimento de súmula vinculante – Lei nº 11.417/2006, art. 7º, § 1º;

d. requerimento, em regra, de benefício previdenciário (RE nº 631.240);

e. previsão legal de renúncia à instância administrativa, caso se ingresse com ação judicial (RE nº 233.582).

Decorre desse princípio que apenas o Poder Judiciário decide em definitivo e com força de coisa soberanamente julgada, sendo corolário do sistema de jurisdição única no nosso sistema jurídico.

A Súmula nº 667 do STF estabelece que viola a garantia constitucional de acesso ao Judiciário, a taxa judiciária calculada sem teto, ou seja, sem limite máximo sobre o valor da causa.

No mesmo sentido, a Corte editou a Súmula Vinculante nº 28, cujo conteúdo assevera a inconstitucionalidade de exigência de depósito prévio como requisito de admissibilidade de ação judicial na qual se pretenda discutir a exigibilidade de crédito tributário.

5.2.2.16 Princípio de proteção ao direito adquirido, à coisa julgada e ao ato jurídico perfeito – limites à retroatividade da lei (art. 5º, XXXVI)

A previsão constitucional se trata de verdadeiro escudo conferido ao indivíduo em face do Estado, em face de uma nova lei, ato administrativo ou entendimento jurídico. Logo, não pode ser invocada pelo ente que tenha editado o ato, conforme Súmula nº 654 do STF.

As leis podem retroagir? Sim. O que não podem é retroagir para piorar a situação daquele que possua situação jurídica acobertada pelo direito adquirido, à coisa julgada ou ao ato jurídico perfeito.

O direito adquirido consiste naquele que se aperfeiçoou, ou seja, que atingiu todas as condições exigidas por lei vigente a sua formação. Não alcança a chamada expectativa de direito.

O ato jurídico perfeito é aquele praticado sob as regras vigentes à época de sua prática. Vale aqui registrar a Súmula Vinculante nº 1:

> Ofende a garantia constitucional do ato jurídico perfeito a decisão que, sem ponderar as circunstâncias do caso concreto, desconsidera a validez e a eficácia de acordo constante de termo de adesão instituído pela Lei Complementar nº 110/2001.

A coisa julgada é a decisão judicial da qual não caiba mais recurso; fala-se em coisa julgada administrativa, porém, dessa ainda cabe recurso ao Judiciário. É da primeira que trata a CF/1988.

Segundo o STF, entretanto, a previsão constitucional se excepciona em face:

- do Poder Constituinte originário (ou seja, uma nova Constituição);
- da mudança de moeda;
- da criação ou aumento de tributo (exemplo da EC nº 41/2003, que criou a contribuição previdenciária sobre proventos dos servidores públicos inativos e teve sua constitucionalidade chancelada pelo STF);
- do regime jurídico estatutário;
- do direito de busca da identidade genética, ainda que haja trânsito em julgado em sentença de investigação de paternidade, excepcional e especialmente, nos casos em que não tenha havido a realização do exame de DNA (RE nº 363.889).

Atenção!

Segundo o STF, uma vez que se trata de manifestação do Poder Constituinte Derivado, as emendas à Constituição se sujeitam à cláusula constitucional de proteção à irretroatividade da lei, não havendo que se falar em desconstituição de situações jurídicas **consolidadas – diferente daquelas em via de aperfeiçoamento (expectativa de direito).**

5.2.2.17 *Direitos e garantias processuais (art. 5º, XXXVII, XXXVIII, XXXIX, XL, XLV, XLVI, XLVII, LIII, LIV, LV, LVI, LVII, LX, LXII, LXIII, LXIV, LXV, LXVII, LXXIV, LXXVIII)*

Os incisos XXXVII e LIII do art. 5º da CF/1988 garantem a previsão constitucional do "juízo natural", assegurados, segundo o STF, todos os julgadores previstos em leis e na própria Constituição (como o Senado Federal, que julga os crimes de responsabilidade cometidos por algumas autoridades).

O inciso XXXVIII prevê a instituição do Tribunal do Júri popular, conforme organização que a lei lhe atribuir, sendo assegurados nele: a plenitude de defesa; o sigilo das votações; a soberania de suas decisões; e a competência para julgamento dos crimes dolosos contra a vida.

Apesar da soberania dos veredictos prevista na Constituição, o STF já assentou que essa soberania não exclui a apreciação recursal das decisões do júri. Não obstante, o que se verifica não é a reforma da decisão, mas a **declaração de sua nulidade**. Sujeita-se também ao instituto da revisão criminal.

A doutrina majoritária entende que a competência do júri não pode ser ampliada pelo legislador ordinário. Ainda, não se trata de competência absoluta, visto que cede em favor daqueles que possuam foros especiais em face da função que exercem, conforme previsão na CF/1988.

Atenção!

Se a previsão for apenas da Constituição Estadual, prevalece o Tribunal do Júri. Esse o entendimento do STF cristalizado na Súmula nº 721.

O inciso XXXIX traz duas garantias fundamentais penais: o princípio da legalidade penal e o da preexistência de norma incriminadora para tipificação de conduta; logo, além de o tipo penal ser criado por lei (nem mesmo podendo ser tratado por medida provisória – art. 62, § 1º, I, *b*), deve ser anterior à conduta a ser punida.

Atenção!

No ponto, vale destacar a decisão proferida pelo STF na ADO nº 26 e no MI nº 4.733, na qual a Corte declarou a mora legislativa para criar lei incriminadora de conduta homofóbica; assim sendo, declarou incidir a lei que trata dos crimes de racismo (Lei nº 7.716/1989), afirmando o Ministro Barroso incidir a referida lei, não por analogia ou interpretação extensiva, mas porque, no conceito de racismo firmado pelo STF, estão colhidas as situações tipificadas na lei. Ademais, compreendeu que a homofobia deve ser tratada como motivo fútil ou torpe nos outros tipos penais previstos no CP.

O inciso XL trata da irretroatividade da lei penal que piora a situação do indivíduo investigado, denunciado ou apenado. Sendo melhor, a lei sempre retroage.

Atenção!

E o acordo de não persecução penal (ANPP) previsto no art. 28-A do CPP?

Segundo o Superior Tribunal de Justiça (STJ): "O acordo de não persecução penal, previsto no art. 28-A do CPP, aplica-se a fatos ocorridos antes da entrada em vigor da Lei n. 13.964/2019, desde que não recebida a denúncia" (AgRg no HC nº 619.465; AgRg no REsp nº 1.937.513, dentre outros).

E o STF? No HC nº 185.913, o Ministro Gilmar Mendes, em decisão adotada pela 2ª Turma, posicionou-se pela retroatividade, caso ainda não haja sentença condenatória transitada em julgado; a 1ª Turma do STF segue o posicionamento do STJ.

Assim, no STF, a questão, até o momento, não se encontra definida pelo colegiado.

As leis devem ser aplicadas em sua totalidade, não admitindo o STF combinação de leis para se chegar a uma terceira norma melhor. No ponto, vale também mencionar a Súmula nº 711 do STF, que afirma que a lei penal pior se aplica aos crimes continuados ou permanentes, se durante a sua continuidade e permanência sobrevenha lei pior, sem se afrontar a referida previsão constitucional.

O art. 5º, XLV prevê o princípio da pessoalidade da pena, permitindo-se apenas a obrigação de reparar o dano e a decretação de perda de bens (consequências patrimoniais) serem estendidas aos sucessores, nos termos da lei e nos limites do patrimônio do apenado.

A individualização da pena está prevista no art. 5º, XLVI, bem como as penas que podem ser adotadas pelo Estado brasileiro. Com base no referido princípio, o STF declarou a inconstitucionalidade do § 1º do art. 2º da Lei nº 8.072/1990, que previa o regime integralmente fechado de cumprimento de penas impostas pela prática de crimes hediondos; posteriormente, a Lei nº 11.464/2007 modificou a redação do dispositivo estabelecendo a possibilidade de progressão da pena, observando-se a individualidade de cada apenado.

Sobre o tema, vale ainda mencionar a Súmula Vinculante nº 26:

> Para efeito de progressão de regime no cumprimento de pena por crime hediondo, ou equiparado, o juízo da execução observará a inconstitucionalidade do art. 2º da Lei nº 8.072, de 25 de julho de 1990, sem prejuízo de avaliar se o condenado preenche, ou não, os requisitos objetivos e subjetivos do benefício, podendo determinar, para tal fim, de modo fundamentado, a realização de exame criminológico.

O inciso XLVII enumera as penas vedadas. Saliente-se a vedação, em regra, da adoção de pena de morte; entretanto, a possibilidade de sua adoção em caso de guerra declarada, o que torna inverídica a afirmação de que o Brasil não adota a pena de morte em hipótese alguma, não a adotando como regra.

O STF já assentou que não apenas as penas decorrentes de sentença criminais não podem ser de caráter perpétuo, mas as administrativas também; em face disso, declarou a inconstitucionalidade do art. 137 da Lei nº 8.112/1990, que prevê situações nas quais o servidor público federal não pode retornar ao serviço público federal (ADI nº 2.975).

Por fim, na Súmula nº 716 da Corte Suprema, firmou-se o entendimento acerca da possibilidade de progressão de regime do apenado mesmo antes do trânsito em julgado da sentença condenatória.

Por outro lado, a Corte Suprema brasileira assentou entendimento de que condenações criminais extintas há mais de cinco anos podem ser consideradas como maus antecedentes na fase de definição da pena-base, ao momento de dosimetria da pena em condenação posterior (RE nº 593.818 – tese de repercussão geral): "Não se aplica para o reconhecimento dos maus antecedentes o prazo quinquenal de prescrição da reincidência, previsto no art. 64, I, do Código Penal."

Ainda, segundo **Súmula Vinculante nº 56 do STF**:

> A falta de estabelecimento penal adequado não autoriza a manutenção do condenado em regime prisional mais gravoso, devendo-se observar, nessa hipótese, os parâmetros fixados no RE 641.320/RS.

O inciso LIV traz regra processual básica, consistente em um direito (do processo) e garantia (legal) fundamental de não ser privado de bens e/ou da própria liberdade sem observância ao processo estabelecido em lei para tanto. O princípio tem sua origem na Magna Carta Inglesa de 1215 (*due process of law*).

O princípio do devido processo legal se alia ao do contraditório e ampla defesa, previsto no inciso LV, para formar o estatuto processual mínimo.

Segundo o STF, o direito e garantia do devido processo legal é vocacionado a toda situação que possa, ao fim, culminar na perda da liberdade, da propriedade e na imputação de penalidade.

Em sua acepção formal, o princípio assegura a observância ao processo estabelecido em lei; em sua acepção substancial, essa lei deve ser razoável e proporcional em suas previsões, mostrando-se **adequada, necessária e proporcional em sentido estrito**, nesse último caso, verificando se as vantagens superam as desvantagens quando da restrição de um ou outro direito.

Segundo o STF, o princípio da proporcionalidade (da razoabilidade ou da proibição de excesso) tem seu fundamento expresso no art. 5º, LIV, da CF/1988.

Quanto ao contraditório e à ampla defesa, tem-se por ampla defesa, o direito de a parte trazer aos autos processuais tudo o que de fato possa influir na decisão acerca do seu direito, respeitadas as leis processuais; já o contraditório trata-se do direito de conhecer tudo o que consta dos autos, poder contraditar e que seus argumentos sejam devidamente analisados e levados em consideração na decisão a ser tomada pela autoridade competente para tanto.

Segundo o STF, a única fase processual em que se excetua a regra do contraditório é a do inquérito policial, não havendo necessidade, inclusive, de estar o interrogado devidamente acompanhado de advogado. Tendo isso em vista, por outro lado, a Corte já consignou seu entendimento de que é nula a sentença penal baseada apenas no apurado em inquérito policial, podendo servir de base à condenação, caso os fatos se confirmem na instrução processual apurada sob a égide da garantia do art. 5º, LV, da CF/1988.

Vale ressaltar que, *mutatis mutandi*, a regra se aplica aos Processos Administrativos Disciplinares (PADs): a sindicância preparatória não exige observância ao contraditório, mas o processo administrativo, sim.

No que se refere à ampla defesa e ao **duplo grau de jurisdição, o STF** firmou entendimento de que **não é** uma garantia constitucional prevista na CF/1988, ante a previsão contida no art. 102, I, *b*, ante a existência de instância única de julgamento.

Por último, acerca das referidas garantias, essencial o conhecimento das **súmulas vinculantes** que seguem:

> **Súmula Vinculante nº 3**: Nos processos perante o Tribunal de Contas da União asseguram-se o contraditório e a ampla defesa quando da decisão puder resultar anulação ou revogação de ato administrativo que beneficie o interessado, excetuada a apreciação da legalidade do ato de concessão inicial de aposentadoria, reforma e pensão.

> **Súmula Vinculante nº 5**: A falta de defesa técnica por advogado no processo administrativo disciplinar não ofende a Constituição.

> **Súmula Vinculante nº 14:** É direito do defensor, no interesse do representado, ter acesso amplo aos elementos de prova que, já documentados em procedimento investiga-

tório realizado por órgão com competência de polícia judiciária, digam respeito ao exercício do direito de defesa.

Súmula Vinculante nº 21: É inconstitucional a exigência de depósito ou arrolamento prévios de dinheiro ou bens para admissibilidade de recurso administrativo.

Súmula Vinculante nº 28: É inconstitucional a exigência de depósito prévio como requisito de admissibilidade de ação judicial na qual se pretenda discutir a exigibilidade de crédito tributário.

Ainda segundo o STF, em casos de acordo de delação premiada, é direito dos delatados apresentar as suas alegações finais após os corréus que firmem o referido acordo (HC nº 166.373).

O inciso LVI do art. 5º veda a utilização de provas obtidas por meios ilícitos no processo, não especificando qual, dando, assim, a entender qualquer ordem processual.

As provas ilícitas são espécie das provas ilegais: são **ilícitas**, as obtidas com afronta ao **direito material**; **ilegítimas**, as que afrontem **direito processual**.

Pela teoria dos frutos da árvore envenenada (*fruits of the poisonous tree*), as provas lícitas derivadas da ilícita se contaminam pela ilicitude. Exemplo, uma confissão obtida por meio de tortura. A prova oral, qual seja, o depoimento de confissão, que é uma prova lícita, se contamina pelo crime cometido, que é uma conduta ilícita.

Por outro lado, em um processo que contenha provas ilícitas, apenas elas devem ser anuladas e retiradas dos autos, sendo as demais mantidas e podendo haver condenação com base nas provas lícitas e autônomas existentes.

> **Atenção!**
>
> Há doutrina que, com base na inexistência de direitos e garantias absolutos, asseveram a possibilidade da utilização das provas obtidas por meios ilícitos, com base no princípio da dignidade humana, em casos de prova de inocência por meio de legítima defesa, como no caso de um pai que agride outra pessoa que está a agredir seu filho e se vale de gravação clandestina, para justificar a sua conduta criminosa (MORAES, 2018).

Segundo o STF, são lícitas:

- as provas obtidas por meio de conversa própria gravada com terceiro, na qual está sendo vítima de crime quem grava (HC nº 80.940);
- as provas obtidas por meio de gravação de terceiro, autorizada por um dos interlocutores, sem o consentimento do outro(s), desde que para ser utilizada em legítima defesa (RE nº 212.081);
- confissão sob prisão ilegal é prova ilícita (HC nº 70.277) e por meio de interrogatório sub-reptício, sem o cumprimento das formalidades do ato pela autoridade, da mesma forma.

O art. 5º, LVII traz o **princípio da presunção de inocência**, que se consubstancia em verdadeira regra: "ninguém será considerado culpado até o trânsito em julgado de sentença penal condenatória". Da previsão decorre o princípio do *in dubio pro reo*.

São consequências do referido princípio:

- impedimento de lançamento do nome do réu no rol de culpados antes do trânsito em julgado da sentença penal condenatória;

- conforme decisão de revisão de sua jurisprudência, nas ADCs nºs 43, 44 e 54, em 07.11.2019, a Corte do STF, com um placar de 6 x 5, decidiu que não cabe execução provisória da penal de sentença/acórdão penal condenatório, sujeito a recursos especial e extraordinário, proclamando a constitucionalidade do art. 283 do CPP, na sua atual redação;
- prisões cautelares (flagrante, preventiva e temporária) são admitidas, contanto que presentes os requisitos legais que as autorizam;
- a não revisão da custódia preventiva a cada 90 dias não autoriza a revogação automática da cautela e consequente soltura dos acautelados preventivamente;
- o magistrado, **ao momento da audiência de custódia**, não pode converter prisão em flagrante em prisão preventiva sem requerimento expresso das autoridades policial ou do Ministério Público (HC nº 188.888);
- a impossibilidade da participação em concurso público de candidato que responda a inquérito ou processo penal, em face de previsão em edital de concurso público (RE nº 560.900).

O inciso LX assegura a publicidade dos atos processuais – conjugando-se a esse o dever de motivação das decisões judiciais contido no art. 93, IX, da CF/1988.

Os incisos LXII, LXIII, LXIV e LXV asseguram a comunicabilidade do preso com a pessoa que indicar, e a comunicação de sua custódia à autoridade competente; a informação ao preso de seus direitos, inclusive o de se manter em silêncio; ao preso é assegurada a identificação de quem o prende e de quem o interroga; o relaxamento imediato de prisão ilegal.

Segundo o STF, não sendo informado o preso (ou até mesmo o interrogado em juízo) do direito ao silêncio sem prejuízo, o ato é nulo.

No que diz respeito à condução do indivíduo preso em flagrante delito, é o teor da **Súmula Vinculante nº 11 do STF:**

> Só é lícito o uso de algemas em casos de resistência e de fundado receio de fuga ou de perigo à integridade física própria ou alheia, por parte do preso ou de terceiros, justificada a excepcionalidade por escrito, sob pena de responsabilidade disciplinar, civil e penal do agente ou da autoridade e de nulidade da prisão ou do ato processual a que se refere, sem prejuízo da responsabilidade civil do Estado.

A CF/1988 veda a prisão civil por dívida no art. 5º, LXVII, sendo ressalvada apenas, segundo a jurisprudência do STF, a hipótese do devedor de pensão alimentícia e em casos em que o débito não se justifique.

Quanto à prisão do depositário infiel, segundo o STF, não é admissível no Brasil, ainda que haja previsão constitucional, que perdeu sua aplicabilidade em face da ratificação pelo Estado brasileiro do Pacto Internacional dos Direitos Civis e Políticos e da Convenção Americana de Direitos Humanos – Pacto de San José da Costa Rica, vez que esses tratados não se sobrepõem à CF/1988, mas à legislação que disciplinava a prisão do depositário infiel (CC e Decreto-Lei nº 911/1969).

Embora abaixo da CF/1988, esses tratados, por cotejarem matéria de Direitos Humanos, posicionam-se acima da legislação ordinária que trate da matéria, possuindo *status* de **supralegalidade**.

Eis a orientação da Corte cristalizada na **Súmula Vinculante nº 25**: "É ilícita a prisão civil de depositário infiel, qualquer que seja a modalidade do depósito."

A CF/1988 não descuidou do acesso ao Poder Judiciário pelos menos favorecidos, elevando a previsão a um direito fundamental de acesso por meio da garantia da gratuidade do processo àqueles que não possa custeá-lo. É a previsão contida no art. 5º, LXXIV.

Atualmente, o dispositivo constitucional está disciplinado pelos arts. 98 a 101 do CPC, que revogou, no que incompatível, o previsto na Lei nº 1.060/1950.

É um direito público subjetivo tanto da pessoa física quanto da pessoa jurídica; entretanto, nos termos do art. 99, § 3º, do CPC apenas se presume verdadeira a alegação de insuficiência de pessoa natural, devendo a pessoa jurídica demonstrá-la. Essa já era a posição do STF (RE nº 192.715).

Além de todas as previsões acima, a Constituição assegura a razoável duração do processo. A previsão foi inserida por meio de emenda constitucional (EC nº 45/2004) e está prevista no inciso LXXVIII.

5.2.2.18 Vedação a racismo, tortura, tráfico de entorpecentes, terrorismo, crimes hediondos e ação de grupos armados contra a ordem constitucional – mandados de incriminação e de imprescritibilidade (art. 5º, XLII, XLIII, XLIV)

A CF/1988 incrimina a prática de racismo e o considera crime imprescritível, no art. 5º, XLII.

Segundo o STF, obras escritas que veiculem ideias antissemitas constituem crime de racismo (HC nº 82.424).

Ainda, conforme já mencionado, o STF entendeu ser crime a prática de homofobia, equiparando-a ao crime de racismo (ADO nº 26 e MI nº 4.733).

Da mesma forma, incrimina e determina a imprescritibilidade da ação de grupos armados, sejam pessoas civis ou militares, contra a ordem constitucional e o Estado Democrático, no inciso XLIV.

Quanto aos crimes de tortura, tráfico ilícito de entorpecentes e drogas afins, terrorismo e os definidos em lei como hediondos, **são prescritíveis**, porém, não admitem fiança, graça ou anistia, no inciso XLIII. Vale o registro de que, se não admitem graça, menos ainda indulto, pois esse é uma espécie de graça: a graça é o perdão individual; o indulto, o perdão coletivo.

Atenção!

O tráfico privilegiado (art. 33, § 4°, da Lei n° 11.343/2006), na jurisprudência do STF, não possui natureza hedionda. Desta feita, a Súmula n° 512 do STJ foi cancelada pela Corte, porquanto ia em sentido diametralmente contrário ao definido pela Corte Suprema.

5.2.2.19 Ações constitucionais previstas no art. 5° – "remédios constitucionais" (LXVIII, LXIX, LXX, LXXI, LXXII, LXXIII)

O art. 5°, LXVIII, traz a garantia do *habeas corpus*. É um típico direito de 1ª geração/dimensão que assegura a liberdade individual de locomoção, que esteja sendo ameaçada (preventivo – salvo-conduto) ou já coagida (repressivo – liberatório) por ilegalidade ou abuso de poder. Por amparar apenas o direito de locomoção, ou seja, de ir e vir, destina-se apenas às pessoas naturais e não às pessoas jurídicas.

Trata-se de ação de natureza penal, com legitimação ativa universal, inclusive que dispensa advogado para interposição, segundo o STF (HC n° 84.716); a legitimação passiva poderá ser tanto autoridade pública quanto particular que esteja praticando coação ilegal (exemplo, uma pessoa impedida de deixar um hospital, quando não mais necessário lá se encontrar); isenta de custas, cujo objeto, como já dito, é a tutela da liberdade de locomoção, que esteja sendo ofendida direta, ou indiretamente (via reflexa, segundo o STF), cabendo concessão de liminar, inclusive.

Segundo o STF, não cabe interposição de *habeas corpus* para:

- impugnar decisão administrativa de caráter disciplinar, inclusive as militares;
- impugnar decisão condenatória cuja pena não seja privativa de liberdade (a pena impute apenas multa), bem como em face de determinações processuais que não puderem resultar em condenação à privação da liberdade de locomoção (Súmula nº 693, STF);
- impugnar condenação criminal quando já extinta a pena privativa de liberdade (Súmula nº 695, STF);
- impugnar condenação em processo de *impeachment*, bem como trancá-lo, tendo em vista a natureza política da pena;
- impugnar omissão em processo de extradição, quando fundada em fato ou direito estrangeiro cuja prova não constava dos autos (Súmula nº 692, STF).

Interessante decisão do STF foi acerca da impetração de *habeas corpus coletivo*. No julgamento do HC nº 143.641, a 2ª Turma do STF entendeu cabível a referida impetração coletiva. Dentre os vários argumentos asseverados pelo relator, Ministro Ricardo Lewandowski, encartados explicitamente no art. 5º, estavam os incisos II, XLI, XLV, L (visto que se tratava de medida destinada às presas gestantes, puérperas ou mães de crianças deficientes), XLVIII, XLIX e LXXVIII.

O STF tem admitido, excepcionalmente, a impetração de *habeas corpus* em face de medidas cautelares diversas da prisão, tendo em vista os direitos não patrimoniais afetados pelas medidas (HC nº 147.303).

Ao contrário do *habeas corpus*, o **mandado de segurança** possui expressa previsão: pode ser individual ou coletivo, conforme previsão nos incisos LXIX e LXX. Ambas as espécies de impetração regulamentadas pela Lei nº 12.016/2009.

Trata-se de ação de rito sumário e especial. Possui natureza cível. Tem por objeto "ato de autoridade", devendo ser impetrado contra qualquer pessoa dotada de autoridade, podendo, inclusive, ser representantes de partidos políticos, administradores de entidades autárquicas, bem como dirigentes de pessoas jurídicas ou pessoas naturais no exercício de atribuições do poder público, somente no que disser respeito a essas atribuições, conforme o art. 1º, § 1º, da Lei nº 12.016/2009.

Cabe aqui menção à Súmula nº 510 do STF: "Praticado o ato por autoridade, no exercício de competência delegada, contra ela cabe o mandado de segurança ou a medida judicial". Tratando-se de atribuição delegada, a autoridade coatora será o agente que recebeu a atribuição por meio de delegação, ou seja, aquele que efetivamente praticou o ato.

Cumpre registrar a previsão legal acerca do não cabimento de mandado de segurança contra os atos de gestão comercial praticados pelos administradores de empresas públicas, de sociedades de economia mista e de concessionárias de serviços públicos (§ 2º, art. 1º).

A legitimação ativa do mandado de segurança individual pode ser pessoa natural ou jurídica. Inclusive, quando o direito ameaçado ou violado couber a várias pessoas, qualquer delas poderá requerer o mandado de segurança (§ 3º, art. 1º).

Não cabe mandado de segurança de: 1. ato do qual caiba recurso administrativo com efeito suspensivo, independentemente de caução; 2. decisão judicial da qual caiba recurso com efeito suspensivo; 3. decisão judicial transitada em julgado (art. 5º).

Segundo a Súmula nº 266 do STF, "não cabe mandado de segurança contra lei em tese".

O objeto do mandado de segurança é o direito líquido e certo, recaindo esses requisitos sobre a matéria de fato, porquanto precisam ser demonstrados de pronto, de plano, de aferição objetiva e inequívoca, vez que não há dilação probatória no processo.

Segundo a legislação, é possível a concessão de medida liminar em mandado de segurança, contanto que não verse sobre as seguintes questões: 1. compensação tributária; 2. entrega de mercadorias e bens provenientes do exterior; 3. reclassificação ou equiparação de servidores públicos, concessão de aumento ou extensão de vantagens ou pagamento de qualquer natureza (art. 7º, § 2º).

Atenção!

Entretanto, na ADI nº 4.296, o STF declarou parcialmente a inconstitucionalidade do referido dispositivo no que se refere à impossibilidade de ordem liminar que tenha por objeto a compensação de créditos tributários, a entrega de mercadorias e bens provenientes do exterior.

O direito de impetrar mandado de segurança decai decorridos 120 dias, contados da ciência, pelo interessado, do ato impugnado. Exceto a impetração preventiva, visto que, não havendo ato, não há que se falar em decadência do direito de requerer o *writ*.

A competência para julgar mandado de segurança é definida em face da autoridade coatora e de sua sede funcional.

Vale o registro de julgados no sentido de possível observância do art. 109, § 2º, da CF/1988, na qual reconhecida a possibilidade de impetração no domicílio do impetrante, impulsionado pelo *leading case* RE nº 627.709 no STF, consolidando-se essa jurisprudência no STJ e em alguns julgados do STF (AgRg RE nº 509.442, como exemplo).

Os processos de mandado de segurança e os respectivos recursos terão prioridade sobre todos os atos judiciais, salvo *habeas corpus*. Admite-se a desistência do mandado de segurança proposto. A sentença concessiva da segurança se submete ao reexame necessário.

Quanto ao mandado de segurança coletivo, a legitimidade ativa para impetração é de: (1) partido político com representação no Congresso Nacional; (2) organização sindical, entidade de classe ou associação legalmente constituída e em funcionamento há pelo menos um ano, em defesa dos interesses de seus membros ou associados.

A concessão de liminar, conforme o art. 22, § 2º, Lei nº 12.016/2009 no mandado de segurança coletivo, só poderá ser feita após a audiência do representante judicial da pessoa jurídica de direito público, que deverá se pronunciar no prazo de 72 horas.

Atenção!

Na mesma ADI que julgou parcialmente inconstitucional o art. 7º, § 2º, o STF também declarou a inconstitucionalidade da previsão acerca da impossibilidade da concessão de liminar sem prévia oitiva.

O **mandado de injunção**, previsto no inciso LXXI, pressupõe a ausência de norma que torne inviável o exercício dos direitos e liberdades constitucionais e das prerrogativas inerentes à nacionalidade, à soberania e à cidadania. Nas palavras do Ministro Celso de Mello, é "violação negativa do texto constitucional" (MI nº 542).

Segundo o STF, embora não previsto, cabe mandado de injunção coletivo (MI nº 20), entendimento que restou albergado na Lei nº 13.300/2016, com a previsão legal expressa do remédio constitucional na sua versão coletiva.

O objeto do mandado de injunção é a omissão constitucional, nos termos acima supracitados. Pode ser total ou parcial; exemplo comum de omissão parcial é a previsão legal do salário mínimo, que está longe de cumprir o previsto no art. 7º, IV, da CF/1988.

A legitimidade ativa pertence às pessoas naturais e jurídicas, no que se refere ao mandado de injunção individual. Vale mencionar que o STF, no MI nº 725, chancelou o entendimento de que até pessoa jurídica de direito público é apta à impetração do mandado de injunção. O caso foi de uma municipalidade em face da União.

O mandado de injunção coletivo pode ser promovido, conforme o art. 12 da Lei nº 13.300/2016:

> (1) pelo Ministério Público, quando a tutela requerida for especialmente relevante para a defesa da ordem jurídica, do regime democrático ou dos interesses sociais ou individuais indisponíveis;
>
> (2) por partido político com representação no Congresso Nacional, para assegurar o exercício de direitos, liberdades e prerrogativas de seus integrantes ou relacionados com a finalidade partidária;

(3) por organização sindical, entidade de classe ou associação legalmente constituída e em funcionamento há pelo menos um ano, para assegurar o exercício de direitos, liberdades e prerrogativas em favor da totalidade ou de parte de seus membros ou associados, na forma de seus estatutos e desde que pertinentes a suas finalidades, dispensada, para tanto, autorização especial;

(4) pela Defensoria Pública, quando a tutela requerida for especialmente relevante para a promoção dos direitos humanos e a defesa dos direitos individuais e coletivos dos necessitados, na forma do inciso LXXIV do art. 5º da CF/1988.

Questão importante no que se refere ao mandado de injunção é acerca dos efeitos de sua decisão; três posições se sobressaem: 1. concretista direta; 2. concretista intermediária; 3. não concretista. Vejamos:

1. **Concretista direta:** a concessão da ordem no mandado de injunção efetiva o direito diretamente, sem depender de atuação do órgão reconhecidamente omisso pela decisão judicial, valendo a decisão para todos os atingidos pela omissão constitucional (geral), para categoria (coletiva) ou determinada pessoa (individual).

2. **Concretista intermediária:** reconhecida a omissão, o Poder Judiciário fixa prazo ao órgão omisso para que atue elaborando a norma regulamentadora. Encerrado o prazo e não se desincumbindo órgão do seu dever de produzir a norma, o direito passa a ser assegurado pela decisão judicial para todos que se encontrem atingidos pela omissão constitucional (geral), para categoria (coletiva) ou determinada pessoa (individual).

3. **Não concretista:** aqui o órgão judicial apenas reconhece a omissão constitucional, dela dando ciência formal ao órgão omisso.

A posição não concretista foi adotada pelo STF durante bom tempo; com a mudança de composição da Corte e o avançar na interpretação do texto constitucional, o STF passou a adotar a posição concretista direta, conforme se verifica de suas decisões nos MIs n°s 670, 708, 712 e 721.

Vale registrar que a Lei n° 13.300/2016, em seu art. 8°, adota a teoria concretista intermediária como regra, vez que assim determina:

> Art. 8° Reconhecido o estado de mora legislativa, será deferida a injunção para:
>
> I – determinar prazo razoável para que o impetrado promova a edição da norma regulamentadora;
>
> II – estabelecer as condições em que se dará o exercício dos direitos, das liberdades ou das prerrogativas reclamados ou, se for o caso, as condições em que poderá o interessado promover ação própria visando a exercê-los, caso não seja suprida a mora legislativa no prazo determinado.
>
> Parágrafo único. Será dispensada a determinação a que se refere o inciso I do *caput* quando comprovado que o impetrado deixou de atender, em mandado de injunção anterior, ao prazo estabelecido para a edição da norma.

O inciso LXXII prevê o ***habeas data***. Segundo o dispositivo, a concessão do remédio constitucional será para:

a. assegurar o conhecimento de informações relativas à pessoa do impetrante, constantes de registros ou bancos de dados de entidades governamentais ou de caráter público;

b. a retificação de dados, quando não se prefira fazê-lo por processo sigiloso, judicial ou administrativo;

c. anotação nos assentamentos do interessado, de contestação ou explicação sobre dado verdadeiro, mas justificável e que esteja sob pendência judicial ou amigável.

As duas primeiras hipóteses de *habeas data* são previstas na Constituição, e a última, na Lei nº 9.507/1997, art. 7º, III, que é a legislação que regulamenta a previsão constitucional.

Trata-se de ação de natureza cível, submetida, da mesma forma que o mandado de segurança, ao rito sumário.

Segundo o STF, o *habeas data* não é o remédio hábil para requerer o acesso a processo administrativo (HD nº 90), mas, sim, o mandado de segurança.

Da mesma forma que os demais direitos e garantais fundamentais, não se reveste a previsão de caráter absoluto, vez que cede o direito de informação individual, em face da segurança da sociedade e do Estado.

A legitimidade ativa é ampla e personalíssima, somente podendo ser impetrada a ação pelo titular do direito assegurado em uma das hipóteses que autoriza a ação.

No polo passivo, conforme previsão constitucional, podem figurar entidades governamentais da administração direta ou indireta, ou seja, pessoas jurídicas de direito público ou de direito privado, bem como bancos de dados de caráter público, nos termos do art. 1º, parágrafo único, da Lei nº 9.507/1997, como o Serviço de Proteção ao Crédito (SPC).

Segundo jurisprudência do STJ, cristalizada na Súmula nº 2 da Corte, "não cabe *habeas data* (CF, art. 5º, LXXII, *a*) se não houve recusa de informações por parte da autoridade administrativa".

Diferentemente do mandado de segurança, mas assim como o *habeas corpus*, o direito de ação de *habeas data* não está sujeito a prazo decadencial.

É ação gratuita, cuja competência para julgamento depende da pessoa que pratica o ato atacado, conforme o art. 20 da Lei nº 9.507/1997. Exige-se a impetração por meio de advogado.

A **ação popular** está prevista no art. 5º, LXXIII, da CF/1988, e é ação de natureza coletiva, podendo ser proposta preventiva ou repressivamente.

A legitimidade ativa pertence ao cidadão, ou seja, àquele que esteja em gozo de seus direitos políticos, por meio de apresentação – já na inicial – de título de eleitor ou certidão da Justiça Eleitoral demonstrando a regularidade no alistamento eleitoral. Logo, pessoa jurídica, o Ministério Público como instituição (podendo o seu Procurador como cidadão), inalistáveis e estrangeiros não podem propor a referida ação.

Quanto ao Ministério Público, atua como fiscal da lei, e a hipótese que pode assumir a titularidade da ação encontra-se prevista no art. 9º da Lei nº 4.717/1965:

> se o autor desistir da ação ou der motivo à absolvição da instância, serão publicados editais nos prazos e condições previstos no art. 7º, inciso II, ficando assegurado a qualquer cidadão, bem como ao representante do Ministério Público, dentro do prazo de 90 (noventa) dias da última publicação feita, promover o prosseguimento da ação.

A ação é regulada pela Lei nº 4.717/1965, prevê a legitimidade passiva, afirmando que a ação será proposta contra as pessoas públicas ou privadas e as entidades referidas no art. 1º da lei, contra as autoridades, funcionários ou administradores que houverem autorizado, aprovado, ratificado ou praticado o ato impugnado, ou que, por omissas, tiverem dado oportunidade à lesão, e contra os beneficiários diretos do mesmo.

O objeto da ação é ato lesivo ao patrimônio público ou de entidade de que o Estado participe, à moralidade administrativa, ao meio ambiente e ao patrimônio histórico e cultural. Há quem defenda que a ilegalidade de um ato também autorize a propositura de ação popular, visto que a ilegalidade por si só já acarretaria a lesividade.

Ação é gratuita, isenta de custas judiciais (verdadeira imunidade tributária) e do ônus da sucumbência, salvo comprovada má-fé do autor.

A competência para julgar a ação popular é conforme a origem do ato impugnado, sendo competente para conhecer da ação, processá-la e julgá-la o juiz que, de acordo com a organização judiciária de cada Estado, o for para as causas que interessem à União, ao Distrito Federal, ao Estado ou ao Município (art. 5º, *caput*, da Lei nº 4.717/1965).

Segundo o STF, a Corte não é competente para julgar ação popular proposta contra o CNJ ou o Conselho Nacional do Ministério Público (CNMP), vez que a ação popular visa responsabilizar pessoalmente quem praticou o ato lesivo, e a Constituição atribui à Corte competência para julgar atos dos colegiados das instituições.

A concessão de medida liminar é possível, caso presentes os requisitos que a autorizam (perigo da demora e fumaça do bom direito). A ação pode ser proposta de forma preventiva ou repressiva.

Vale, por fim, registrar que a coisa julgada na ação popular se opera *secundum eventum litis*, nos termos do art. 18 da lei:

a sentença terá eficácia de coisa julgada oponível *erga omnes*, **exceto no caso de haver sido a ação julgada improcedente por deficiência de prova**; neste caso, qualquer cidadão poderá intentar outra ação com idêntico fundamento, valendo-se de nova prova (grifos nossos).

5.2.2.20 Extradição (art. 5°, LI e LII)

O inciso LI, logo de início, estabelece que o brasileiro não será extraditado. Na afirmação, a princípio, inclui-se o naturalizado.

Porém, logo em seguida, estabelece-se a diferença entre o nato e o naturalizado: enquanto nato não pode ser extraditado em hipótese nenhuma, o naturalizado, ou seja, ainda que brasileiro, poderá ser: em caso de crime comum, praticado antes da naturalização (logo, se praticado APÓS, não admite a naturalização), ou de comprovado envolvimento em tráfico ilícito de entorpecentes e drogas afins, na forma da lei (antes ou depois da naturalização).

Quanto ao estrangeiro, a regra é a possibilidade de sua extradição; não poderá apenas: crime político ou de opinião (que ao fim pode se enquadrar como um crime político).

O STF atua nos casos de extradição passiva, ou seja, quando há requerimento do Estado estrangeiro. Sua decisão não vincula o Presidente da República.

Vale o registro de que, apesar de ser medida diversa da extradição, o STF firmou entendimento de que o estrangeiro não pode ser **expulso** caso possua filho brasileiro, ainda que nascido depois do fato criminoso que enseja a medida; a expulsão é medida administrativa na qual, independentemente de requerimento de qualquer outro Estado, aquele no qual se encontra o estrangeiro que praticou um crime, pode determinar a sua saída compulsória e impedimento de entrada.

5.2.2.21 Prisão, excesso e indenização por erro judiciário (art. 5º, LXI, LXVI e LXXV)

Assevera o art. 5º, LXI, da CF/1988 que

> ninguém será preso senão em flagrante delito ou por ordem escrita e fundamentada de autoridade judiciária competente, salvo nos casos de transgressão militar ou crime propriamente militar, definidos em lei.

Em reforço, no inciso LXVI, "ninguém será levado à prisão ou nela mantido, quando a lei admitir a liberdade provisória, com ou sem fiança".

Com exceção da prisão em flagrante delito, as demais hipóteses demandam a ordem do Poder Judiciário, por isso se falar em prisão por determinação judicial como regra.

Atenção!

Apesar das previsões acima, remanescem hipóteses de prisão administrativa no ordenamento pátrio. São as permissões constitucionais contidas nos arts. 136, § 3º e 139, I, respectivamente, estado de defesa e de sítio.

No que se refere às prisões administrativas disciplinares em face de militares, em que pese a Constituição Federal, no seu art. 142, § 2º, afirmar que não caberá *habeas corpus* em relação a punições disciplinares militares, a Lei nº 13.967/2019, dando nova redação ao art. 18, VII, do Decreto-lei nº 667/1969, extinguiu a espécie de prisão administrativa no âmbito infraconstitucional. Assim, em que pese não proibida expressamente pela CF/1988 – especialmente ante o art. 142, § 2º, da CF/1988 – a referida espécie de prisão administrativa foi extinta.

A previsão de indenização por erro judiciário e excesso na prisão está prevista no art. 5º, LXXV. Observe que é outro dispositivo constitucional que trata de responsabilidade do Estado, além do art. 37, § 6º, da CF/1988.

Trata-se de responsabilidade de natureza cível, não obstante se refira ao erro penal: do Poder Judiciário, pela condenação indevida, reconhecida em ação de revisão criminal; da Administração, quando deixa alguém preso além do tempo necessário.

5.2.2.22 Direito ao sigilo de dados pessoais em meios digitais (LXXIX)

Como desdobramento do próprio direito à intimidade, a EC nº 115, de 10 de fevereiro de 2022, inseriu na Constituição, no seu art. 5º, ampliando ainda mais o rol de direitos e garantias fundamentais já estabelecidos, a proteção de dados pessoais dos indivíduos, inclusive nos meios digitais. Assim assegura o referido dispositivo:

> Art. 5º, LXXIX -- é assegurado, nos termos da lei, o direito à proteção dos dados pessoais, inclusive nos meios digitais.

Atenção!

A EC nº 115/2022, no que diz respeito às competências administrativas e legislativas, arts. 21 e 22 da CF/1988, respectivamente, defere à União a competência para tratar do referido tema.

Conforme art. 21, inc. XXVI, compete à União organizar e fiscalizar a proteção e o tratamento de dados pessoais, nos termos da lei.

Da mesma forma, compete privativamente à União legislar sobre proteção e tratamento de dados pessoais (art. 22, XXX).

5.3 Direitos sociais

Estão enumerados no art. 6º da CF/1988, conforme redação da EC nº 90/2015:

> Art. 6º São direitos sociais a educação, a saúde, a alimentação, o trabalho, a moradia, o transporte, o lazer, a segurança, a previdência social, a proteção à maternidade e à infância, a assistência aos desamparados, na forma desta Constituição.

Trata-se das liberdades positivas, verdadeiros direitos fundamentais de 2ª geração/dimensão a serem cumpridos por um Estado Social de Direito, cujos documentos mais celebrados e tidos como marcos são as Constituições do México de 1917 e a de Weimar, da Alemanha, em 1919.

O Prof. André Ramos Tavares propõe interessante classificação acerca desses direitos, assim os descrevendo (TAVARES, 2012):

> a) Direitos sociais genéricos – os contidos no art. 6º.
>
> b) Direitos sociais individuais – aqueles destinados aos trabalhadores considerados individualmente, como direito à remuneração, à proteção da relação de emprego etc.; ou seja, que podem ser usufruídos de forma individual por cada pessoa.
>
> c) Direitos sociais coletivos – aqueles destinados aos trabalhadores e que são usufruídos coletivamente, como direito de greve, de associação profissional, autonomia dos sindicatos etc.

A EC nº 114/2021 acrescentou ao dispositivo um parágrafo único, que assim dispõe:

> Parágrafo único. Todo brasileiro em situação de vulnerabilidade social terá direito a uma renda básica familiar, garantida pelo poder público em programa permanente de transferência de renda, cujas normas e requisitos de acesso serão determinados em lei, observada a legislação fiscal e orçamentária.

Como descrito no dispositivo, trata-se de direito social a ser garantido pelo Estado, traduzindo-se em verdadeira norma de eficácia limitada, vez que o acesso à referida renda demanda lei que estabeleça as suas condições de acesso e obrigação de observância à legislação fiscal e orçamentária, no que se traduz em verdadeira orientação de responsabilidade ao gestor na implementação do referido direito social.

A enumeração constitucional dos direitos mínimos dos trabalhadores, especificamente, está contida no art. 7º da CF/1988. Trata-se de rol, uma vez que mínimo, não exaustivo.

Vale registrar que o STF, no que diz respeito ao prazo de cobrança das verbas relativas ao Fundo de Garantia do Tempo de Serviço (FGTS), entende que o prazo prescricional é de cinco anos, observado o limite de dois anos, após a extinção do contrato de trabalho.

Aplicam-se ao funcionalismo público os seguintes incisos do art. 7º: IV, VII, VIII, IX, XII, XIII, XV, XVI, XVII, XIX, XX, XXII e XXX.

Já nos arts. 8º a 11, estão previstos os direitos sociais coletivos dos trabalhadores.

No que diz respeito a esses direitos, saliente-se a Súmula nº 677 do STF, cujo conteúdo diz: "Até que lei venha a dispor a respeito, incumbe ao Ministério do Trabalho proceder ao registro das entidades sindicais e zelar pela observância do princípio da unicidade."

No que se refere ao direito de greve, alguns posicionamentos da Corte devem ser anotados:

- aplica-se aos funcionários públicos, no exercício do seu constitucional direito de greve, as normas previstas para o exercício do referido direito na iniciativa privada (Lei nº 7.783/1989), conforme restou decidido no julgamento dos MIs nºs 670, 708 e 712;
- aos policiais civis e todos que atuem na área de segurança pública, é vedado o direito de greve (ARE nº 654.432 – Tema nº 541 da repercussão geral);
- a Administração pode realizar descontos pelos dias de paralisação ou fazer acordo de compensação, em face da suspensão do vínculo funcional pela deflagração da greve, salvo se demonstrada a culpa do ente político pelo movimento paredista (RE nº 693.456 – Tema nº 531 de repercussão geral);
- **Súmula Vinculante nº 23**: "A Justiça do Trabalho é competente para processar e julgar ação possessória ajuizada em decorrência do exercício do direito de greve pelos trabalhadores da iniciativa privada".

Os direitos sociais exigem recursos financeiros para serem implementados, não obstante os recursos são escassos e devem ser manejados em respeito aos direitos mínimos e àqueles já implementados. Assim, em respeito à **vedação do retrocesso social**, não pode o legislador desconstituir o grau de concretização, ou seja, de implementação que já foi dada a uma norma constitucional de cunho social. Não pode revogar, no todo ou em parte essencial, diplomas concretizadores desses direitos e já efetivados, sob pena de causar o chamado *effet cliquet*.

Assim, poderia referido ato ser questionado no Poder Judiciário acerca de sua constitucionalidade.

Por outra via, como dito, a implementação de direitos sociais demanda recursos financeiros, e esses são de natureza finita e produzidos na economia. Entra aqui a teoria da reserva do financeiramente possível.

Logo, os direitos sociais devem ser efetivados, mas dentro das forças financeiras possíveis para tanto. A premissa não significa uma carta branca para o Estado se eximir de suas obrigações constitucionais, por meio da mera alegação de que não pode efetivar um direito social fundamental; deve, concreta e objetivamente, demonstrar essa impossibilidade.

5.4 Da nacionalidade

A nacionalidade é o vínculo jurídico-político que liga o indivíduo a um Estado, que, livremente, estabelece as condições a serem preenchidas por aquele para tanto. Ou seja: o Estado define quem são seus nacionais. Todos que não preencham referidos requisitos são estrangeiros.

Vale aqui destacar alguns conceitos:

- polipátrida: indivíduo que possua mais de uma nacionalidade;
- apátrida (heimatlos): indivíduo que não possui qualquer nacionalidade.

A nacionalidade pode ser primária ou secundária. Primária resulta de ato natural, como o nascimento, e preenchidos os requisitos nesse momento, será adquirida involuntariamente pelo indivíduo. A secundária é aquela que demanda ato volitivo da parte do indivíduo, que manifesta o desejo de se tornar nacional de um determinado Estado.

Os critérios de aquisição da nacionalidade são o *ius saguinis* e o *ius solis*. Será o critério adotado o *ius saguinis*, quando a nacionalidade for adquirida pelo laço familiar com nacionais. Será *ius solis*, quando o Estado atribuir a condição de nacional àquele que nascer em seu território.

Nos termos da CF/1988 – que adotou o critério *ius solis* como regra – são nacionais natos, ou seja, de aquisição originária (independentemente de ato volitivo), nos termos do art. 12, I:

> a) os nascidos na República Federativa do Brasil, ainda que de pais estrangeiros, **desde que estes não estejam a serviço de seu país**; no caso, os pais do indivíduo que nasceu;
>
> b) os nascidos no estrangeiro, de pai brasileiro ou mãe brasileira, desde que qualquer deles esteja a serviço da República Federativa do Brasil; aqui a situação é exatamente a do item "a", com a diferença é que a família brasileira está no exterior, a serviço do Brasil;
>
> c) os nascidos no estrangeiro de pai brasileiro ou de mãe brasileira, desde que sejam registrados em repartição brasileira competente ou venham a residir na República Federativa do Brasil e optem, em qualquer tempo, depois de atingida a maioridade, pela nacionalidade brasileira; essa a redação dada pela Emenda Constitucional nº 54, de 2007, e pouco importa a razão pela qual os pais estejam no exterior, contanto que não seja a serviço do Brasil. (Grifos nossos.)

Exemplo, os pais estudando no exterior.

Os brasileiros naturalizados são, conforme o inciso II:

a) os que, na forma da lei, adquiram a nacionalidade brasileira, exigidas aos originários de países de língua portuguesa apenas residência por um ano ininterrupto e idoneidade moral;

b) os estrangeiros de qualquer nacionalidade, residentes na República Federativa do Brasil há mais de 15 anos ininterruptos e sem condenação penal, desde que requeiram a nacionalidade brasileira.

Saliente-se que, em regra, não há direito subjetivo à naturalização, sendo um ato de soberania do Estado, pois a primeira hipótese é chamada de naturalização ordinária, cujo deferimento depende de ato discricionário do Estado; a segunda, da alínea *b*, extraordinária, porquanto preenchidos os requisitos pelo estrangeiro, o Estado brasileiro não a pode negar.

No que diz respeito à condição dos **portugueses residentes no Brasil**, a Constituição lhe confere tratamento favorecido, prescrevendo que, aos portugueses com residência permanente no país, se houver reciprocidade em favor de brasileiros, serão atribuídos os direitos inerentes ao brasileiro, salvo os casos previstos nesta Constituição. Essa a previsão do art. 12, § 1°, da CF/1988.

Atenção!

Não se trata de concessão de nacionalidade brasileira ao português residente no Brasil. O que confere a Constituição é que o português nas condições do referido dispositivo seja deferido o tratamento de **brasileiro naturalizado**.

No que se refere ao tratamento entre os brasileiros natos e os naturalizados, a Constituição apenas admite as seguintes diferenças:

- Cargos públicos: são privativos de brasileiros natos os cargos de Presidente e de Vice-Presidente da República; de Presidente da Câmara dos Deputados; de Presidente do Senado Federal; de Ministro do Supremo Tribunal Federal; da carreira diplomática; de oficial das Forças Armadas; de Ministro de Estado da Defesa (art. 12, § 3°).
- Função no Conselho da República, sendo seis cidadãos brasileiros natos (art. 89, VII).

- Extradição, não podendo o brasileiro nato ser extraditado, mas o mesmo não sendo vedado ao naturalizado (art. 5º, LI).
- Direito de propriedade de empresa jornalística, conforme o art. 222 da CF/1988.

A perda da nacionalidade brasileira ocorre, nos termos do § 4º do art. 12, quando o brasileiro:

> I – tiver cancelada sua naturalização, por sentença judicial, em virtude de atividade nociva ao interesse nacional;
>
> II – adquirir outra nacionalidade, salvo nos casos:
>
> a) de reconhecimento de nacionalidade originária pela lei estrangeira;
>
> b) de imposição de naturalização, pela norma estrangeira, ao brasileiro residente em estado estrangeiro, como condição para permanência em seu território ou para o exercício de direitos civis.

No ponto, vale a atenção à decisão proferida pelo STF no MS nº 33.864, no qual foi deferida a extradição de "brasileira nata" (visto que a extraditanda nasceu no Estado do Rio de Janeiro), porém, atenção, pois o caso traz uma particularidade: a extraditanda, quando se naturalizou americana, renunciou outra nacionalidade e jurou fidelidade aos Estados Unidos da América. Portanto, nos termos do art. 12, § 4º, II, perdeu a nacionalidade brasileira, ainda que nata, vez que, ao adquirir a nacionalidade americana, não se enquadrava em nenhuma das alíneas do referido artigo, o que manteria a sua nacionalidade nata.

Logo, tecnicamente, ao contrário do que foi veiculado em algumas fontes da mídia, não se tratou de extradição de brasileira nata, vez que não ostentava mais essa condição, mas de ex-brasileira nata que perdeu sua nacionalidade em razão da aquisição de outra.

5.5 Direitos políticos

Os direitos políticos são o conjunto de normas que asseguram ao indivíduo o direito subjetivo de participar no processo político do Estado.

Conforme o art. 14, a soberania popular será exercida pelo sufrágio universal e pelo voto direto e secreto, com valor igual para todos, e, nos termos da lei, mediante: plebiscito; referendo; iniciativa popular.

O direito ao sufrágio consiste na capacidade de votar e ser votado, ou seja, capacidade eleitoral ativa (alistabilidade) e passiva (elegibilidade).

A capacidade eleitoral ativa se dá com o alistamento perante a Justiça Eleitoral, uma vez preenchidas determinadas condições legais pelo indivíduo, contanto que não seja estrangeiro e conscrito (art. 14, § 2º).

Já a capacidade eleitoral passiva diz respeito ao direito de ser votado e exige, assim, o preenchimento de condições de elegibilidade e a não incidência em nenhuma das inelegibilidades. São as condições de elegibilidade, conforme o art. 14, § 3º:

> I – a nacionalidade brasileira;
>
> II – o pleno exercício dos direitos políticos;
>
> III – o alistamento eleitoral;
>
> IV – o domicílio eleitoral na circunscrição;
>
> V – a filiação partidária;
>
> VI – a idade mínima, a ser verificada na data da posse de trinta e cinco anos para Presidente e Vice-Presidente

da República e Senador; trinta anos para Governador e Vice-Governador de Estado e do Distrito Federal; vinte e um anos para Deputado Federal, Deputado Estadual ou Distrital, Prefeito, Vice-Prefeito e juiz de paz; dezoito anos para Vereador.

No que se refere às condições de inelegibilidade, estão previstas nos §§ 4º e 7º, e o § 9º da CF/1988, permite que lei complementar estabeleça outras possibilidades de inelegibilidades.

Assim, são inelegíveis os inalistáveis e os analfabetos (inelegibilidade absoluta – relacionada a condições pessoais); bem como, no território de jurisdição do titular, o cônjuge e os parentes consanguíneos ou afins, até o segundo grau ou por adoção, do Presidente da República, de Governador de Estado ou Território, do Distrito Federal, de Prefeito ou de quem os haja substituído dentro dos seis meses anteriores ao pleito, salvo se já titular de mandato eletivo e candidato à reeleição (inelegibilidade relativa – relacionadas as condições circunstanciais).

No ponto, vale mencionar o entendimento da **Súmula Vinculante nº 18** do STF: "A dissolução da sociedade ou do vínculo conjugal, no curso do mandato, não afasta a inelegibilidade prevista no § 7º do artigo 14 da Constituição Federal".

A privação dos direitos políticos pode ser por perda ou suspensão. Caso definitiva, trata-se de perda; sendo temporária, denomina-se suspensão. Ambas as hipóteses diferem da cassação, o que não é permitido pela CF/1988, porquanto se trata de ato unilateral do Estado; a perda e a suspensão demandam a incidência do indivíduo em alguma de suas causas e são situações tratadas na CF/1988.

O art. 15 da CF/1988 assim prevê, e identificamos:

Art. 15. É vedada a cassação de direitos políticos, cuja perda ou suspensão só se dará nos casos de:

I – cancelamento da naturalização por sentença transitada em julgado [**perda** – só readquire com novo processo de naturalização];

II – incapacidade civil absoluta [**suspensão** – atingida a capacidade, resolve-se a causa suspensiva];

III – condenação criminal transitada em julgado, enquanto durarem seus efeitos [**suspensão** – cumprida a pena, resolve-se a condição suspensiva];

IV – recusa de cumprir obrigação a todos imposta ou prestação alternativa, nos termos do art. 5º, VIII [**perda** – mas há parte da doutrina entende que é o caso de suspensão];

V – improbidade administrativa, nos termos do art. 37, § 4º [**suspensão** – cumprida a pena, resolve-se a causa suspensiva].

Além do voto, a participação popular pode se dar por meio de plebiscito e referendo.

O plebiscito é a consulta popular anterior ao ato que se pretende tomar o Poder Legislativo ou o Executivo.

O referendo, por sua vez, a consulta posterior à tomada do ato.

Por fim, o art. 16 da CF/1988, com o intuito de tornar o jogo eleitoral previsível, determina que a lei que alterar o processo eleitoral entrará em vigor na data de sua publicação, não se aplicando à eleição que ocorra até um ano da data de sua vigência.

6

Organização Político-Administrativa

6.1 Introdução

A República Federativa do Brasil se constitui em um Estado, porquanto dotada dos elementos caracterizadores deste: território (espaço geográfico ocupado); povo (corpo de indivíduos que se estabelecem no território); soberania (não submissão a nenhum outro Estado). Alguns doutrinadores internacionalistas ainda acrescentam a finalidade como elemento constitutivo do Estado, qual seja, a promoção do bem comum.

A CF/1988, em seu art. 18, estabelece a organização político-administrativa da República Federativa do Brasil, compreendida entre a União, os estados-membros, o Distrito Federal e os Municípios, todos autônomos, conforme os termos que o texto constitucional estabelece.

A referida autonomia implica a forma federativa de Estado e a forma republicana de governo. Federação, sendo essa a forma de repartição de poderes e seu exercício em face do território; república, sendo essa a forma de aquisição e exercício do poder pelos governantes em face dos governados.

Atenção!

Quando falamos em forma do Estado, trata-se da relação dos entes federativos entre si; quando falamos em forma de governo, estamos falando da relação entre governantes e governados.

A forma federativa de Estado se difere da chamada confederação.

Na Federação, a Constituição estabelece autonomia aos entes federados e veda a secessão.

Já na Confederação, estabelece-se por meio de tratado firmado entre Estados soberanos (não autônomos), e há o direito de secessão.

Diametralmente à República, há a monarquia. Diferem-se pelas seguintes características – aqui resumidas objetivamente pelos fins a que se presta a presente obra:

República	Monarquia
Aquisição do poder pela eletividade	Aquisição do poder pela hereditariedade
Exercício do poder delimitado no tempo – temporalidade	Exercício do poder não delimitado no tempo – vitaliciedade
Representatividade do povo – eleito pela maioria	Não representatividade do povo – não há eleição
Responsabilidade do administrador – há o dever de prestar contas	Irresponsabilidade – não há o dever de prestar contas (o que não quer dizer que o erário possa ser despendido arbitrariamente)

No que se refere ao sistema de governo, trata-se do modo pelo qual os Poderes Executivo e Legislativo se relacionam entre si e no exercício de suas funções. Pode assumir a forma de presidencialismo, onde há maior independência entre esses

Poderes (o que tem sido atenuado no Brasil em face do fenômeno do "presidencialismo de coalizão");[1] ou, o parlamentarismo, onde há maior dependência e colaboração entre eles. São as seguintes as diferenças a serem especialmente assimiladas:

Presidencialismo	Parlamentarismo
Independência entre os Poderes Executivo e Legislativo	Interdependência entre os Poderes Executivo e Legislativo
Chefia monocrática – Presidente da República é Chefe de Estado e de Governo	Chefia dual ou bipartida – há o Chefe de Estado (que é o Presidente da República ou o monarca) e o Chefe de Governo (que é o Primeiro Ministro)
Mandatos por prazo certo – princípio temporário	Mandatos por prazo indeterminado – princípio da confiança
Responsabilidade do governo perante o povo	Responsabilidade do governo perante o parlamento

Atenção!

O Brasil já adotou o regime parlamentarista na época do Império e às vésperas do golpe militar de 1964 (1961-1963).

Por fim, no que se refere ao regime de governo, há a autocracia e a democracia.

A autocracia se caracteriza pelo governo de alguns em face de todos, sem que haja participação popular, ainda que indireta, na produção normativa. É governo de cima para baixo.

---

[1]. O termo "presidencialismo de coalizão" foi criado pelo cientista político Sérgio Henrique Abranches. Governo de coligação ou coalizão é um gabinete de governo mantido não apenas pelo partido político alçando ao poder, mas por vários partidos políticos, que cooperam entre si, reduzindo o domínio de qualquer uma das partes dentro dessa coalizão. Normalmente, ocorre quando nenhum partido político – especialmente o que se encontra exercendo o Poder Executivo – alcança maioria no Legislativo, o que força uma aliança política.

A democracia, por sua vez, há a participação dos destinatários das normas, ainda que de forma indireta. Prevalece a vontade da maioria, porém, respeitados os direitos das minorias.

Será democracia direta, quando o povo exercer por si mesmo, sem o atravessamento de representantes, o poder que lhe pertence, conforme prevê a Constituição Federal em seu parágrafo único do art. 1º.

A democracia indireta (representativa) se caracteriza pela outorga do poder do povo, pelo povo a determinadas pessoas eleitas a lhes representarem e tomarem as decisões estatais.

A democracia semidireta (participativa) adota princípios da democracia direta – como a participação direta do povo em referendos e plebiscitos – e da democracia indireta – como a outorga de poderes de representação pelo voto.

A República Federativa do Brasil é um estado cuja forma é a federada; com forma de governo república; sistema de governo presidencialista; e cuja democracia é a semidireta.

6.2 A Federação na Constituição Federal de 1988

A Federação brasileira se distancia das federações clássicas, visto que aqui existem três esferas de governos: o poder político central, que é a União, e três centros políticos regionais, os estados-membros, os Municípios e o Distrito Federal. Nas federações clássicas apenas há o poder central e o regional. Por essa razão, fala-se em federalismo de segundo grau no Brasil, sendo o das federações clássicas apenas de primeiro.

O Estado brasileiro se trata de uma federação centrífuga e por desagregação, vez que o ente central unitário desloca de si parte de seu poder para a criação de outros entes autônomos. O movimento contrário, quando estados soberanos abrem mão de parte de seus poderes para constituir um órgão central, pelo bem de todos, é de agregação e centrípeto. Por exemplo, os Estados Unidos da América.

Questão que merece registro é o fato de os Municípios não participarem da formação das decisões de ordem nacional, vez que apenas os Estados e o Distrito Federal possuem representação no Congresso Nacional (art. 46 da CF/1988). A Câmara dos Deputados alberga a representação popular.

A federação de equilíbrio brasileira – fundada no equilíbrio da distribuição de competências e autonomias conferidas aos entes – é cláusula pétrea, nos termos do art. 60, § 4º, I, da CF/1988.

Já a forma republicana de governo é princípio sensível, que autoriza intervenção federal, caso desrespeitado, conforme o art. 34, II, *a*, da CF/1988.

No que se refere aos Territórios Federais, não são entes federativos; apenas descentralizações administrativas, integrantes da União, sem qualquer autonomia política (art. 18, § 2º).

6.3 Os entes federativos e os Territórios Federais

- **União:** pessoa jurídica de direito público interno; suas competências, sejam administrativas, sejam legislativas estão **enumeradas** no texto constitucional; é o ente encarregado de exercer as prerrogativas de soberania da República Federativa do Brasil (relações internacionais); é o ente que representa o Estado Federal (ente que faz parte da República Federativa do Brasil, juntamente com Estados, Municípios e Distrito Federal). São bens da União o rol contido no art. 20 da CF/1988:

I – os que atualmente lhe pertencem e os que lhe vierem a ser atribuídos;

II – as terras devolutas indispensáveis à defesa das fronteiras, das fortificações e construções militares, das vias federais de comunicação e à preservação ambiental, definidas em lei;

III – os lagos, rios e quaisquer correntes de água em terrenos de seu domínio, ou que banhem mais de um Estado, sirvam de limites com outros países, ou se estendam a território estrangeiro ou dele provenham, bem como os terrenos marginais e as praias fluviais;

IV – as ilhas fluviais e lacustres nas zonas limítrofes com outros países; as praias marítimas; as ilhas oceânicas e as costeiras, excluídas, destas, as que contenham a sede de Municípios, exceto aquelas áreas afetadas ao serviço público e a unidade ambiental federal, e as referidas no art. 26, II;

V – os recursos naturais da plataforma continental e da zona econômica exclusiva;

VI – o mar territorial;

VII – os terrenos de marinha e seus acrescidos;

VIII – os potenciais de energia hidráulica;

IX – os recursos minerais, inclusive os do subsolo;

X – as cavidades naturais subterrâneas e os sítios arqueológicos e pré-históricos;

XI – as terras tradicionalmente ocupadas pelos índios.

- **Estados-membros:** pessoa jurídica de direito público interno autônoma; possuem capacidade de auto-organização e autolegislação (organizam-se e regem-se pelas Constituições e pelas leis que adotarem); autogoverno (competência para instituírem os seus Poderes Executivo, Legislativo e Judiciário – arts. 27, 28 e 125, da CF/1988); e autoadministração (sendo aqui reservada a competência residual – art. 25, § 3º). São bens dos estados-membros, conforme o art. 26:

> I – as águas superficiais ou subterrâneas, fluentes, emergentes e em depósito, ressalvadas, neste caso, na forma da lei, as decorrentes de obras da União;
>
> II – as áreas, nas ilhas oceânicas e costeiras, que estiverem no seu domínio, excluídas aquelas sob domínio da União, Municípios ou terceiros;
>
> III – as ilhas fluviais e lacustres não pertencentes à União;
>
> IV – as terras devolutas não compreendidas entre as da União.

Quanto à sua formação, conforme previsão constitucional no art. 18, § 3º,

> os Estados podem incorporar-se entre si, subdividir-se ou desmembrar-se para se anexarem a outros, ou formarem novos Estados ou Territórios Federais, mediante aprovação da população diretamente interessada, através de plebiscito, e do Congresso Nacional, por lei complementar.

O art. 48, VI acrescenta a oitiva das assembleias legislativas interessadas. Portanto, essas são as condições a serem observadas:

> 1. **consulta prévia** às populações diretamente interessadas – plebiscito;
>
> 2. oitiva das assembleias legislativas interessadas – manifestação opinativa (art. 48, VI);
>
> 3. **lei complementar** do Congresso Nacional.

No que se refere aos estados-membros, alguns registros devem ser feitos:

a) São chamadas de princípios constitucionais extensíveis as regras de organização que a Constituição estendeu aos estados-membros, aos Municípios e ao Distrito Federal.

b) São chamados de princípios constitucionais estabelecidos os que limitam a autonomia organizatória dos estados-membros, dos Municípios e do Distrito Federal. Estes podem ser: limitações expressas vedatórias (arts. 19, 150 e 152); limitações implícitas (arts. 21, 22 e 30).

c) Segundo o STF, a Constituição dos estados-membros não pode condicionar a nomeação e a exoneração de secretários de estado à prévia aprovação da assembleia legislativa.

d) Não pode a Constituição estadual fixar quórum diverso do contido na CF/1988, para promulgação de emendas a suas Constituições.

e) Não pode, ainda, a Constituição estadual tratar de matérias reservadas à competência privativa do Chefe do Poder Executivo, ainda que por meio de emendas constitucionais.

f) Não pode a Constituição estadual estabelecer prazo para que outro Poder que detenha iniciativa privativa de projeto de lei apresente o referido projeto.

g) Não pode a Constituição estadual definir os crimes de responsabilidade do Governador, sob pena de incidir em competência privativa da União de legislar sobre Direito Penal.

h) Não pode a Constituição estadual fixar foros especiais, discricionariamente, para autoridades não apontadas na CF/1988.

i) Não pode a Constituição estadual criar hipótese de iniciativa de lei reservada não prevista na CF/1988.

j) Não pode a Constituição estadual ampliar a reserva de lei complementar à prevista na CF/1988.

Segundo o STF, a autonomia dos Estados para dispor sobre autoridades submetidas a foro privilegiado não é ilimitada, não pode ficar ao arbítrio político do constituinte estadual e deve seguir, por simetria, o modelo federal (RE nº 627.432).

- **Municípios:** pessoa jurídica de direito público interno autônoma; possuem capacidade de auto-organização e autolegislação (organizam-se e se regem pelas leis orgânicas e pelas leis que adotarem – arts. 18, 29 e 30 da CF/1988). Possuem ainda capacidade de autogoverno (eleição de seus gestores – Prefeito, Vice-Prefeito e vereadores), bem como autoadministração.

No que se refere a sua formação, o art. 18, § 4º prevê que "a criação, a incorporação, a fusão e o desmembramento de Municípios, far-se-ão por lei estadual, dentro do período determinado por Lei Complementar Federal, e dependerão de consulta prévia, mediante plebiscito, às populações dos Municípios envolvidos, após divulgação dos Estudos de Viabilidade Municipal, apresentados e publicados na forma da lei". São quatro os requisitos:

a. **lei complementar** federal fixando o período dentro do qual poderá ocorrer a criação, a incorporação, a fusão ou o desmembramento;

b. lei ordinária federal divulgando e publicando os Estudos de Viabilidade Municipal;

c. **consulta prévia** às populações diretamente interessadas – plebiscito;

d. lei ordinária estadual, dentro do período da lei complementar, formalizando a criação, a incorporação, a fusão e o desmembramento de Município(s).

- **Distrito Federal:** pessoa jurídica de direito público interno autônoma; possui capacidade de auto-organização e autolegislação (organiza-se e se rege pela lei orgânica e pelas leis que adotar), autogoverno e autoadministração, conforme os arts. 18, 32 e 34.

O Poder Judiciário do Distrito Federal, bem como sua Defensoria Pública, Ministério Público, polícia civil, penal, militar e corpo de bombeiros são organizados e mantidos pela União (art. 21, XIII e XIV, CF/1988). O Distrito Federal, conforme previsão contida no art. 32, não pode ser dividido em Municípios. Inclusive, em face disso, *vide* a **Súmula Vinculante nº 39**: "Compete privativamente à União legislar sobre vencimentos dos membros das polícias civil e militar e do corpo de bombeiros militar do Distrito Federal."

Não há previsão constitucional para alteração de seu limite territorial (art. 18, §§ 3º e 4º).

- **Territórios federais:** tratam-se – quando e se instituídos – de descentralizações administrativas da União, cuja criação, transformação em estado ou reintegração ao estado de origem devem ser reguladas em lei complementar (art. 18, § 2º). Ainda que criados, não terão a autonomia política, como os entes federativos.

Podem ser criados e devem observar o previsto no art. 48, VI, da CF/1988, sendo da competência do Congresso Nacional dispor sobre a incorporação, a subdivisão ou o desmembramento de áreas de Territórios ou Estados, ouvidas as respectivas assembleias legislativas dos estados-membros.

6.4 Repartição de competências entre os entes federativos

A repartição de competências entre os entes federados é ponto sensível de uma federação de equilíbrio; é por meio da repartição que as atividades do Estado são partilhadas e até compartilhadas, dentro da ideia de preponderância de interesses (existem assuntos que devem ser tratados de maneira uniforme em todo o território nacional, outros de maneira regionalizada, levando em consideração as peculiaridades de cada localidade) e garantia de autonomia entre os entes federativos.

A CF/1988 realiza a partilha de competências; porém, o fato de assim o fazer não torna essa repartição insuscetível de modificação por meio de emenda constitucional, vez que não se encontra inserida a partilha no núcleo imodificável da CF/1988, conforme o art. 60, § 4º; salvo, obviamente, se isso comprometer a própria forma federativa do Estado, como uma hipótese esdrúxula onde todas as competências fossem concentradas em um ente federativo.

Assim, a mera modificação de competências é absolutamente possível de ser feita por meio de emenda constitucional.

A repartição de competência, quanto ao modelo, pode ser feita de forma horizontal e vertical.

Na repartição de competência horizontal, cada ente federativo possui plena autonomia para o exercício da referida competência, sem ingerência e atuação de outro ente acerca dela, como no caso as competências privativas dos arts. 21, 22, 23, 25 e 30 da CF/1988.

Já na repartição vertical, a competência não é privativa a um único ente, e todos podem tratar da referida matéria dentro, logicamente, da margem de competência e regras estabelecidas pelo texto constitucional. É o caso da competência legislativa concorrente contida no art. 24 da CF/1988.

Quanto as suas espécies, as competências podem ser administrativas e legislativas (aqui incluídas as tributárias).

As competências administrativas referem-se às iniciativas dos entes estatais, às áreas de atuação político-administrativa.

As competências legislativas estabelecem as matérias a serem normatizadas por cada ente federativo, sobre o que poderão editar leis.

As competências privativas (horizontais) são assim repartidas pela CF/1988:

a) União: competência enumerada expressa – arts. 21 e 22.
b) Estados-membros: competência remanescente (ou residual) – art. 25, § 1º.
c) Municípios: competência enumerada expressa – art. 30.
d) Distrito Federal: competências residuais (estados-membros) e enumeradas (Municípios) – art. 32, § 1º.

A **competência legislativa concorrente (vertical)**, por sua vez, está contida no **art. 24** do texto constitucional, e há distribuição de atuação entre União, estados-membros e Distrito Federal (note que o dispositivo não trouxe os Municípios!), conforme os parágrafos do dispositivo.

À União, conforme o § 1º do referido dispositivo, caberá estabelecer normas gerais acerca das matérias contidas no dispositivo.

Ante a concorrência existente entre os entes para legislarem, não dependerão os estados-membros e o Distrito Federal da atuação da União, é o que dispõe o art. 24, § 3º, quando prevê que, inexistindo lei federal sobre normas gerais, os Estados (e o Distrito Federal) exercerão a competência legislativa plena, para atender a suas peculiaridades. Trata-se da chamada competência suplementar.

Entretanto, caso a União posteriormente promulgue a lei com normas gerais, essa lei suspenderá as normas contidas nas leis estadual e distrital naquilo que forem contrárias à legislação federal que contenha as normas gerais.

Atenção!

A lei federal, ainda que posterior, não tem o condão de revogar a norma estadual ou distrital, mas apenas de suspender a eficácia dos dispositivos que lhes são contrários em respeito à autonomia legislativa daqueles entes e ao próprio pacto federativo, afinal, uma lei de um ente federativo autônomo não pode revogar a lei de outro ente federativo da mesma forma autônomo.

Quanto aos Municípios, vale mencionar que sua atuação nesse caso é suplementar, conforme o art. 30, II, da CF/1988. Qual a diferença? Enquanto no caso do art. 24 os entes federativos lá previstos podem legislar com iniciativa, e ainda que a União não tenha feito, o que demonstra a concorrência entre os entes, as municipalidades só podem suplementar, ou seja, só podem dispor da matéria depois que haja legislação promulgada por algum daqueles entes do art. 24, sem concorrências com os entes federativos.

A competência administrativa comum – os entes podem dela tratar paralelamente – está prevista no **art. 23** e é deferida a todos os entes federativos. Sua maior característica é a ausência de subordinação entre os entes federativos para dispor acerca das matérias ali referidas. Trata-se de matérias de interesse difuso e de interesse da coletividade. Não obstante, com a finalidade de evitar controvérsias entre os entes federativos, o parágrafo único do art. 23 dispõe que leis complementares fixarão normas para a cooperação entre a União e os Estados, o Distrito Federal e os Municípios, tendo em vista o equilíbrio do desenvolvimento e do bem-estar em âmbito nacional.

Atenção!

No que se refere às competências da União, algumas diferenças devem ser destacadas:

- A competência prevista no **art. 21 é administrativa e indelegável**. É a competência **exclusiva**.

- A competência prevista no **art. 22 é legislativa e delegável**, nos termos do seu parágrafo único, no que se refere a **questões específicas** – ou seja, não a matéria por inteiro! É a competência **privativa**.

Essa delegação não se aplica aos incisos do dispositivo que falem em "normas gerais", vez que a própria Constituição, por via de interpretação, já atribui as "questões específicas" aos entes federativos, que disponham da referida competência frente a sua autonomia; exemplo: o inciso XXI do art. 22, na redação dada pela EC nº 103/2019, dispõe que a União legislará sobre normas gerais de organização, efetivos, material bélico, garantias, convocação, mobilização, inatividades e pensões das polícias militares e dos corpos de bombeiros militares; no caso, os entes federativos que dispõem de corpos militares e de bombeiros são os estados-membros, vez que os do Distrito Federal são organizados e mantidos pela União e os Municípios apenas dispõem da guarda municipal.

- **Súmula Vinculante nº 2:** "É inconstitucional a lei ou ato normativo estadual ou distrital que disponha sobre sistemas de consórcios e sorteios, inclusive bingos e loterias."

Atenção!

Nas ADPFs nºs 492 e 493 o STF, esclarecendo o teor da súmula acima referida, não veda a exploração dessas atividades pelos demais entes federativos, sob o argumento de que se trata de serviços públicos. Ou seja: legislar, apenas União; explorar, todos os entes estão autorizados.

Segundo o STF, compete à União legislar sobre crimes de responsabilidade, vez que inserida a competência na sua de legislar sobre Direito Penal.

Também segundo o STF, uma vez que o funcionamento da rede bancária extrapola os interesses da localidade, compete a União, e não às municipalidades, fixar o horário de atendimento bancário. De acordo com o STF, é de competência concorrente os entes federativos adotarem medidas de combate à pandemia (caso do Covid-19) – veja: o STF, na ADI-MC nº 6.341, adotou posicionamento de que é dever dos entes federativos se coordenarem e se ajudarem mutuamente na contenção da pandemia, dentro dos âmbitos de atuação de cada um: central, regional e local.

Ainda, vale destacar algumas competências reconhecidas pela jurisprudência do STF às municipalidades:

- legislarem sobre meio ambiente com a União e os Estados, nos limites do interesse da localidade e em harmonia com os demais entes federativos; bem como a aplicação de multas por poluição ao meio ambiente, em face do lançamento de fumaça por veículos automotores no perímetro urbano;

- fixarem horário para funcionamento de comércio local (Súmula nº 645, STF).

6.5 Intervenção

A intervenção consiste no afastamento **excepcional e temporário** da autonomia política de um ente federativo por outro ente federativo autorizado constitucionalmente para tanto e nas **hipóteses taxativas** autorizadas pela constituição, no interesse da preservação da própria unidade federativa.

A intervenção é uma exceção à regra da não intervenção de um ente federativo sobre outro. Ainda, é hipótese de controle de constitucionalidade de obediência à CF/1988.

O decreto interventivo é um ato político e **sempre executado, com exclusividade, pelo Chefe do Poder Executivo**.

Segundo o texto constitucional de 1988, apenas dois entes podem intervir em outros entes federativos: a União e os estados-membros.

Quando a intervenção for praticada pela **União**, poderá intervir nos estados-membros, no Distrito Federal e em Municípios localizados em eventuais territórios federais. É a hipótese de **intervenção federal**.

Por sua vez, quando for o estado-membro que esteja executando a intervenção, poderá fazer apenas em face dos Municípios e será a **intervenção estadual**.

Atenção!

Não existe intervenção praticada pelos Municípios e pelo Distrito Federal!

Vejamos as hipóteses de intervenção e suas peculiaridades.

6.5.1 Intervenção federal

A União, conforme dispõem os arts. 34, *caput*, e 35, *caput*, poderá intervir:

a) nos Estados e no Distrito Federal – art. 34;
b) nos Municípios localizados em território federal – art. 35.

A intervenção poderá ser espontânea ou provocada.

Na **espontânea**, o Chefe do Executivo, em juízo de discricionariedade e de ofício, decide pela intervenção e a executa, sem que seja provocado por qualquer outro órgão para tanto. São as situações desse tipo de intervenção, as contidas no art. 34, I, II, III e V, da CF/1988:

> I – manter a integridade nacional;
>
> II – repelir invasão estrangeira ou de uma unidade da Federação em outra;
>
> III – pôr termo a grave comprometimento da ordem pública;
>
> (...)
>
> V – reorganizar as finanças da unidade da Federação que:
>
> a) suspender o pagamento da dívida fundada por mais de dois anos consecutivos, salvo motivo de força maior;
>
> b) deixar de entregar aos Municípios receitas tributárias fixadas nesta Constituição, dentro dos prazos estabelecidos em lei; (...)

Na **intervenção provocada**, o ato interventivo do Chefe do Executivo depende da provocação de outro órgão autorizado pela constituição para tanto. Nesse caso, o Chefe do Executivo não poderá adotar a medida de ofício e em juízo de discricionariedade próprio.

A provocação feita pelo outro órgão pode assumir duas feições: de solicitação – o que não vincula a atuação do Chefe do Executivo e poderá ou não decretar a intervenção – ou de requisição – que vincula a atuação do Chefe do Executivo e deverá decretá-la.

A **provocação mediante requisição** é prevista nos seguintes incisos do art. 34:

a) Garantir o livre-exercício do Poder Judiciário nas unidades da Federação – **requisição do STF** (art. 34, IV c/c o art. 36, I, parte final).

b) Prover a execução de ordem ou decisão judicial – **requisição do STF, do STJ ou do TSE** (art. 34, VI c/c art. 36, II).

c) **Prover a execução de lei federal** e assegurar a observância dos seguintes princípios constitucionais: forma republicana, sistema representativo e regime democrático; direitos da pessoa humana; autonomia municipal; prestação de contas da administração pública, direta e indireta; aplicação do mínimo exigido da receita resultante de impostos estaduais, compreendida a proveniente de transferências, na manutenção e desenvolvimento do ensino e nas ações e serviços públicos de saúde – **requisição do STF, após provimento à representação (respectivamente, ação de executoriedade de lei federal e ADI interventiva) do PGR** (art. 34, VI, primeira parte c/c o art. 36, III; e art. 34, VII c/c o art. 36, III).

Atenção!

Note que a ADI interventiva é ação privativa do PGR! Logo, existe uma hipótese de ADI em que o único legitimado para sua propositura é o PGR, que é a ADI interventiva em caso de ofensa ao **art. 34, VII, da CF/1988** – os chamados **princípios sensíveis** da Constituição.

A **provocação mediante solicitação** se verifica no art. 34, IV, da CF/1988 combinado com o art. 36, I, primeira parte, que é a situação que visa garantir o livre-exercício de qualquer dos Poderes nas unidades da Federação (com exceção do Poder Judiciário, visto que este requisita), sendo o caso de solicitação dos Poderes Executivo e/ou Legislativo coato ou impedido.

Algumas observações acerca das duas espécies de intervenção merecem registro:

- a solicitação do Poder Legislativo ou Executivo do estado--membro ou do Distrito Federal coato ou impedido de funcionar é direta ao Presidente da República;
- sendo o caso de impedimento de Poder Judiciário local, este deve solicitar ao STF, para que, sendo o caso, requisite ao Presidente da República; no caso, o Poder Judiciário local não pede diretamente ao Presidente da República;
- no caso de necessidade de se prover ordem ou decisão judicial das Justiças Trabalhista e Militar, será a requisição feita pelo STF;
- o **STJ** se encarrega de requisitar a intervenção quando há descumprimento de ordem ou decisão judicial proferida pelas Justiças Comuns Estadual e Federal e quando a matéria for de índole **infraconstitucional** (vez que dessas matérias o último recurso é o Recurso Especial); caso a decisão seja proferida pelas justiças supracitadas e de índole **constitucional** a matéria, a requisição deve ser feita pelo **STF**.

O **decreto de intervenção**, que especificará a amplitude, o prazo e as condições de execução e que, se couber, nomeará o interventor, será submetido à apreciação do Congresso Nacional ou da Assembleia Legislativa do Estado, no prazo de vinte e quatro horas, conforme estabelece o art. 36, § 1°.

Antes do decreto, no caso de intervenções de ofício e por meio de solicitação, o Presidente da República ouvirá, sem que se vincule às manifestações, os Conselhos da República e de Defesa Nacional, conforme dispõem, respectivamente, os arts. 90, I e 91, § 1°, II, da CF/1988.

O **controle político** posterior – logo, o Presidente da República decreta e submete o ato a controle – do ato interventivo é realizado pelo Congresso Nacional, no prazo de 24 horas; para tanto, caso não esteja funcionando, será convocado extraordinariamente no prazo de 24 horas (art. 36, § 2° c/c o art. 49, IV – só se "aprova" ou "suspende" o que já foi feito). Esse controle é feito apenas nos casos de intervenção de ofício e de solicitação. As intervenções requisitadas não se submetem a controle do Congresso Nacional, pois não há discricionariedade na decisão do Presidente da República.

Atenção!

Nos termos do art. 60, § 1°, da CF/1988, enquanto estiver vigente intervenção federal, a Constituição não pode ser emendada.

Por último, hipótese de intervenção federal também é a contida no art. 35, *caput*, segunda parte, da CF/1988, qual seja, a da União em Municípios localizados em territórios federais; são os casos:

I – deixar de ser paga, sem motivo de força maior, por dois anos consecutivos, a dívida fundada;

II – não forem prestadas contas devidas, na forma da lei;

III – não tiver sido aplicado o mínimo exigido da receita municipal na manutenção e desenvolvimento do ensino e nas ações e serviços públicos de saúde;

IV – o Tribunal de Justiça der provimento a representação para assegurar a observância de princípios indicados na Constituição Estadual, ou para prover a execução de lei, de ordem ou de decisão judicial.

Da mesma forma, é realizada por decreto do Presidente da República.

Tirando essa situação, não há intervenção da União nos Municípios localizados em estados-membros, e menos ainda no Distrito Federal, vez que esses não podem ser divididos em Municípios, comportando apenas as chamadas cidades-satélites.

6.5.2 Intervenção estadual

As situações estão previstas no art. 35 da CF/1988, com exceção, logicamente, da intervenção promovida, eventualmente, pela União nos Municípios de territórios federais, por se tratar de intervenção federal.

São os casos:

I – deixar de ser paga, sem motivo de força maior, por dois anos consecutivos, a dívida fundada;

II – não forem prestadas contas devidas, na forma da lei;

III – não tiver sido aplicado o mínimo exigido da receita municipal na manutenção e desenvolvimento do ensino e nas ações e serviços públicos de saúde;

IV – o Tribunal de Justiça der provimento a representação para assegurar a observância de princípios indicados na Constituição Estadual, ou para prover a execução de lei, de ordem ou de decisão judicial.

Não há qualquer participação da União nesses casos de intervenção estadual.

As regras de procedimento, naquilo que forem compatíveis, são as mesmas da intervenção federal.

Conforme o art. 35, IV, a decretação da intervenção dependerá de provimento do Tribunal de Justiça, de representação feita pelo Procurador-Geral de Justiça respectivo e será dispensada a apreciação da assembleia legislativa, conforme o art. 36, § 3º, limitando-se o ato a suspender a execução do ato impugnado, se essa medida bastar ao restabelecimento da normalidade.

Segundo a Súmula nº 637 do STF, "Não cabe recurso extraordinário contra acórdão do Tribunal de Justiça que defere pedido de intervenção estadual em Município", tendo em vista o caráter político-administrativo do decreto.

7

Da Administração Pública na Constituição

7.1 Introdução

No seu Capítulo VII, a Constituição trata da Administração Pública, estabelecendo as premissas básicas nas quais deve ela se pautar nas suas quatro atividades, que assim são doutrinariamente enumeradas: prestação de serviços públicos; atuação como polícia administrativa; atividade de fomento e de intervenção nas situações que permita/determine a Constituição.

A Administração Pública pode ser classificada em dois sentidos: formal e material.

Em sentido formal (subjetivo ou orgânico), a Administração Pública se constitui no conjunto de órgãos e pessoas jurídicas que a compõe. São os órgãos da Administração Pública Direta (os próprios entes políticos por meio de suas desconcentrações de órgãos e atividades) e a Administração Pública Indireta (autarquias, fundações, empresas públicas e sociedades de economia mista, entes descentralizados e dotados de personalidade jurídica própria).

Em sentido material (objetivo ou funcional), trata-se do conjunto de funções ou atividades públicas, como as funções acima descritas.

O chamado "regime jurídico administrativo" consiste em dois princípios basilares, norteando a atuação do administrador e da Administração Pública como um todo: a supremacia do interesse público e a indisponibilidade do interesse público. Embora não previstos expressamente na Constituição, deles decorrem todos os previstos no art. 37 do texto constitucional.

O princípio da supremacia do interesse público justifica alguns poderes e prerrogativas deferidas à Administração Pública em sua atuação, verticalizando, em algumas oportunidades, a relação entre a Administração e o particular.

O princípio da indisponibilidade do interesse público delimita a atuação do administrador e de toda a Administração Pública, vinculando-os à lei e autorizando suas atuações, por estarem gerindo a coisa pública, em total vinculação à lei.

7.2 Os princípios administrativos

São os princípios expressos no art. 37, *caput*, da CF/1988: legalidade, impessoalidade, moralidade, publicidade e eficiência, este último inserido pela EC nº 19/1998.

Ainda que não expressos, os princípios da razoabilidade e da proporcionalidade, derivados, conforme doutrina e jurisprudência, do princípio do devido processo legal, também se estendem à atuação da administração.

Tratemos dos princípios explicitamente mencionados acima:

a) **Princípio da legalidade:** a atuação da Administração deve ser pautada pela lei, segundo a lei e somente quando autorizada por lei.

b) **Princípio da impessoalidade:** a atuação da Administração deve ser voltada para o bem comum, para o interesse público, e vedada a promoção pessoal do administrador público, sob pena de se desviar de sua finalidade, tornando nulo o ato. Tanto assim o é que o art. 37, § 1º reforça a previsão, explicitando regra a ser observada pelo administrador público, no que diz respeito à publicidade dos atos: "A publicidade dos atos, programas, obras, serviços e campanhas dos órgãos públicos deverá ter caráter educativo, informativo ou de orientação social, dela não podendo constar nomes, símbolos ou imagens que caracterizem promoção pessoal de autoridades ou servidores públicos".

c) **Princípio da moralidade:** a moralidade é um conceito jurídico indeterminado; dogmaticamente, trata-se de um conjunto de valores éticos consagrados e de observância devida. Conta, para fins administrativos, a concepção objetiva – não subjetiva! – de moralidade, que decorre do próprio ordenamento jurídico, das suas normas existentes e princípios reconhecidos, expressa ou implicitamente, pouco importando a concepção moral subjetiva do administrador.

A moral administrativa, por sua vez, tem vínculo com a probidade e a boa-fé no atuar; a Lei nº 9.784/1999, que trata do processo administrativo no âmbito federal, em seu art. 2º, parágrafo único, IV, prevê que serão observados critérios de: "atuação segundo padrões éticos de probidade, decoro e boa-fé".

Vale aqui o registro da sua aplicação subsidiária em estados e municípios, conforme a Súmula nº 633 do STJ: "A

Lei nº 9.784/1999, especialmente no que diz respeito ao prazo decadencial para a revisão de atos administrativos no âmbito da Administração Pública federal, pode ser aplicada, de forma subsidiária, aos estados e municípios, se inexistente norma local e específica que regule a matéria".

O controle administrativo da moralidade de um ato administrativo não é de conveniência e oportunidade, mas de legitimidade frente ao ordenamento jurídico, sendo declarada a sua nulidade.

A ação popular, conforme o art. 5º, LXXIII, é meio de controle da moralidade administrativa.

d) **Princípio da publicidade:** trata de dupla exigência, pois a publicidade se constitui em condição de eficácia dos atos administrativos para que produzam efeitos externos e impliquem ônus ao patrimônio público; e materializa a transparência exigida ao gestor, no trato da coisa pública, possibilitando o controle da Administração Pública pelos administrados. Do referido princípio, decorre o princípio da motivação dos atos administrativos, que, embora não expresso no art. 37, se verifica no art. 93, X, da CF/1988.

e) **Princípio da eficiência:** o único não originário do texto constitucional, tendo sido inserido pela EC nº 19/1998, apontando para o direcionamento da administração ao modelo gerencial (em oposição ao burocrático). Em suma, existem alguns âmbitos de que o Estado não pode se desvencilhar em sua atuação; porém, isso não justifica a burocratização no seu atuar, devendo buscar a todo tempo uma melhor gestão, em semelhança ao modelo gerencial do setor privado, devendo usar o mínimo de recursos, mas atingindo o máximo e os melhores resultados. Liga-se à doutrina do Estado mínimo.

Espera-se, dessa feita, excelência na atuação do servidor público, no desempenho de suas funções e melhor gestão na organização da máquina administrativa, devendo haver maior racionalidade.

Embora não previsto no *caput* do art. 37 da CF/1988, merece destaque a menção à probidade administrativa, conforme o § 4º do referido dispositivo (e previsão do art. 85, V, enquadrando a conduta ímproba como crime de responsabilidade):

> Art. 37. (...)
>
> § 4º Os atos de improbidade administrativa importarão a suspensão dos direitos políticos, a perda da função pública, a indisponibilidade dos bens e o ressarcimento ao erário, na forma e gradação previstas em lei, sem prejuízo da ação penal cabível.

Vale o registro de que as ações de ressarcimento ao erário, decorrentes de atos de improbidade **dolosos**, são imprescritíveis; esse o entendimento do STF: "São imprescritíveis as ações de ressarcimento ao erário fundadas na prática de ato doloso tipificado na lei de improbidade administrativa" (RE nº 852.475).

7.3 Organização da Administração Pública e ingresso no serviço público

Segundo o princípio da organização legal do serviço público, a criação e a extinção de cargos, empregos, funções públicas e órgãos sempre será feita por meio de lei. Ressalve-se, aqui, apenas o contido no art. 84, VI, *a* e *b*, do texto constitucional, que são hipóteses nas quais se poderá, via decreto do Presidente da República, organizar e até extinguir cargos vagos.

É o chamado **decreto autônomo**, com amparo direto no texto constitucional.

Nos termos do art. 37, XIX, a criação dos entes da Administração Pública Indireta exige a edição de lei específica:

> Art. 37. (...)
>
> XIX – somente por lei específica poderá ser criada autarquia e autorizada a instituição de empresa pública, de sociedade de economia mista e de fundação, cabendo à lei complementar, neste último caso, definir as áreas de sua atuação; (...)

Atenção!

A lei específica, no caso da autarquia, a cria diretamente; no caso de empresa pública, sociedade de economia mista e fundação, a lei autoriza a criação e cabe à lei complementar, no caso das fundações apenas, definir as áreas de sua atuação, ou seja, onde o Estado poderá por meio da fundação atuar.

Vale registrar, entretanto, no que se refere às fundações, que, segundo o STF, caso se trate de fundação cuja natureza seja de pessoa jurídica de direito público, poderá ser criada diretamente por lei, sem necessidade de ato posterior, visto que de nada mais passariam do que uma espécie de autarquia (fundações autárquicas ou autarquias fundacionais).

Ainda, o inciso XX dispõe que "depende de autorização legislativa, em cada caso, a criação de subsidiárias das entidades mencionadas no inciso anterior, assim como a participação de qualquer delas em empresa privada". Ou seja, depende de lei.

Uma vez organizada objetivamente a Administração Pública, é por intermédio de seus servidores que ela pratica os atos necessários aos seus fins; os servidores são pessoas físicas que ingressam no serviço público.

Eis as normas contidas no art. 37, e que são as exigências mínimas e ordinárias, que regem o ingresso no serviço público:

> Art. 37. (...)
>
> I – os cargos, empregos e funções públicas são acessíveis aos brasileiros que preencham os requisitos estabelecidos em lei, assim como aos estrangeiros, na forma da lei;
>
> II – a investidura em cargo ou emprego público depende de aprovação prévia em concurso público de provas ou de provas e títulos, de acordo com a natureza e a complexidade do cargo ou emprego, na forma prevista em lei, ressalvadas as nomeações para cargo em comissão declarado em lei de livre nomeação e exoneração; (...)

A Súmula nº 685 do STF dispõe que:

> é inconstitucional toda modalidade de provimento que propicie ao servidor investir-se, sem prévia aprovação em concurso público destinado ao seu provimento, em cargo que não integra a carreira na qual anteriormente investido.

Ainda segundo o STF, o edital do concurso público não é instrumento idôneo para fixação de idade mínima, para inscrição em concurso público. É exigível lei para tanto (RE nº 182.432). Ainda assim, segundo a Súmula nº 683 da Corte:

> O limite de idade para a inscrição em concurso público só se legitima em face do art. 7º, XXX, da Constituição, quando possa ser justificado pela natureza das atribuições do cargo a ser preenchido.

Outra exigência que deve ser prevista em lei é a da sujeição do candidato ao exame psicotécnico, conforme a Súmula nº 686 do STF: "Só por lei se pode sujeitar a exame psicotécnico a habilitação de candidato a cargo público".

Registre-se ainda que o STF sedimentou entendimento de que sem previsão constitucionalmente adequada e instituída por lei, não é legítima a cláusula de edital de concurso público que restringe a participação de candidato pelo simples fato de responder a inquérito ou ação penal (RE nº 560.900).

São exceções à regra do concurso público:

a) art. 198, § 4º: "os gestores locais do sistema único de saúde poderão admitir agentes comunitários de saúde e agentes de combate às endemias por meio de **processo seletivo público**, de acordo com a natureza e complexidade de suas atribuições e requisitos específicos para sua atuação";

b) art. 37, II, parte final: "a nomeação e exoneração para cargos comissionados, que é livre" (aqui nem mesmo processo seletivo há!).

No trato das pessoas portadoras de deficiência, o art. 37, VIII, da CF/1988, determina que "a lei reservará percentual dos cargos e empregos públicos para elas e definirá os critérios de sua admissão".

O prazo de validade de concurso público será de até dois anos, prorrogável uma vez, por igual período, na redação do inciso II. Perceba: o prazo não é de dois anos, mas de **até** dois anos. Nesse período, o de validade do concurso público, a Administração deve nomear o candidato aprovado.

Segundo o STF, o candidato aprovado dentro do número de vagas previstas no edital possui direito subjetivo de ser nomeado nas seguintes situações (RE nº 837.311):

a) quando a aprovação ocorrer dentro do número de vagas dentro do edital;

b) quando houver preterição na nomeação por não observância da ordem de classificação;

c) quando surgirem novas vagas, ou for aberto novo concurso durante a validade do certame anterior, e ocorrer a preterição de candidatos de forma arbitrária e imotivada por parte da administração nos termos acima.

Registre-se que esse é o mesmo entendimento do STJ, confirmado no julgamento do RMS nº 49.461, pela Segunda Turma da Corte.

Segundo o STJ, nos casos de preterição de candidato na nomeação em concurso público, o termo inicial do prazo prescricional quinquenal recai na data em que foi nomeado outro servidor no lugar do aprovado no certame.

Ainda, o STJ firmou entendimento que a pandemia da Covid-19, por si só, não se caracteriza como situação excepcional apta a afastar o direito subjetivo à nomeação de candidato aprovado em concurso público dentro do número de vagas previstas no edital.

No que se refere aos cargos em comissão e funções de confiança, as regras fixadas pela CF/1988, previstas no art. 37, V, são as que se seguem:

a) as funções de confiança e os cargos em comissão destinam-se apenas às atribuições de direção, chefia e assessoramento;

b) as funções de confiança são exercidas exclusivamente por servidores ocupantes de cargo efetivo;

c) os cargos em comissão podem ser preenchidos livremente, conforme já mencionado, porém, a lei estabelecerá os percentuais mínimos a serem preenchidos por servidores de carreira, nos casos e condições previstos na lei.

No ponto, vale registrar a **Súmula Vinculante** n° **13** do STF, cujo conteúdo é o que se segue:

> A nomeação de cônjuge, companheiro ou parente em linha reta, colateral ou por afinidade, até o terceiro grau, inclusive, da autoridade nomeante ou de servidor da mesma pessoa jurídica investido em cargo de direção, chefia ou assessoramento, para o exercício de cargo em comissão ou de confiança ou, ainda, de função gratificada na administração pública direta e indireta em qualquer dos Poderes da União, dos Estados, do Distrito Federal e dos Municípios, compreendido o ajuste mediante designações recíprocas, viola a Constituição Federal.

Apesar do conteúdo da Súmula Vinculante n° 13, a vedação ao nepotismo nela prevista – inclusive ao chamado "nepotismo cruzado" –, não se aplica ao caso de nomeação para cargos políticos. Assim, um Governador de Estado pode nomear para Secretário da Fazenda um sobrinho seu, por exemplo.

Uma outra hipótese de admissão do serviço público é a contida no art. 37, IX, do texto constitucional: "a lei estabelecerá os casos de contratação por tempo determinado para atender a necessidade temporária de excepcional interesse público"; quatro os requisitos a serem observados:

a) edição de lei fixando os casos;

b) contratação por tempo determinado;

c) necessidade temporária;

d) excepcional interesse público.

> **Atenção!**
>
> As pessoas que são contratadas na forma do art. 37, IX, da CF/1988 não ocupam cargo público e nem se submetem ao regime jurídico estatutário. Não se trata de contrato de trabalho, nos termos da Consolidação das Leis do Trabalho (CLT), mas de contrato com o Poder Público e o regime jurídico é o estabelecido na sua lei de regência (aí, sim, podendo essa lei remeter à CLT ou ao regime jurídico, no que lhes forem aplicáveis os referidos diplomas).

O STF, em diversos julgados, já se manifestou no sentido de que esse inciso deve ser interpretado restritivamente, vez que se trata de exceção ao princípio do concurso público.

Por fim, o STF também já asseverou, como já visto ao tratar da liberdade de culto, que, nos termos do art. 5º, VIII, da CF/1988 é possível a realização de etapas de concurso público em datas e horários distintos dos previstos em edital, por candidato que invoca escusa de consciência por motivo de crença religiosa, desde que presentes a razoabilidade da alteração, a preservação da igualdade entre todos os candidatos e que não acarrete ônus desproporcional à Administração Pública, que deverá decidir de maneira fundamentada.

7.4 Regime jurídico dos agentes públicos

Os agentes públicos são compostos dos **agentes políticos** e **agentes administrativos**.

Os agentes políticos são os detentores de mandatos políticos, demais componentes de Poderes da República, membros do Ministério Público, Tribunais de Contas e agentes de primeiro escalão, como Ministros de Estado.

Os agentes administrativos se subdividem em servidores públicos (que ingressam mediante concurso público e se submete ao regime estatutário); servidores comissionados (de livre- nomeação e exoneração); empregados públicos (que ingressam mediante concurso público e se submetem ao regime celetista) e ocupantes de funções públicas (nos termos dos incisos V e IX do art. 37).

Esse conjunto de pessoas atua em nome da Administração Pública.

Aos servidores públicos, conforme expresso no art. 37, é assegurado estatuto mínimo previsto na Constituição, vejamos:

a) **Direito de associação sindical:** art. 37, VI; referido direito permite que os servidores possam se reunir na defesa de seus interesse e direitos, enquanto categoria.

b) **Direito de greve:** nos termos de lei específica, conforme o art. 37, VII; aqui, como já mencionado, o STF determinou a aplicação da Lei nº 7.783/1989, que rege o direito de greve no setor privado, até que haja a edição da lei regulamentadora exigida pela Constituição.

O direito de greve é vedado aos militares, nos termos do art. 142, § 3º, IV, da CF/1988.

Segundo o STF, nem os policiais militares, nem os policiais civis, em suma, nenhum servidor público que trabalhe na área de segurança pública, pode fazer greve, sendo ela vedada pela Constituição Federal (ARE nº 654.432).

c) **Direito de revisão anual da remuneração e subsídio:** art. 37, X, c/c o art. 39, § 4º, da CF/1988. Aqui, registre-se a Súmula nº 679 do STF: "A fixação de vencimentos dos servidores públicos não pode ser objeto de convenção coletiva."

Ainda, segundo o STF, a concessão de revisão geral anual deve ser efetivada mediante lei de iniciativa privativa do Chefe do Poder Executivo de cada ente federado (ADI nº 3.539).

Sobre o tema, ainda se manifestou o STF:

- O Poder Judiciário não possui competência para determinar ao Poder Executivo a apresentação de projeto de lei que vise a promover a revisão geral anual da remuneração dos servidores públicos, tampouco para fixar o respectivo índice de correção (RE nº 843.112).

- O não encaminhamento de projeto de lei de revisão anual dos vencimentos dos servidores públicos, previsto no inciso X do art. 37 da CF/1988, não gera direito subjetivo a indenização. Deve o Poder Executivo, no entanto, pronunciar-se de forma fundamentada acerca das razões pelas quais não propôs a revisão (RE nº 565.089);

- A revisão geral anual da remuneração dos servidores públicos depende, cumulativamente, de dotação na Lei Orçamentária Anual e de previsão na Lei de Diretrizes Orçamentárias (RE nº 905.357).

d) **Remuneração sujeita a teto:** art. 37, XI. Deve-se atentar à faculdade constitucional conferida aos estados-membros e ao Distrito Federal, no § 12 do dispositivo.

Atenção!

No que diz respeito aos salários dos empregados públicos e sociedades de economia mista, o teto constitucional para remuneração só se aplica às entidades que recebam recursos dos entes políticos que as constituíram, para pagamento de pessoal e despesas de custeio em geral, conforme previsão contida no § 9º do art. 37.

---

e) **Vencimentos entre os Poderes:** art. 37, XII; segundo o dispositivo, a **remuneração e o subsídio** dos ocupantes de cargos, funções e empregos públicos da **administração direta, autárquica e fundacional**, dos **membros de qualquer dos Poderes da União, dos Estados, do Distrito Federal e dos Municípios**, dos detentores de mandato eletivo **e dos demais agentes políticos** e os proventos, pensões ou outra espécie remuneratória, percebidos cumulativamente ou não, **incluídas as vantagens pessoais ou de qualquer outra natureza, não poderão exceder o subsídio mensal, em espécie, dos Ministros do Supremo Tribunal Federal**, aplicando-se como limite, nos Municípios, o subsídio do Prefeito, e nos Estados e no Distrito Federal, o subsídio mensal do Governador no âmbito do Poder Executivo, o subsídio dos Deputados Estaduais e Distritais no âmbito do Poder Legislativo e o subsidio dos Desembargadores do Tribunal de Justiça, limitado a 90 inteiros e 25 centésimos por cento do subsídio mensal, em espécie, dos Ministros do Supremo Tribunal Federal, no âmbito do Poder Judiciário, aplicável este limite aos membros do Ministério Público, aos Procuradores e aos Defensores Públicos.

Atenção!

Duas regras devem ser aliadas à leitura contida no inciso XI: os §§ 11 e 12 do mesmo dispositivo na CF/1988.

O § 11 dispõe que "**não serão computadas**, para efeito dos **limites** remuneratórios de que trata o inciso XI do *caput* do art. 37, **as parcelas de caráter indenizatório previstas em lei**" (grifos nossos).

Por sua vez, o § 12 faculta para os fins do disposto no inciso XI do *caput* do art. 37 que fica facultado aos Estados e ao Distrito Federal fixar, em seu âmbito, mediante emenda às respectivas Constituições e Lei Orgânica, como limite único, o subsídio mensal dos Desembargadores do respectivo Tribunal de Justiça, limitado a 90 inteiros e 25 centésimos por cento do subsídio mensal dos Ministros do STF, não se aplicando o disposto neste parágrafo aos subsídios dos Deputados Estaduais e Distritais e dos Vereadores.

> Ainda sobre o inciso XI, é preciso se atentar ao que dispõe o § 9º do art. 37, no que se refere às empresas públicas e sociedades de economia mista: "O disposto no inciso XI aplica-se às empresas públicas e às sociedades de economia mista, e suas subsidiárias, que receberem recursos da União, dos Estados, do Distrito Federal ou dos Municípios para **pagamento de despesas de pessoal ou de custeio em geral**" (grifos nossos). **Portanto, se a empresa pública e a sociedade de economia mista não receberem recursos para despesas de pessoal ou custeio geral dos seus entes políticos constituidores, ou seja, se forem autossuficientes, a limitação não se aplica.**
>
> Por fim, no ponto, vale mencionar que na ADI-MC nº 3.854 o STF decidiu que é inconstitucional a fixação de limites diferentes de remuneração para os magistrados estaduais e federais, dando interpretação conforme à CF/1988 ao art. 37, XI, § 12, pois se trata de norma fruto do Poder Constituinte Derivado, EC nº 47/2005, assim, passível de controle.

f) **Proibição de vinculação/equiparação de vencimentos e de vinculação de acréscimos:** art. 37, XIII e XIV. Aqui, vale menção à Súmula nº 681 do STF, hoje alçada a **Súmula Vinculante nº 42**: "É inconstitucional a vinculação do reajuste de vencimentos de servidores estaduais ou municipais a índices federais de correção monetária".

g) **Proibição de redução dos vencimentos e subsídios:** art. 37, XV. Segundo o STF, a irredutibilidade não impede a criação ou majoração de tributos incidentes sobre vencimentos e subsídios (ADI nº 3.105). Essa irredutibilidade, segundo a Corte Suprema, é **nominal**.

h) **Vedação à acumulação de cargos, empregos e funções públicos:** o regime jurídico dirigido ao agente público pela Constituição, em regra, não permite que ele "receba" do Estado mais de uma vez, conforme disposto no inciso XVI. De acordo com o dispositivo, temos o seguinte: dois professores; um de professor e um técnico ou científico, como por exemplo, um professor do curso de Medicina na Universidade pública e que atua como médico na rede de atendimento público do Sistema Único de Saúde (SUS); a de dois cargos ou empregos privativos de profissionais da saúde, com profissões regulamentadas (por exemplo, um médico que atua nas redes estadual e municipal do SUS).

Atenção!

Vereadores possuem regras próprias no art. 38, III, da CF/1988.

Juízes e membros do Ministério Público possuem regras próprias da mesma forma, conforme os arts. 95, parágrafo único, I, e 128, § 5º, II, *d*, respectivamente.

A proibição se estende à acumulação de proventos de aposentadoria, conforme previsão contida no § 10 do art. 37 da CF/1988, respeitando-se a possibilidade de cargos acumuláveis na ativa.

Segundo o STF, conforme firmado em tese de repercussão geral:

- nos casos autorizados constitucionalmente de acumulação de cargos, empregos e funções, a incidência do art. 37, inciso XI, da CF/1988 pressupõe consideração de cada um dos vínculos formalizados, afastada a observância do teto remuneratório quanto ao somatório dos ganhos do agente público;

- as hipóteses excepcionais autorizadoras de acumulação de cargos públicos previstas na Constituição Federal sujeitam-se, unicamente, à existência de compatibilidade de horários, verificada no caso concreto, ainda que haja norma infraconstitucional que limite a jornada semanal, as hipóteses excepcionais autorizadoras de acumulação de cargos.

i) **Estabilidade:** o art. 41 assim estabelece as regras: 1. três anos de efetivo exercício; 2. nomeação para cargo de provimento efetivo; 3. concurso público; 4. sujeição à avaliação de desempenho (art. 41, § 4°).

Uma vez estável, o servidor público só poderá perder seu cargo em face das seguintes situações previstas no art. 41, § 1°: 1. em virtude de sentença judicial transitada em julgado; 2. mediante processo administrativo em que lhe seja assegurada ampla defesa; 3. mediante procedimento de avaliação periódica de desempenho, na forma de lei complementar, assegurada ampla defesa.

Atenção!

O art. 169 da CF/1988 traz hipóteses de perda do cargo pelo servidor estável, para fins de adequação das despesas com pessoal ativo e inativo. A referida hipótese está contida no § 4° e demais regras subsequentes do dispositivo. É importante sua leitura!

Por fim, uma vez demitido o servidor público e sendo o ato anulado por decisão judicial, será **reintegrado**. É disso que trata o art. 41, § 2°, da CF/1988, em sua primeira parte.

Assim, aquele que ocupava a vaga do servidor reintegrado será reconduzido ao cargo que ocupava, sem direito a indenização, aproveitado em outro cargo ou posto em disponibilidade com remuneração proporcional ao tempo de serviço.

j) **Direitos dos trabalhadores privados estendidos aos servidores públicos:** estão previstos no art. 39, § 3°, da CF/1988. São eles: salário-mínimo; décimo terceiro; férias remuneradas com ao menos 1/3 a mais da remuneração; licenças à gestante e paternidade; redução dos riscos inerentes ao trabalho; remuneração do trabalho noturno superior ao diurno; salário-família; jornada não superior a 8 horas diárias e 44 semanais; repouso semanal remunerado; remuneração do serviço extraordinário superior em, no mínimo, 50% do normal; proteção do mercado de trabalho da mulher; proibição de diferença de salários, de exercícios de funções e de critérios de admissão por motivo de sexo, idade, cor ou estado civil; adicional para atividades penosas, insalubres ou perigosas.

Registre-se que a parte final do dispositivo autoriza à lei estabelecer requisitos diferenciados de admissão quando a natureza do cargo o exigir.

Segundo o STF, servidores temporários não fazem jus a décimo terceiro salário e férias remuneradas acrescidas do terço constitucional, salvo (I) expressa previsão legal e/ou contratual em sentido contrário, ou (II) comprovado desvirtuamento da contratação temporária pela Administração Pública, em razão de sucessivas e reiteradas renovações e/ou prorrogações.

k) **Regime previdenciário dos servidores públicos – condições de aposentadoria:** a CF/1988 estabelece no art. 40 o regime previdenciário básico dos servidores públicos ocupantes de cargos efetivos, vinculados a qualquer dos entes políticos: União, estados-membros, Distrito Federal e Municípios.

Exceção, conforme a redação dada pela EC nº 103/2019, refere-se à aposentadoria voluntária por idade, visto que se limita a fixar a idade apenas para os servidores públicos vinculados à União e delegando aos demais entes federativos a fixação das referidas idades em suas constituições ou leis orgânicas, segundo a espécie do ente.

O regime é de caráter contributivo e solidário, devendo o servidor contribuir para fazer jus ao benefício.

Atualmente, no regime previdenciário dos servidores públicos, **contribuem: servidores ativos, inativos e pensionistas.**

Atualmente, as condições para aposentação dos servidores públicos, no que se refere à aposentadoria por invalidez e compulsória, são, conforme o art. 40, § 1º: "I – **por incapacidade permanente para o trabalho**, no cargo em que estiver investido, quando insuscetível de readaptação, hipótese em que será obrigatória a realização de avaliações periódicas para verificação da continuidade das condições que ensejaram a concessão da aposentadoria, na forma de lei do respectivo ente federativo;

II – compulsoriamente, com proventos proporcionais ao tempo de contribuição, aos 70 (setenta) anos de idade, ou aos 75 (setenta e cinco) anos de idade, na forma de lei complementar".

Já sobre a aposentadoria voluntária por idade, assim dispõe a Constituição, após a EC n**º** 103/2019: "III – **no âmbito da União, aos 62 (sessenta e dois) anos de idade, se mulher, e aos 65 (sessenta e cinco) anos de idade, se homem,** e, no âmbito dos Estados, do Distrito Federal e dos Municípios, na idade mínima estabelecida mediante emenda às respectivas Constituições e Leis Orgânicas, observados o tempo de contribuição e os demais requisitos estabelecidos em lei complementar do respectivo ente federativo".

No que se refere aos critérios, a regra é a estabelecida no § 4º do art. 40: é vedada a adoção de requisitos ou critérios diferenciados para concessão de benefícios em regime próprio de previdência social, o que decorre da isonomia formal. A regra foi flexibilizada pela EC nº 103/2019, para os fins de substancializar o princípio da isonomia, que excepcionou as seguintes situações: o servidor deficiente; ocupantes do cargo de agente penitenciário,[1] de agente socioeducativo ou de policial legislativa, policial federal, polícia rodoviária federal; polícia ferroviária federal e polícias civis; servidores cujas atividades sejam exercidas com efetiva exposição a agentes químicos, físicos e biológicos prejudiciais à saúde, ou associação desses agentes, que, nesses casos, poderão ser estabelecidos por lei complementar do respectivo ente federativo idade e tempo de contribuição diferenciado.

Professores: segundo o art. 40, § 5º, os ocupantes do cargo de professor terão idade mínima reduzida em cinco anos em relação às idades decorrentes da aplicação do disposto no inciso III do § 1º (assim, 57 se professora, 60 se professor), desde que comprovem tempo de efetivo exercício das funções de magistério na **educação infantil e nos ensinos fundamental e médio** fixado em lei complementar do respectivo ente federativo. Logo, professor universitário não se vale do redutor de idade.

---

[1] Conforme a EC nº 104/2019, a serem transformados em cargos de policial penal.

7.5 Outras regras importantes destinadas à Administração

a) **Administração tributária:** segundo o inciso XXII do art. 37, "as administrações tributárias da União, dos Estados, do Distrito Federal e dos Municípios, atividades essenciais ao funcionamento do Estado, exercidas por **servidores de carreiras específicas**, terão recursos prioritários para a realização de suas atividades e atuarão de forma integrada, inclusive com o compartilhamento de cadastros e de informações fiscais, na forma da lei ou convênio".

Essa previsão, inclusive, recepciona o art. 199 do Código Tributário Nacional (CTN).

b) **Dever de licitar para adquirir bens e serviços:** o inciso XXI do art. 37, "ressalvados os casos especificados na legislação, as obras, serviços, compras e alienações serão contratados mediante processo de licitação pública que assegure igualdade de condições a todos os concorrentes, com cláusulas que estabeleçam obrigações de pagamento, mantidas as condições efetivas da proposta, nos termos da lei, o qual somente permitirá as exigências de qualificação técnica e econômica indispensáveis à garantia do cumprimento das obrigações".

A lei que regulava o dispositivo era a de nº 8.666/1993, que foi revogada pela Lei nº 14.133/2021.

Na lei atual, são hipóteses de contratação direta os casos de dispensa e inexigibilidade de licitação (art. 72), nos termos do contido, respectivamente, nos arts. 75 e 74.

O fundamento do dever de licitar, com base na supremacia do interesse público e na sua indisponibilidade, é garantir, além da obtenção da melhor proposta para o Poder Público, permitir que todos os interessados em contratar com ele participem e se garanta isonomia de tratamento.

> **Atenção!**
>
> Conforme jurisprudência do STF, o princípio da licitação não se aplica aos contratos celebrados pelas empresas públicas e sociedades de economia mista, contanto que atendam dois requisitos: explorem atividade econômica e o objeto de contrato (bem ou serviço) esteja diretamente relacionado à atividade-fim da entidade (RE nº 441.280).

c) **Responsabilidade civil da Administração Pública:** está prevista no art. 37, § 6º, da CF/1988. Assim está redigido o dispositivo: "As pessoas jurídicas de direito público e as de direito privado prestadoras de serviços públicos responderão pelos danos que seus agentes, nessa qualidade, causarem a terceiros, assegurado o direito de regresso contra o responsável nos casos de dolo ou culpa".

Trata-se da chamada responsabilidade civil **objetiva** do Estado, em face de **atos comissivos** praticados por seus agentes, e que são, em face da Teoria da Imputação, atribuídos aos entes políticos.

Sendo a responsabilidade objetiva, não há que se perquirir culpa ou dolo do agente em sua atuação: havendo ato, dano e nexo causal direto é devida a responsabilização do Estado.

Atente-se aos requisitos para que incida a regra acima: a regra atinge tanto as pessoas jurídicas de direito público quanto as de direito privado, contanto que prestem serviço público; o agente que atua deverá agir pelo Estado, ou seja, deverá agir na qualidade de agente estatal; essa conduta – portanto, comissiva, ação, o que não atinge condutas omissivas – deverá causar um dano a terceiro.

Em caso de condutas omissivas, a responsabilidade estatal é subjetiva, ou seja, demanda a demonstração não apenas de dano e nexo causal, mas, também, culpa ou dolo no atuar, em face da culpa anônima, caracterizada pela *faute du service*. Esse é, inclusive, o entendimento adotado pelo STF e pelo STJ em diversas oportunidades.

Entretanto, tem merecido atenção a revisão que o STF tem feito sobre o referido posicionamento, conforme alguns julgados mais recentes, sob o argumento de que a teoria adotada é a do risco administrativo, inclusive nos casos omissivos em que haja dano experimentado pelo administrado:

> "EMENTA. CONSTITUCIONAL E ADMINISTRATIVO. RESPONSABILIDADE CIVIL DO ESTADO. ART. 37, § 6º, DA CONSTITUIÇÃO. PESSOA CONDENADA CRIMINALMENTE, FORAGIDA DO SISTEMA PRISIONAL. DANO CAUSADO A TERCEIROS. INEXISTÊNCIA DE NEXO CAUSAL ENTRE O ATO DA FUGA E A CONDUTA DANOSA. AUSÊNCIA DE DEVER DE INDENIZAR DO ESTADO. PROVIMENTO DO RECURSO EXTRAORDINÁRIO. 1. A responsabilidade civil das pessoas jurídicas de direito público e das pessoas jurídicas de direito privado prestadoras de serviço público baseia-se no risco administrativo, sendo objetiva, exige os seguintes requisitos: ocorrência do dano; ação ou omissão administrativa; existência de nexo causal entre o dano e a ação ou omissão administrativa e ausência de causa excludente da responsabilidade estatal. 2. A jurisprudência desta CORTE, inclusive, entende ser objetiva a responsabilidade civil decorrente de omissão, seja das pessoas jurídicas de direito público ou das pessoas jurídicas de direito privado prestadoras de serviço público. 3. Entretanto, o princípio da responsabilidade objetiva não se reveste de caráter absoluto, eis que admi-

te o abrandamento e, até mesmo, a exclusão da própria responsabilidade civil do Estado, nas hipóteses excepcionais configuradoras de situações liberatórias como o caso fortuito e a força maior ou evidências de ocorrência de culpa atribuível à própria vítima. 4. A fuga de presidiário e o cometimento de crime, sem qualquer relação lógica com sua evasão, extirpa o elemento normativo, segundo o qual a responsabilidade civil só se estabelece em relação aos efeitos diretos e imediatos causados pela conduta do agente. Nesse cenário, em que não há causalidade direta para fins de atribuição de responsabilidade civil extracontratual do Poder Público, não se apresentam os requisitos necessários para a imputação da responsabilidade objetiva prevista na Constituição Federal – em especial, como já citado, por ausência do nexo causal. 5. Recurso Extraordinário a que se dá provimento para julgar improcedentes os pedidos iniciais. Tema 362, fixada a seguinte tese de repercussão geral: "Nos termos do artigo 37, § 6º, da Constituição Federal, não se caracteriza a responsabilidade civil objetiva do Estado por danos decorrentes de crime praticado por pessoa foragida do sistema prisional, quando não demonstrado o nexo causal direto entre o momento da fuga e a conduta praticada" (RE nº 608.880, Relator(a): MARCO AURÉLIO, Relator(a) p/ Acórdão: ALEXANDRE DE MORAES, Tribunal Pleno).

Nesse mesmo julgado, foi assentada a seguinte tese de repercussão geral:

"Nos termos do artigo 37, § 6º, da Constituição Federal, não se caracteriza a responsabilidade civil objetiva do Estado por danos decorrentes de crime praticado por pessoa foragida do sistema prisional, quando não demonstrado o nexo causal direto entre o momento da fuga e a conduta praticada".

- Em caso de inobservância do seu dever específico de proteção previsto no art. 5º, inciso XLIX, da Constituição Federal, o Estado é responsável pela morte de detento (RE nº 841.526).

- Considerando que é dever do Estado, imposto pelo sistema normativo, manter em seus presídios os padrões mínimos de humanidade previstos no ordenamento jurídico, é de sua responsabilidade, nos termos do art. 37, § 6º, da CF/1988, a obrigação de ressarcir os danos, inclusive morais, comprovadamente causados aos detentos em decorrência da falta ou insuficiência das condições legais de encarceramento (RE nº 580.252).

- É objetiva a Responsabilidade Civil do Estado em relação a profissional da imprensa ferido por agentes policiais durante cobertura jornalística, em manifestações em que haja tumulto ou conflitos entre policiais e manifestantes. Cabe a excludente da responsabilidade da culpa exclusiva da vítima, nas hipóteses em que o profissional de imprensa descumprir ostensiva e clara advertência sobre acesso a áreas delimitadas, em que haja grave risco à sua integridade física (RE nº 1.209.429).

Não importa se a atuação do Estado foi **lícita ou ilícita** para gerar o dever de indenizar.

d) **Improbidade administrativa e dever de indenizar o Estado:** o art. 37, § 5º, da CF/1988 estabelece excepcional situação de imprescritibilidade do dever de se responsabilizar pelos danos causados ao Estado: é o caso da responsabilidade patrimonial em face de atos de improbidade dolosos praticados por agentes públicos. Eis o previsto no referido dispositivo: "A lei estabelecerá os prazos de prescrição para ilícitos praticados por qualquer agente, servidor ou não, que causem prejuízos ao erário, ressalvadas as respectivas ações de ressarcimento."

De acordo com o dispositivo, foi a conclusão a que chegou o STF: as penalidades previstas na Lei nº 8.429/1992 são prescritíveis; as ações de ressarcimento, quando o ato de improbidade for doloso, é imprescritível. Vejamos transcrição de julgado em face de sua importância:

> "DIREITO CONSTITUCIONAL. DIREITO ADMINISTRATIVO. RESSARCIMENTO AO ERÁRIO. IMPRESCRITIBILIDADE. SENTIDO E ALCANCE DO ART. 37, § 5º, DA CONSTITUIÇÃO. 1. A prescrição é instituto que milita em favor da estabilização das relações sociais. 2. Há, no entanto, uma série de exceções explícitas no texto constitucional, como a prática dos crimes de racismo (art. 5º, XLII, CRFB) e da ação de grupos armados, civis ou militares, contra a ordem constitucional e o Estado Democrático (art. 5º, XLIV, CRFB). 3. O texto constitucional é expresso (art. 37, § 5º, CRFB) ao prever que a lei estabelecerá os prazos de prescrição para ilícitos na esfera cível ou penal, aqui entendidas em sentido amplo, que gerem prejuízo ao erário e sejam praticados por qualquer agente. 4. A Constituição, no mesmo dispositivo (art. 37, § 5º, CRFB) decota de tal comando para o Legislador as ações cíveis de ressarcimento ao erário, tornando-as, assim, imprescritíveis. 5. São, portanto, imprescritíveis as ações de ressarcimento ao erário fundadas na prática de ato doloso tipificado na Lei de Improbidade Administrativa. 6. Parcial provimento do recurso extraordinário para (i) afastar a prescrição da sanção de ressarcimento e (ii) determinar que o tribunal recorrido, superada a preliminar de mérito pela imprescritibilidade das ações de ressarcimento por improbidade administrativa, aprecie o mérito apenas quanto à pretensão de ressarcimento" (RE nº 852475, Relator(a): Min. ALEXANDRE DE MORAES, Relator(a) p/ Acórdão: Min. EDSON FACHIN, Tribunal Pleno).

Registre-se que a Lei nº 14.230/2021, alterando a Lei nº 8.429/1992 – Lei de Improbidade Administrativa (LIA), trouxe a necessidade de demonstração de atuação dolosa do agente público para que o ato seja considerado de improbidade administrativa, conforme o art. 1º, § 1º, da citada lei, não bastando mais a voluntariedade na atuação.[2]

---

[2] Lei nº 8.429/1992, art. 1º O sistema de responsabilização por atos de improbidade administrativa tutelará a probidade na organização do Estado e no exercício de suas funções, como forma de assegurar a integridade do patrimônio público e social, nos termos desta Lei. (Redação dada pela Lei nº 14.230, de 2021.)
Parágrafo único. (Revogado). (Redação dada pela Lei nº 14.230, de 2021.)
§ 1º Consideram-se atos de improbidade administrativa as condutas dolosas tipificadas nos arts. 9º, 10 e 11 desta Lei, ressalvados tipos previstos em leis especiais. (Incluído pela Lei nº 14.230, de 2021.)
§ 2º Considera-se dolo a vontade livre e consciente de alcançar o resultado ilícito tipificado nos arts. 9º, 10 e 11 desta Lei, não bastando a voluntariedade do agente.

8

Os Poderes do Estado – Legislativo, Executivo e Judiciário

8.1 Tripartição de Poderes

O nascimento da teoria da Tripartição dos Poderes é verificado na Antiguidade grega, por meio da publicação por Aristóteles de sua obra *Política*. Entretanto, sua contribuição se limitou a identificar essas três funções do Estado, razão pela qual é pouco rememorada sua contribuição.

Como dizem popularmente, o "pulo do gato" da referida teoria foi identificado pelo francês Charles de Montesquieu, em sua obra *Do Espírito das Leis*, na qual afirmou que os três poderes do Estado não podem ser exercidos pelos mesmos órgãos, pois eles tendem, como demonstrava a história, a se corromper, razão pela qual se fazia necessária a criação de órgãos separados e independentes.

A rigidez proposta para a atuação desses poderes, pelas Revoluções Francesa e americana, mostrou, na prática, a inviabilidade de atuação desses poderes rigidamente, como se estanques fossem, afinal, todos são parte de um todo chamado Estado.

Assim, a divisão rígida foi, com o tempo, sendo substituída pela ideia de flexibilidade e harmonia na condução desses poderes, contanto que cada um respeitasse, reciprocamente, as funções típicas de cada um, em caráter predominante.

Portanto, a ideia atual de tripartição de poderes reconhece que todos os poderes do Estado possuem funções típicas e atípicas.

A função típica é aquela exercida predominantemente por um determinado Poder, como é o caso de julgar pelo Poder Judiciário; a **função atípica** é a exercida acessoriamente e que, em regra, se reserva predominantemente a outro Poder, sendo chamada de **função atípica**, como é o caso das normas administrativas expedidas pelo Poder Judiciário, voltadas para si e seus membros – função de legislar sendo típica do Poder Legislativo – e a de administrar seus servidores, por exemplo, admitindo-os por meio de concursos realizados por si – função de administrar sendo a típica do Poder Executivo.

A harmonia preconizada pela CF/1988, em seu art. 2º, materializa-se pelo controle recíproco entres os Poderes, conforme teoria dos *checks and balances*, de origem norte-americana.

Trata-se da possibilidade de interferências legítimas e autorizadas pela Constituição, com o intuito da manutenção do equilíbrio da atuação de cada Poder, assim como do bem comum e da ideia de unicidade do Poder estatal, visto que esse, ao fim, mostra-se, conforme teoria que critica a teoria da tripartição, como uno e indivisível, sendo apenas as manifestações do Estado feitas por meio de diferentes órgãos, mas que pertencem a um centro único de Poder.

8.2 Poder Legislativo

O Poder Legislativo brasileiro, no âmbito federal, é composto por duas Casas: Câmara dos Deputados e Senado Federal, conforme o art. 44 da CF/1988, com legislatura de quatro anos cada uma.

Na Câmara dos Deputados, composta por 513 Deputados Federais, eleitos de forma proporcional à população de cada ente federativo, estão os representantes do povo; no Senado Federal, composto por 81 Senadores da República, eleitos diretamente e de forma paritária na quantidade de 3 por estado-membro e Distrito Federal, estão os representantes destes entes políticos.

As **funções típicas** do Poder Legislativo, segundo os arts. 48 e 49, respectivamente, são **legislar e fiscalizar**. As **funções atípicas, administrar e julgar**, nos termos do que autorizar a Constituição, como o julgamento de algumas autoridades da República pelo cometimento de crimes de responsabilidade, art. 52, I, II, da CF/1988, e administrar, por exemplo, seu próprio corpo de servidores, arts. 51, IV, e 52, XIII.

Em regra, o Congresso Nacional atua pela manifestação das duas casas do Poder Legislativo que, por sua vez, atuam de forma separada e sem qualquer subordinação uma à outra.

A Constituição excepciona essa atuação exigindo a atuação das duas casas em conjunto, a chamada **sessão conjunta – aqui todos são congressistas** – não deputados e senadores. Assim prevê o art. 57, § 3º:

> Art. 57. O Congresso Nacional reunir-se-á, anualmente, na Capital Federal, de 2 de fevereiro a 17 de julho e de 1º de agosto a 22 de dezembro.

(...)

§ 3º Além de outros casos previstos nesta Constituição, a Câmara dos Deputados e o Senado Federal reunir-se-ão em sessão conjunta para:

I – inaugurar a sessão legislativa;

II – elaborar o regimento comum e regular a criação de serviços comuns às duas Casas;

III – receber o compromisso do Presidente e do Vice-Presidente da República;

IV – conhecer do veto e sobre ele deliberar.

(...)

Vale salientar que a previsão não se esgota em si, visto que o *caput* do § 3º afirma que pode haver outras previsões na Constituição de sessão conjunta, como o caso do art. 166.

Atenção!

Sessão conjunta é diferente de sessão unicameral.

Na sessão conjunta, como acima dito, as duas casas atuam independentemente, e os seus componentes são os 513 Deputados Federais e 81 Senadores da República.

Na sessão unicameral, o Congresso Nacional funciona como uma só casa, e o que temos são 594 congressistas, sendo as decisões tomadas por maioria absoluta. Exemplo dessa situação na CF/1988 é o art. 3º do ADCT.

8.2.1 Câmara dos Deputados

Compõem-se, como dito, de 513 representantes do povo com mandato de 4 anos e nenhum ente da Federação poderá ter menos de 8 ou mais de 70 deputados, segundo o art. 45, § 1º, da CF/1988, deixando claro a Constituição que deverá haver proporcionalidade, mas que essa é relativa à população do ente federativo.

Com o intuito de atender aos fins desta obra, bem como evitar a repetição de ideias, vejamos as previsões constitucionais mais importantes acerca da referida Casa do Congresso Nacional.

Os Deputados Federais são eleitos pelo sistema proporcional, em apenas um turno de votação, e, segundo o STF, o cômputo de votos em branco para eleições proporcionais não é incompatível com a CF/1988; segundo a Corte, a vedação contida no art. 77, § 2º volta-se apenas às eleições majoritárias (RE nº 140.386).

O STF, na ADI nº 5.920, julgou constitucional norma que determina mínimo de 10% do quociente eleitoral, para preenchimento das vagas no sistema de eleição proporcional, evitando, assim, aquelas situações de candidatos de grande apelo popular e votação massiva, "puxarem" para preenchimento do cargo, candidato que teve votação irrisória (como exemplo, o caso do ex-deputado Tiririca).

As competências privativas da Câmara dos Deputados estão previstas no art. 51 da CF/1988:

> Art. 51. Compete privativamente à Câmara dos Deputados:
>
> I – autorizar, por dois terços de seus membros, a instauração de processo contra o Presidente e o Vice-Presidente da República e os Ministros de Estado;
>
> II – proceder à tomada de contas do Presidente da República, quando não apresentadas ao Congresso Nacional dentro de sessenta dias após a abertura da sessão legislativa;

III – elaborar seu regimento interno;

IV – dispor sobre sua organização, funcionamento, polícia, criação, transformação ou extinção dos cargos, empregos e funções de seus serviços, e a iniciativa de lei para fixação da respectiva remuneração, observados os parâmetros estabelecidos na lei de diretrizes orçamentárias;

V – eleger membros do Conselho da República, nos termos do art. 89, VII.

8.2.2 Senado Federal

Ao contrário da Câmara dos Deputados, o Senado Federal é composto paritariamente por três3 Senadores da República por estado-membro e Distrito Federal, e isso por uma razão muito simples: ainda que as populações dos entes federativos sejam diversas, eles, os entes, formalmente, não são! Desta forma, assegura-se o equilíbrio federativo, no intuito de permitir que cada um daqueles entes participe igualmente das decisões legislativas.

Cada Senador da República tem mandato de oito anos, sendo a renovação da representação feita alternadamente, de quatro em quatro anos, de 1/3 e de 2/3. Ou seja: em uma eleição, elege-se um Senador; na subsequente, dois senadores.

Atente-se que esse é o maior prazo de tolerância da CF/1988, no que se refere ao exercício de mandato eletivo: oito anos.

Como dito, os Senadores são eleitos pelo sistema majoritário simples: ganha(m) o(s) mais votado(s), excluídos os votos em branco e nulos, em um só turno de votação, e cada Senador é eleito com dois suplentes, que só exercerão a função, caso o eleito se afaste ou esteja impedido, temporária ou definitivamente.

Dentre as competências privativas do Senado Federal, conforme o art. 52, destacamos algumas:

> Art. 52. Compete privativamente ao **Senado Federal**:
>
> I – processar e julgar o Presidente e o Vice-Presidente da República nos crimes de responsabilidade, bem como os Ministros de Estado e os Comandantes da Marinha, do Exército e da Aeronáutica nos crimes da mesma natureza conexos com aqueles:
>
> II – processar e julgar os Ministros do Supremo Tribunal Federal, os membros do Conselho Nacional de Justiça e do Conselho Nacional do Ministério Público, o Procurador-Geral da República e o Advogado-Geral da União nos crimes de responsabilidade;
>
> III – aprovar previamente, por voto secreto, após argüição pública, a escolha de:
>
> a) Magistrados, nos casos estabelecidos nesta Constituição;
>
> b) Ministros do Tribunal de Contas da União indicados pelo Presidente da República;
>
> c) Governador de Território;
>
> d) Presidente e diretores do banco central;
>
> e) Procurador-Geral da República;
>
> f) titulares de outros cargos que a lei determinar;
>
> IV – aprovar previamente, por voto secreto, após argüição em sessão secreta, a escolha dos chefes de missão diplomática de caráter permanente;
>
> V – autorizar operações externas de natureza financeira, de interesse da União, dos Estados, do Distrito Federal, dos Territórios e dos Municípios;
>
> (...)

VIII – dispor sobre limites e condições para a concessão de garantia da União em operações de crédito externo e interno;

(...)

X – suspender a execução, no todo ou em parte, de lei declarada inconstitucional por decisão definitiva do Supremo Tribunal Federal;

XI – aprovar, por maioria absoluta e por voto secreto, a exoneração, de ofício, do Procurador-Geral da República antes do término de seu mandato;

XII – elaborar seu regimento interno;

XIII – dispor sobre sua organização, funcionamento, polícia, criação, transformação ou extinção dos cargos, empregos e funções de seus serviços, e a iniciativa de lei para fixação da respectiva remuneração, observados os parâmetros estabelecidos na lei de diretrizes orçamentárias;

XIV – eleger membros do Conselho da República, nos termos do art. 89, VII.

XV – avaliar periodicamente a funcionalidade do Sistema Tributário Nacional, em sua estrutura e seus componentes, e o desempenho das administrações tributárias da União, dos Estados e do Distrito Federal e dos Municípios.

Parágrafo único. Nos casos previstos nos incisos I e II, funcionará como Presidente o do Supremo Tribunal Federal, limitando-se a condenação, que somente será proferida por dois terços dos votos do Senado Federal, à perda do cargo, com inabilitação, por oito anos, para o exercício de função pública, sem prejuízo das demais sanções judiciais cabíveis. (Grifo nosso.)

8.2.3 Comissões

As Casas Legislativas constituem comissões, que são órgãos colegiados, compostos por número restrito de membros das casas legislativas, que visam facilitar, otimizar e racionalizar o bom andamento dos trabalhos nas Casas, inclusive no sentido de orientar as discussões, eventualmente, levadas a plenário.

Estão previstas no art. 58 da CF/1988, inclusive, suas competências.

As Comissões podem, conforme o *caput* do art. 58, ser temporárias ou permanentes. Exemplo de comissão temporária importante são as Comissões Parlamentares de Inquérito (CPI); de comissão permanente, a de Constituição e Justiça e da Cidadania da Câmara dos Deputados.

8.2.3.1 CPIs

Trata-se de comissões temporárias criadas pelas Câmaras dos Deputados, pelo Senado Federal ou pelo Congresso Nacional, para investigar fato determinado de interesse público, sendo uma das vias pela qual o Poder Legislativo exerce a sua função típica de fiscalizar, no exercício do controle político-administrativo e, assim, confirmando a teoria de *checks and balances* adotada pela CF/1988, em seu art. 2º.

Sua previsão constitucional: art. 58, § 3º, senão, vejamos, ante a importância da previsão:

> Art. 58. (...)
>
> § 3º As comissões parlamentares de inquérito, que **terão poderes de investigação próprios das autoridades judiciais**, **além de outros** previstos nos regimentos das respectivas Casas, **serão criadas** pela Câmara dos Deputados e pelo Senado Federal, em conjunto ou separadamente,

mediante requerimento de um terço de seus membros, para a apuração de fato determinado e por prazo certo, sendo suas conclusões, se for o caso, encaminhadas ao Ministério Público, para que promova a responsabilidade civil ou criminal dos infratores. (Grifos nossos.)

Portanto, são essenciais as seguintes informações: 1. as CPIs possuem poderes de investigação próprios das autoridades judiciais – note que são apenas de investigação; 2. sua criação depende do requerimento de, ao menos, 1/3 dos membros da respectiva casa na qual será criada – aqui, vale mencionar que, se a CPI for mista, deve haver 1/3 em cada casa; 3. o fato a ser apurado deve ser certo; não obstante, podem, ainda, ser investigados eventuais fatos conexos; o fato deve ser certo, não único, sendo esse o entendimento do STF (HC n° 71.231); 4. a comissão perdura por prazo certo, podendo ser prorrogada na mesma legislatura.

Atenção!

Uma vez preenchidos os requisitos constitucionais de criação, não cabe ao Presidente da Casa Legislativa ao qual se volta o requerimento, deliberar acerca de sua criação ou não: ele deve criá-la! Nem mesmo o plenário da Casa pode impedir a criação.

Nada obstante, as Casas Legislativas podem estabelecer regras regimentais de limites ao número de CPIs simultâneas, mas não criar óbices aos requisitos da Constituição. Esse o entendimento do STF (ADI n° 1.635).

Podem ser criadas CPIs simultâneas, entre as duas Casas do Congresso para apurar o mesmo fato determinado, e cada um chegando à sua própria conclusão, em respeito à autonomia de cada Casa.

a) **Poderes de Investigação das CPIs e jurisprudência do STF**

Conforme previsto na Constituição, as CPIs terão poderes de investigação próprios das autoridades judiciárias. Assim sendo, algumas medidas adotadas pela referida Comissão não necessitam de autorização judiciária para tanto.

Vale salientar que, segundo o STF, existem algumas medidas, apesar da previsão constitucional acerca dos poderes da CPI, que só podem ser tomadas pelo Poder Judiciário; são as chamadas medidas sujeitas à cláusula de "reserva de jurisdição".

A CPI pode, inclusive, investigar fatos que já estejam sendo apurados por outras instituições, como, por exemplo, a polícia judiciária. Isso se deve pela sua natureza autônoma. Os fatos apurados pela CPI devem ser de interesse público, relacionados com a gestão pública.

As matérias que podem ser objeto de investigação pela CPI não podem dizer respeito a interesses particularizados de estados-membros, DF e Municípios, sob pena de ofensa ao pacto federativo, devendo as casas legislativas desses entes, se assim entenderem, instaurar a respectiva comissão de ordem estadual, distrital ou municipal.

Outra matéria que não pode ser objeto de investigação em CPI é a dos atos de natureza judicial, que são aqueles praticados por membros do Poder Judiciário no exercício de suas funções, sob pena de ofensa ao princípio da Separação de Poderes. A atuação do magistrado é intangível por outro poder. Esse o entendimento consignado pelo STF no HC n° 80.089 e outros.

Atenção!

Essa intangibilidade não abarca a atuação do magistrado como administrador. Assim, na prática de atos administrativos, como, por exemplo, um juiz que exerça função de administração de um foro e contrate servidor diretamente, sem concurso público, poderá o magistrado ter seu ato questionado por uma CPI.

Vale ainda registrar que índios, para deporem em CPI, devem se valer da assistência da Fundação Nacional do Índio – FUNAI (HC n° 80.240).

b) Competências e poderes das CPIs

- Podem convocar particulares e autoridades públicas para depor, como testemunhas ou investigados (seguem as regras do CPP, segundo o STF, HC n° 71.421).
- Podem determinar condução coercitiva de testemunha, podendo se valer da polícia judiciária para tanto.

Atenção!

A situação acima é distinta da hipótese de conduzir coercitivamente o investigado que deva prestar depoimento, nessa condição! Nesse caso, a jurisprudência do STF tem negado essa atuação à CPI, qual seja, determinar a condução coercitiva de investigado, tendo em vista a garantia ao silêncio constitucional e a inexigência de produção de prova contra si mesmo.

- Podem determinar diligências, perícias e exames, bem como requisitar informações, admitindo-se a produção de toda espécie probatória admitida em lei; dentro dessas diligências, determinar a de busca e apreensão de documentos, observados os limites traçados pela Constituição acerca da inviolabilidade domiciliar, vez que essa pelo texto constitucional só pode ser autorizada pelo Poder Judiciário, assim pode determinar busca e apreensão que não configurem situação domiciliar.

- Podem determinar a quebra dos sigilos fiscal, bancário e de dados, nesse último caso incluído o telefônico, devendo resguardar o sigilo dos dados.

Atenção!

A quebra de sigilo telefônico não se trata de **quebra do sigilo da comunicação telefônica**, operacionalizada por meio de interceptação telefônica.

A quebra de sigilo telefônico é apenas a transmissão de registros de comunicação; a quebra do sigilo da comunicação é a transmissão e oitiva simultânea da conversa realizada pelo interceptado.

A **interceptação telefônica** tem sua autorização reservada apenas aos órgãos do Poder Judiciário, sujeitando-se à cláusula de **reserva jurisdicional**.

As decisões das CPIs devem ser tomadas com respeito ao princípio da **colegialidade**, ou seja, as medidas a serem adotadas só podem ser tomadas por decisão da maioria absoluta dos membros da comissão, não podendo ser tomadas, por exemplo, pelo seu presidente.

c) Vedações às CPIs

- Não podem determinar interceptações telefônicas.
- Não Podem determinar prisões, salvo flagrante delito – e não podem pôr falso testemunho de investigado.
- Não podem determinar medidas de ordem cautelar cíveis ou penais, vez que o poder geral de cautela é de exclusividade dos membros do Poder Judiciário.
- Não podem determinar busca e apreensão domiciliar, conforme o art. 5º, XI, da CF/1988, vez que essa demanda, para

se entrar no domicílio de eventual investigado, precisa de ordem judicial.
- Não podem determinar a quebra de segredo de justiça em processos que tramitam na justiça.
- Não podem anular atos praticados pelos outros Poderes.

d) Controle judicial das CPIs

A atuação da CPI se sujeita ao controle e fiscalização do Poder Judiciário, quando provocado para tanto. Uma CPI estadual ou distrital e a municipal, como veremos, seguem a mesma sorte: seus atos podem ser revistos pelo Poder Judiciário respectivo.

Tratando-se de impetração de *habeas corpus* e mandado de segurança em face de CPI do Legislativo federal, atente-se que a competência para julgamento será do STF, e os referidos remédios constitucionais, segundo reiterada jurisprudência da Corte, só terão o mérito analisado, caso a CPI ainda não tenha encerrado seus trabalhos; uma vez encerrada a CPI, o mérito se encontra prejudicado (MS n° 23.852-QO, entre outros).

Atenção!

Existe um precedente no qual o STF se afastou da tese da prejudicialidade em face do encerramento da CPI; trata-se da ACO n° 622, ou seja, de ação popular e não *habeas corpus* ou mandado de segurança.

Trata-se de jurisprudência isolada da Corte que, ao menos no momento, não tem o condão de revisar a jurisprudência consagrada na Corte acerca do tema e se atente ao tipo de ação. É bom que se conheça, em face de eventuais questionamentos:

EMENTA: AÇÃO POPULAR. DESLOCAMENTO DA COMPETÊNCIA PARA O STF. CONFLITO FEDERA-

TIVO ESTABELECIDO ENTRE A UNIÃO E ESTADO--MEMBRO. ARTIGO 102, I, F, DA CONSTITUIÇÃO. I – Considerando a potencialidade do conflito federativo estabelecido entre a União e Estado-membro, emerge a competência do Supremo Tribunal Federal para processar e julgar a ação popular, a teor do que dispõe o art. 102, I, f, da Constituição. II – Questão de ordem resolvida em prol da competência do STF (ACO nº 622 QO, Rel. Min. Ilmar Galvão, Rel. p/ Acórdão: Min. Ricardo Lewandowski, Tribunal Pleno, julgado em 07.11.2007, DJe 15.02.2008).

Reiterando sua jurisprudência, o STF entende que, em respeito ao princípio da separação dos poderes, previsto no art. 2º da CF/1988, quando não caracterizado o desrespeito às normas constitucionais pertinentes ao processo legislativo, é defeso ao Poder Judiciário exercer o controle jurisdicional em relação à interpretação do sentido e do alcance de normas meramente regimentais das Casas Legislativas, por se tratar de matéria *interna corporis* (RE nº 1.297.884).

e) **CPIs estaduais e municipais**

Apesar da ausência de previsão expressa na Constituição, apenas contido no art. 58, § 3º, a criação de CPIs federais, em respeito ao pacto federativo e à própria divisão de poderes, é possível a criação de CPIs em âmbito estadual, distrital e municipal, devendo investigar atos locais, obviamente.

Segundo o STF, em face do princípio da simetria, aplicam-se todas as orientações firmadas acerca da atuação da CPI criada por uma das casas do Legislativo federal ou ambas, às CPIs estadual e distrital.

Quanto às CPIs em âmbito municipal, é reconhecida pela doutrina e pela jurisprudência a possibilidade de criação, porém, em face de sua posição peculiar na Federação, não podem quebrar sigilo fiscal e bancário, dependendo de autorização judicial para tanto. Registre-se que em 2020 foi editado o Decreto n° 10.209/2020, que dispõe sobre a requisição de informações e documentos e sobre o compartilhamento de informações protegidas pelo sigilo fiscal.

8.2.4 Reuniões e atribuições do Congresso Nacional

As reuniões do Congresso Nacional ocorrerão, segundo o art. 57, § 1°, da CF/1988, anualmente, na Capital Federal, de 2 de fevereiro a 17 de julho, e de 1° de agosto a 22 de dezembro.

O intervalo entre esses períodos é o conhecido recesso parlamentar.

Cada legislatura, ou seja, o período de legislar por um determinado tempo, o corpo de representante eleitos, dura quatro anos, compreendendo oito períodos legislativos.

Regra importante é a prevista no art. 57, § 2°: "a sessão legislativa não será interrompida sem a aprovação do projeto de lei de diretrizes orçamentárias".

Durante o recesso, há a possibilidade de os parlamentares serem convocados extraordinariamente, e são as seguintes as regras:

> (...)
>
> § 6° A convocação extraordinária do Congresso Nacional far-se-á:
>
> I – pelo Presidente do Senado Federal, em caso de decretação de estado de defesa ou de intervenção federal, de pedido de autorização para a decretação de estado de sítio e para o compromisso e a posse do Presidente e do Vice-Presidente da República;

II – pelo Presidente da República, pelos Presidentes da Câmara dos Deputados e do Senado Federal ou a requerimento da maioria dos membros de ambas as Casas, em caso de urgência ou interesse público relevante, em todas as hipóteses deste inciso com a aprovação da maioria absoluta de cada uma das Casas do Congresso Nacional.

§ 7º Na sessão legislativa extraordinária, o Congresso Nacional somente deliberará sobre a matéria para a qual foi convocado, ressalvada a hipótese do § 8º deste artigo, vedado o pagamento de parcela indenizatória, em razão da convocação.

§ 8º Havendo medidas provisórias em vigor na data de convocação extraordinária do Congresso Nacional, serão elas automaticamente incluídas na pauta da convocação.

Durante o período de recesso, a comissão que funciona é a Mista, prevista no art. 58, § 4°, CF/1988.

As atribuições do Congresso Nacional estão previstas nos arts. 48 e 49 da CF/1988.

As competências previstas no art. 48 devem ser disciplinadas por meio de lei e são de concorrência à iniciativa de lei ao Congresso, bem como ao Presidente da República, podendo esse, inclusive, se valer de medida provisória para tratar das referidas matérias, contanto que não incidam nas proibições do art. 62.

Já as matérias contidas no art. 49 são de competência exclusiva do Congresso Nacional e devem ser veiculadas por meio de **decreto legislativo**.

Uma outra atuação do Poder Legislativo que não pode ser esquecida, é na condição de Poder Constituinte Derivado reformador, quando da modificação da Constituição por meio de emendas constitucionais.

8.2.5 Estatuto dos Congressistas

A Constituição estabelece um conjunto de regras para que os congressistas possam atuar com independência e liberdade no exercício de suas funções. Esse conjunto de regras é chamado de Estatuto dos Congressistas.

Trata-se de prerrogativas de ordem pública, que não visam proteger a pessoa do congressista, mas o exercício do cargo e a própria função, por isso não admitindo renúncia de sua parte.

Vejamos uma por uma dessas prerrogativas.

8.2.5.1 Imunidades

a) **Imunidade material (inviolabilidade material)**

Prevista no *caput* do art. 53 da CF/1988. Assevera que os Deputados e Senadores são invioláveis, civil e penalmente por qualquer opinião, palavra e voto proferidos no exercício do cargo ou em decorrência dele. Vale registrar que, segundo o STF, se as palavras forem proferidas dentro do Congresso, estão presumidamente protegidas pela imunidade; caso não, deve-se verificar a conexão da fala com o exercício do mandato eletivo.

A referida imunidade protege o congressista de incriminação pelos chamados crimes de opinião, como calúnia, difamação e injúria. Não cabe nem mesmo pedido de explicações.

A imunidade material é absoluta e se prolonga até mesmo após extinto o mandato, o que quer dizer que o congressista não poderá ser responsabilizado posteriormente, pelo que foi dito no exercício do mandato.

A referida imunidade só protege o congressista que esteja efetivamente no exercício do mandato, não se estendendo ao suplente ou corpo de seus servidores.

Registre-se, por fim, que a imunidade não alcança manifestações cuja finalidade seja político-eleitoral.

b) **Imunidade formal (processual)**

O art. 53, § 2º trata da referida imunidade.

Segundo a regra constitucional, **desde a expedição do diploma**, os membros do Congresso Nacional **não poderão ser presos**, **salvo** em **flagrante de crime inafiançável**. Nesse caso, os autos serão remetidos dentro de 24 horas à Casa respectiva, para que, pelo voto aberto da maioria de seus membros, resolva sobre a prisão.

Atenção!

A diplomação é ato anterior à posse. Assim, antes mesmo da posse, o congressista já se encontra alcançado pela regra. E vale para crimes praticados antes e após a diplomação.

Em face da imunidade formal, não pode o congressista ser conduzido coercitivamente para ser interrogado (Inq nº 1.504 – STF).

Apesar de a possibilidade de prisão se limitar ao flagrante delito de crime inafiançável, segundo o STF, a **sentença condenatória transitada em julgado** autoriza a prisão do parlamentar para o cumprimento da pena.

Importantes as regras previstas nos §§ 3º, 4º e 5º. Senão vejamos:

>Art. 53. (...)
>
>§ 3º Recebida a denúncia contra o Senador ou Deputado, por crime ocorrido após a diplomação, o Supremo Tribu-

nal Federal dará ciência à Casa respectiva, que, por iniciativa de partido político nela representado e pelo voto da maioria de seus membros, poderá, até a decisão final, sustar o andamento da ação.

§ 4º O pedido de sustação será apreciado pela Casa respectiva no prazo improrrogável de quarenta e cinco dias do seu recebimento pela Mesa Diretora.

§ 5º A sustação do processo suspende a prescrição, enquanto durar o mandato.

(...)

Ao contrário da imunidade material, a imunidade formal só alcança crimes praticados após a diplomação do mandato em curso. Quanto aos crimes praticados antes da diplomação, não há imunidade, e a denúncia deve ser oferecida pelo Ministério Público ou pelo querelante diretamente ao STF, que não precisará, no caso, observar a regra de dar ciência à Casa respectiva, nos termos do art. 53, § 3º.

Se já havia processo criminal em curso, devem ser remetidos para o STF, em face da competência firmada pelo art. 102, I, b, da CF/1988.

Registre-se, no ponto, o conteúdo da Súmula nº 704 do STF:

> Não viola as garantias do juiz natural, da ampla defesa e do devido processo legal a atração por continência ou conexão do processo do corréu ao foro por prerrogativa de função de um dos denunciados.

Não obstante, se houver sustação pela casa correspondente, nos termos do art. 53, §§ 4º e 5º, da CF/1988, deve-se enviar os autos ao juízo ordinariamente competente para julgamento do corréu, caso não fosse a conexão verificada; logicamente, se o corréu não gozar de foro por prerrogativa de função no STF.

Importante tese firmada pelo STF no julgamento da ADI nº 5.526 foi a necessidade de se encaminhar à respectiva Casa Legislativa do congressista a decisão que aplique medida contida no art. 319 do CPP, que causa embaraço, direta ou indiretamente, ao exercício regular do seu mandato parlamentar, em analogia ao contido no art. 53, § 2º, da CF/1988.

8.2.5.2 Prerrogativa de foro

A regra está prevista no § 1º do art. 53 e se confirma no art. 102, I, *b*, da CF/1988. É destinada aos parlamentares no exercício de seu mandato e em face de cometimento de crimes com relação às funções desempenhadas, conforme mutação constitucional promovida pelo STF (AP nº 937-QO).

Por ser competência prevista na Constituição, alcança todas as infrações penais, incluídas as contravenções penais, os crimes dolosos contra a vida e os crimes da justiça eleitoral.

Atenção!

Segundo entendimento firmado pelo STF na AP nº 937, a prerrogativa de foro dos deputados federais e senadores somente se aplica aos crimes cometidos durante o exercício do cargo, considerando-se como **início da data da diplomação**. Ainda, a prerrogativa somente se aplica aos crimes praticados durante o exercício do cargo e "relacionados às funções", ou seja, *propter officium*. Por fim, encerrada a instrução, haverá *perpetuatio jurisdictionis*.

Eventuais inquéritos policiais, nesses casos, devem também tramitar perante o STF, cabendo à Corte decidir acerca das diligências eventualmente requeridas pelas autoridades que estejam investigando suposto crime praticado por congressista. O indiciamento se submete ao STF, da mesma forma (Inq nº 2.411-QO).

Atenção!

O foro por prerrogativa de função se destina apenas às ações penais! Não às cíveis.

O termo inicial da prerrogativa é a diplomação, e o final, o término do mandato: assim, encerrado o mandato, encerra-se a competência do STF, devendo o processo ser encaminhado ao juízo competente. Não obstante, segundo o STF, iniciado o julgamento, em respeito ao seu caráter unitário, ainda que termine o mandato, não cessa a competência já firmada no STF.

A prerrogativa não se aplica aos suplentes.

Mesmo se afastando para exercer cargo no Poder Executivo, conforme previsão no art. 56, I, da CF/1988, mantém o congressista a prerrogativa de foro, mas não mantém as imunidades acima estudadas; esse o entendimento do STF (MS nº 25.579).

A prerrogativa apenas alcança ações de natureza penal, não as cíveis.

8.2.5.3 Outras previsões

Conforme o art. 53, § 6º, da CF/1988, os Deputados e Senadores não serão obrigados a testemunhar sobre informações recebidas ou prestadas em razão do exercício do mandato, nem sobre as pessoas que lhes confiaram ou deles receberam informações. Trata-se de faculdade conferida ao membro, podendo ele decidir se testemunhará ou não.

Atenção!

Quando convocado na condição de cidadão comum, para testemunhar sobre fatos, informações recebidas ou prestadas que em nada tenha a ver com o exercício do cargo, em interesse de instrução processual penal ou cível, o parlamentar é obrigado a ir.

A incorporação às forças armadas em tempo de guerra, embora militares e ainda que em tempo de guerra, dependerá de prévia licença da Casa respectiva, conforme o art. 53, § 7º.

As imunidades de Deputados ou Senadores subsistirão durante o estado de sítio, só podendo ser suspensas mediante o voto de dois terços dos membros da Casa respectiva, nos casos de atos praticados fora do recinto do Congresso Nacional, que sejam incompatíveis com a execução da medida (art. 53, § 8º, da CF/1988).

8.2.6 Incompatibilidades com o exercício do cargo e perda do mandato

São previsões que visam resguardar a moralidade administrativa e do próprio exercício do cargo. Estão previstas no art. 54 da CF/1988:

> Art. 54. Os Deputados e Senadores não poderão:
>
> I – desde a expedição do diploma:
>
> a) firmar ou manter contrato com pessoa jurídica de direito público, autarquia, empresa pública, sociedade de economia mista ou empresa concessionária de serviço público, salvo quando o contrato obedecer a cláusulas uniformes;

b) aceitar ou exercer cargo, função ou emprego remunerado, inclusive os de que sejam demissíveis "ad nutum", nas entidades constantes da alínea anterior;

II – desde a posse:

a) ser proprietários, controladores ou diretores de empresa que goze de favor decorrente de contrato com pessoa jurídica de direito público, ou nela exercer função remunerada;

b) ocupar cargo ou função de que sejam demissíveis "ad nutum", nas entidades referidas no inciso I, "a";

c) patrocinar causa em que seja interessada qualquer das entidades a que se refere o inciso I, "a";

d) ser titulares de mais de um cargo ou mandato público eletivo.

Já as situações de perda de mandato estão contidas no art. 55:

Art. 55. Perderá o mandato o Deputado ou Senador:

I – que infringir qualquer das proibições estabelecidas no artigo anterior;

II – cujo procedimento for declarado incompatível com o decoro parlamentar;

III – que deixar de comparecer, em cada sessão legislativa, à terça parte das sessões ordinárias da Casa a que pertencer, salvo licença ou missão por esta autorizada;

IV – que perder ou tiver suspensos os direitos políticos;

V – quando o decretar a Justiça Eleitoral, nos casos previstos nesta Constituição;

VI – que sofrer condenação criminal em sentença transitada em julgado.

§ 1º É incompatível com o decoro parlamentar, além dos casos definidos no regimento interno, o abuso das prerrogativas asseguradas a membro do Congresso Nacional ou a percepção de vantagens indevidas.

§ 2º Nos casos dos incisos I, II e VI, a perda do mandato será decidida pela Câmara dos Deputados ou pelo Senado Federal, por maioria absoluta, mediante provocação da respectiva Mesa ou de partido político representado no Congresso Nacional, assegurada ampla defesa.

§ 3º Nos casos previstos nos incisos III a V, a perda será declarada pela Mesa da Casa respectiva, de ofício ou mediante provocação de qualquer de seus membros, ou de partido político representado no Congresso Nacional, assegurada ampla defesa.

§ 4º A renúncia de parlamentar submetido a processo que vise ou possa levar à perda do mandato, nos termos deste artigo, terá seus efeitos suspensos até as deliberações finais de que tratam os §§ 2º e 3º.

No caso dos incisos I, II e VI, a perda do cargo não é automática, dependendo de juízo político do Plenário da respectiva Casa Legislativa. Esse, inclusive, o atual entendimento do STF (AP nº 565).

Hipótese que demanda atenção é a contida no inciso VI, qual seja, aquele congressista que sofrer condenação criminal com sentença transitada em julgado, em confronto com o art. 15, III, da CF/1988, que dispõe que a condenação criminal transitada em julgado acarreta a suspensão dos direitos políticos, o que por si só, seria o suficiente para que o Deputado ou Senador não pudesse mais exercer o mandato.

A previsão do art. 55, VI c/c § 2º é específica em face da regra geral contida no art. 15, III, da CF/1988. Ou seja: uma norma constitucional excepciona a outra.

Assim sendo, no caso dos congressistas, a condenação criminal transitada em julgado não acarretará, automaticamente, a perda do mandato, devendo ser respeitada a regra contida no § 2º do art. 55.

A EC nº 76/2013 retirou o sigilo do voto no caso do § 2º; logo, a votação é aberta.

Por fim, no art. 56 estão as situações de afastamento que não implicam a perda do mandato.

8.2.7 Membros dos Poderes Legislativos estaduais, distritais e municipais: deputados estaduais, distritais e vereadores

Os deputados estaduais e distritais, em face da previsão do art. 27, § 1º, da CF/1988, possuem as mesmas prerrogativas asseguradas constitucionalmente aos membros do Poder Legislativo federal.

Já os parlamentares municipais possuem apenas as imunidades materiais, ou seja, em face de suas palavras, opiniões e votos no exercício do mandato e na circunscrição municipal, nos termos do art. 29, VIII, da CF/1988.

Portanto, vereadores podem sofrer qualquer tipo de prisão, por exemplo, na vigência de seus mandatos, vez que não desfrutam da chamada imunidade formal quanto à prisão.

8.2.8 Função legislativa do Poder Legislativo – processo legislativo

O processo legislativo nada mais é do que o conjunto de atos estabelecidos em lei complementar, conforme o art. 59, parágrafo único, da CF/1988, para a produção das leis.

As espécies normativas que se sujeitam a esse procedimento estão estabelecidas no art. 59 da CF/1988, e são:

emendas à Constituição; leis complementares; leis ordinárias; leis delegadas; medidas provisórias; decretos legislativos e resoluções. Essas espécies normativas são chamadas de "normas primárias", visto que extraem sua validade do próprio texto constitucional, ao contrário dos decretos, das resoluções ministeriais, por exemplo, que apenas regulamentam leis.

O processo legislativo não é uma cláusula pétrea, podendo ser alterado, o que se deu, por exemplo, com as medidas provisórias, por meio da EC n° 32.

No Estado brasileiro, o processo legislativo é indireto ou representativo, vez que os cidadãos escolhem aqueles que irão legislar por meio do voto.

O processo legislativo pode ter o rito ordinário, sumário e especial. Vejamos cada um deles.

a) **Processo legislativo ordinário:** possui as fases introdutória, constitutiva e complementar. A **fase introdutória** é a de iniciativa, que se trata da faculdade (portanto, em regra, não havendo prazo e não podendo um Poder determinar ao outro que legisle) de começar o processo por meio da apresentação do projeto de lei. Os legitimados pela CF/1988 estão no *caput* do art. 61.

A iniciativa pode ser: **parlamentar ou extraparlamentar** (quando iniciada ou não por membro do Legislativo); **restrita ou concorrente** (quando reservada a um órgão, como as do art. 61, § 1°, que são reservadas ao Presidente da República, ou em concorrência de legitimidade por mais de um órgão); **vinculada**, quando o legitimado é obrigado a dar início ao processo legislativo, como na hipótese das leis orçamentárias.

A iniciativa é exercida pelo parlamentar em sua respectiva Casa; dos demais legitimados, perante a Câmara dos Deputados.

Atenção!

A iniciativa popular de lei está prevista no art. 61, § 2°, da CF/1988. São os seguintes os seus requisitos:

- subscrição de, ao menos, um por cento do eleitorado nacional ao projeto de lei;
- distribuição da subscrição por ao menos cinco estados-membros;
- nos cinco estados-membros, ao menos três décimos por cento dos eleitores de cada um deles;
- apresentação à Câmara dos Deputados.

Na **fase constitutiva**, ocorrem as discussões e a votação nas duas Casas do Congresso Nacional, e a participação do Chefe do Executivo, por meio de sanção ou veto ao projeto de lei.

Discutido o projeto de lei, emendado se for o caso em alguma das casas, e tendo voltado à casa iniciadora para exclusiva apreciação das emendas (art. 65), ou não sendo emendado ou rejeitado (o que ensejará seu arquivo, nos termos do art. 67 da CF/1988), seguirá ele para autógrafo (que se trata do documento exato aprovado pelo Poder Legislativo) e, posteriormente, para sanção ou veto do Presidente da República.

Recebido o projeto de lei, o Presidente da República poderá:

- sancioná-lo expressamente;
- sancioná-lo tacitamente – uma vez decorridos 15 dias úteis, conforme o art. 66, § 1° (resquício do chamado "decurso de prazo");

- vetá-lo jurídica ou politicamente, a depender das razões apresentadas (art. 66, § 1°, da CF/1988).

  A **fase complementar** compreende a promulgação e a publicação da lei, caso haja sanção ou superação do veto (art. 66, § 4°, da CF/1988).

  A promulgação é o ato solene que atesta a existência da lei e, por sua vez, a inovação da ordem jurídica; em regra, feita pelo Presidente da República, salvo em situação de superação do veto ou sanção tácita, que será feita pelo Poder Legislativo (*vide* o art. 66, § 7°, da CF/1988).

Atenção!

Emendas à Constituição são publicadas pelas Mesas da Câmara dos Deputados e do Senado Federal, conforme o art. 60, § 3°, da CF/1988.

  A publicação da lei é pressuposto de sua eficácia; sem a publicação, o texto legal, após complementação de todo o processo, existe, é válido, mas não eficaz. A promulgação atesta a existência e a validade; a publicação atribui eficácia por meio da comunicação aos destinatários do diploma legislativo. Não há prazo estabelecido para a publicação na CF/1988.

b) **Processo legislativo sumário:** conforme o art. 64, §§ 1° e 2°, da CF/1988, o que diferencia o processo legislativo sumário do ordinário é o fato de que naquele há prazo estabelecido ao Poder Legislativo para deliberar.

  Caso o projeto de lei seja apresentado pelo Chefe do Executivo e solicite urgência na apreciação pelo Poder Legislativo, terão o prazo sucessivo de 45 (quarenta e cinco) dias, cada Casa, para se manifestarem, sob pena de sobrestamento de todas as demais pautas que não tenham prazo constitucional determinado, até deliberação e votação.

c) **Processo legislativo especial:** são os previstos na Constituição e destinados a emendas constitucionais; leis delegadas; medidas provisórias; decretos legislativos e resoluções. No que se refere às **emendas constitucionais**, o processo está previsto no **art. 60 da CF/1988**:

- **fase introdutória:** iniciativa de 1/3, no mínimo, dos membros da Câmara dos Deputados ou Senado Federal; do Presidente da República; de mais da metade das Assembleias Legislativas das unidades da Federação, manifestando-se, cada uma delas, pela maioria relativa de seus membros;

- **fase constitutiva:** discussão e votação em cada Casa do Congresso Nacional, em dois turnos, considerando-se aprovada se obtiver, em ambos, três quintos dos votos dos respectivos membros;

- **fase complementar:** a emenda à Constituição será promulgada pelas Mesas da Câmara dos Deputados e do Senado Federal, com o respectivo número de ordem.

Ainda sobre emendas à Constituição, devem ser observadas as seguintes regras, como as cláusulas pétreas contidas no § 4º do art. 60:

> § 4º Não será objeto de deliberação a proposta de emenda tendente a abolir:
>
> I – a forma federativa de Estado;
>
> II – o voto direto, secreto, universal e periódico;
>
> III – a separação dos Poderes;
>
> IV – os direitos e garantias individuais.

E cláusula de irrepetibilidade constante do § 5º: "A matéria constante de proposta de emenda rejeitada ou havida por prejudicada não pode ser objeto de nova proposta na mesma sessão legislativa.

Já no que se refere às **medidas provisórias**, conforme o **art. 62** da CF/1988, seguem estas regras:

- **Fase introdutória:** em caso de relevância e urgência, poderá ser adotada medida provisória, com força de lei, devendo ser submetida de imediato ao Congresso Nacional, que terá o prazo de 60 (sessenta) dias para apreciá-la, podendo ser prorrogado pelo mesmo tempo, não correndo o prazo durante o recesso do Congresso Nacional (art. 62, §§ 3º e 4º).

- **Fase constitutiva:** apreciação por uma comissão mista (deputados e senadores), proferindo essa comissão parecer opinativo. Após o parecer poderá ocorrer: conversão em lei integral, promulgando o Presidente do Senado Federal; integralmente rejeitada ou perdido eficácia pelo decurso do prazo, devendo o Congresso Nacional disciplinar, por decreto legislativo, as relações jurídicas delas decorrentes; ou caso sejam introduzidas modificações por meio de emendas parlamentares, a medida provisória será convertida em "projeto de lei de conversão" e o texto aprovado deverá ser encaminhado para o Presidente da República, para sanção ou veto. A votação sempre se inicia na Câmara dos Deputados, conforme o art. 62, § 8º.

- **Fase complementar:** promulgação pelo Presidente do Senado Federal ou Presidente da República.

Ainda sobre as medidas provisórias, *vide* as seguintes regras contidas no art. 62, sempre cobradas em provas de concursos públicos:

Art. 62. (...)

§ 1º É vedada a edição de medidas provisórias sobre matéria:

I – relativa a:

a) nacionalidade, cidadania, direitos políticos, partidos políticos e direito eleitoral;

b) direito penal, processual penal e processual civil;

c) organização do Poder Judiciário e do Ministério Público, a carreira e a garantia de seus membros;

d) planos plurianuais, diretrizes orçamentárias, orçamento e créditos adicionais e suplementares, ressalvado o previsto no art. 167, § 3º;

II – que vise a detenção ou seqüestro de bens, de poupança popular ou qualquer outro ativo financeiro;

III – reservada a lei complementar;

IV – já disciplinada em projeto de lei aprovado pelo Congresso Nacional e pendente de sanção ou veto do Presidente da República.

(...)

§ 10 É vedada a reedição, na mesma sessão legislativa, de medida provisória que tenha sido rejeitada ou que tenha perdido sua eficácia por decurso de prazo.

§ 11 Não editado o decreto legislativo a que se refere o § 3º até sessenta dias após a rejeição ou perda de eficácia de medida provisória, as relações jurídicas constituídas e decorrentes de atos praticados durante sua vigência conservar-se-ão por ela regidas.

§ 12 Aprovado projeto de lei de conversão alterando o texto original da medida provisória, esta manter-se-á integralmente em vigor até que seja sancionado ou vetado o projeto.

Por fim, vale mencionar a regra contida no art. 246 da CF/1988, que se trata de hipótese de vedação de edição de medida provisória não contida no § 1º do art. 62 da CF/1988:

> Art. 246. É vedada a adoção de medida provisória na regulamentação de artigo da Constituição cuja redação tenha sido alterada por meio de emenda promulgada entre 1º de janeiro de 1995 até a promulgação desta emenda, inclusive.

Os **decretos legislativos** (que são distintos dos decretos do Executivo, previstos no art. 84) têm suas matérias disciplinadas no **art. 49** da CF/1988. Os regimentos internos das Casas do Poder Legislativo disciplinam o processo de edição.

Da mesma forma, as resoluções cujas matérias estão previstas basicamente nos arts. 51 e 52 da CF/1988, a cada Casa respectiva, sem prejuízo de outras hipóteses estarem previstas no texto constitucional, como exemplo, o art. 155, § 6º, I, da CF/1988.

Por fim, válido assentar que, segundo o STF, não há hierarquia entre lei complementar e ordinária, mas, sim, campos específicos, delimitados pela Constituição Federal, para atuação de cada uma das espécies legislativas, conforme a matéria.

8.2.9 Função fiscalizadora do Poder Legislativo – os Tribunais de Contas

Como já dito, as funções típicas do Poder Legislativo são duas: legislar e fiscalizar.

Para o exercício da função de fiscalizar, os Poderes Legislativos se valem do auxílio dos tribunais de contas.

Os tribunais de contas são órgãos vinculados ao Poder Legislativo, que os auxiliam na realização do controle externo da Administração, especialmente o de ordem financeira. Não há hierarquia entre o tribunal e o Poder Legislativo ao qual se encontra vinculado, vez que a Constituição Federal confere autonomia, autogestão e prerrogativas aos seus membros; as cortes de contas não exercem jurisdição.

Os tribunais de contas atualmente existentes são: da União; de estados-membros; do Distrito Federal; e de Municípios acaso já existentes ao tempo da promulgação da CF/1988, não podendo mais ser criados após o referido marco constitucional, conforme regra do art. 31, § 4º.

8.2.9.1 Tribunal de Contas da União

Quanto ao Tribunal de Contas da União, encontra-se a regra de sua composição no art. 73 da CF/1988, sendo integrado por nove ministros, que atendam aos requisitos previstos no seu § 1º, sendo distribuídos na forma do § 2º:

> Art. 73. (...)
>
> § 1º (...)
>
> I – mais de trinta e cinco e menos de sessenta e cinco anos de idade;
>
> II – idoneidade moral e reputação ilibada;
>
> III – notórios conhecimentos jurídicos, contábeis, econômicos e financeiros ou de administração pública;
>
> IV – mais de dez anos de exercício de função ou de efetiva atividade profissional que exija os conhecimentos mencionados no inciso anterior.
>
> § 2º Os Ministros do Tribunal de Contas da União serão escolhidos:

I – um terço pelo Presidente da República, com aprovação do Senado Federal, sendo dois alternadamente dentre auditores e membros do Ministério Público junto ao Tribunal, indicados em lista tríplice pelo Tribunal, segundo os critérios de antigüidade e merecimento;

II – dois terços pelo Congresso Nacional.

(...)

O art. 71 prevê o auxílio prestado pelo Tribunal de Contas da União ao Poder Legislativo em sua função fiscalizatória.

Regras que necessitam de atenção na sua diferenciação, são as contidas nos incisos I e II do referido art. 71: no que se refere às contas do Presidente da República, incumbe ao Tribunal de Contas da União apenas **apreciá-las**; dos demais administradores públicos, **julgá-las**. **Quem julga as contas do Presidente da República é o Congresso Nacional!** *Vide* o art. 49, IX, da CF/1988.

Outras situações que merecem destaque na atuação da Corte de Contas são as previstas nos incisos IX, X e § 1º.

Tratando-se de ato administrativo, o órgão de Contas dará prazo para o administrador ajustar o ato; caso não o faça no prazo assinalado, a Corte de contas, aí, sim, pode sustar o referido ato, comunicando a sustação às duas Casas do Congresso. Em caso de **contrato**, a regra é diferente: a Corte comunica o Congresso e este, por sua vez, pode de imediato sustar o referido contrato.

No ponto, ainda, dispõe o § 2º: "Se o Congresso Nacional ou o Poder Executivo, no prazo de noventa dias, não efetivar as medidas previstas no parágrafo anterior, o Tribunal decidirá a respeito".

Segundo o STF, o Tribunal de Contas da União:

- pode expedir medidas cautelares, em face da Teoria dos Poderes Implícitos (MS n° 33.092);
- **não pode** alterar decisão judicial transitada em julgado (MS n° 28.150);
- **não pode** manter em sigilo a autoria de denúncia apresentada (MS n° 24.405);
- **não pode** quebrar o sigilo bancário sem autorização judicial (MS n° 22.801), todavia, vale ter atenção ao referido entendimento e na atuação da Corte de Contas na questão do concurso, vez que em algumas situações, especialmente nas que envolvem contas públicas e no desempenho do controle financeiro da Administração Pública, ao julgar o MS n° 33.340, a 1ª Turma do STF chancelou quebra de sigilo realizada pela Corte Contas.

No que se refere ao controle de constitucionalidade, existia entendimento sumulado do STF no seguinte sentido: "O Tribunal de Contas, no exercício de suas atribuições, pode apreciar a constitucionalidade das leis e dos atos do Poder Públicos" (Súmula n° 347/STF); não obstante, recentemente, a Corte refez releitura da súmula, Pet n° 4.656, em orientação diversa, ou seja, afirmando que a Corte de Contas não faz controle de constitucionalidade: não tem atribuição para tanto.

Na verdade, segundo entendimento atual do STF, o que cabe à Corte de Contas – como a qualquer órgão administrativo – é deixar de aplicar atos incompatíveis com a CF/1988; o controle de constitucionalidade é matéria que se sujeita à jurisdição. Inclusive, disso já tratamos anteriormente. Portanto, repise-se: **o atual entendimento do STF é de que não cabe controle de constitucionalidade de leis realizado pelos Tribunais de Contas!**

Todo e qualquer órgão ou pessoa que receba recursos públicos federais está sujeito à fiscalização pelo Tribunal de

Contas da União, inclusive Empresas Públicas e Sociedades de Economia Mista.

A **Súmula Vinculante nº 3** do STF dispõe:

> Nos processos perante o Tribunal de Contas da União asseguram-se o contraditório e a ampla defesa quando da decisão puder resultar anulação ou revogação de ato administrativo que beneficie o interessado, excetuada a apreciação da legalidade do ato de concessão inicial de aposentadoria, reforma e pensão.

As decisões do Tribunal de Contas têm força de título executivo **extrajudicial** (art. 71, § 3º).

8.2.9.2 *Tribunais de Contas estaduais, distritais e municipais*

A Constituição determina no seu art. 75 que as normas estabelecidas ao Tribunal de Contas da União aplicam-se, no que couber, a organização, composição e fiscalização dos Tribunais de Contas dos Estados e do Distrito Federal, bem como dos Tribunais e Conselhos de Contas dos Municípios, excetuando-se ao princípio da simetria os Tribunais de Contas do Município (ADPF nº 272).

No que se refere à composição, não serão nove, mas sete conselheiros. Segundo o STF, quatro conselheiros devem ser escolhidos pela Assembleia Legislativa, e três pelo Chefe do Poder Executivo Estadual.

Por fim e válido para todos, junto aos Tribunais de Contas haverá um Ministério Público próprio, aos quais se aplicam direitos, vedações e forma de investidura dos membros do Ministério Público comum do art. 128.

8.3 Poder Executivo

O Presidencialismo é o sistema de governo adotado pelo Brasil desde 1891, quando promulgada a primeira constituição da República. A adoção do parlamentarismo no Brasil se verificou por breve período, durante a Constituição de 1946, com a promulgação da EC nº 4/1961, que teve o seu conteúdo quanto ao ponto revogado pela EC nº 6/1963.

Durante a vigência da CF/1988, vale rememorar a regra constante do art. 2º do ADCT, que delegou ao eleitorado brasileiro decidir, por meio de plebiscito, o sistema de governo do Brasil, tendo sido confirmado o presidencialismo como sistema de governo brasileiro.

No sistema de governo presidencialista, as funções de Chefe de Estado, de Governo e da Administração Pública federal se concentram no Presidente da República. Trata-se de exercício da chefia do Poder Executivo de forma monocrática ou unipessoal.

Na função de Chefe de Estado, representa a República Federativa do Brasil em suas relações internacionais e concentrando e corporificando a unidade da Federação.

Como Chefe de Governo, gere os negócios internos do Brasil como um todo, bem como os programas de governo de forma geral, com olhar para todo o Estado e a liderança política nacional.

Como Chefe da Administração Pública federal, exerce a função de gestor dos serviços públicos prestados pela União, bem como dos servidores vinculados ao Poder Executivo. Atua aqui nos interesses da União como ente federativo que compõe, juntamente com Estados-membros, Distrito Federal e Municípios a Federação.

A **função típica** do Poder executivo é **administrar**, por meio da própria função de governo, desempenhando ações de intervenções, fomento e serviço público.

As **funções atípicas** são a **legislativa** (quando edita medidas provisórias, por exemplo) e a de **julgar** (nos casos dos contenciosos administrativos).

8.3.1 Investidura, impedimentos e vacância

O Presidente e o Vice-Presidente da República são eleitos pelo voto direto, secreto e pelo sistema eleitoral majoritário de dois turnos, o que o difere do sistema majoritário puro ou simples que elege o Senador da República e Prefeitos em Municípios com até 200 (duzentos) mil eleitores (art. 29, II, da CF/1988).

No sistema majoritário de dois turnos, é considerado eleito aquele candidato que obtenha a maioria absoluta dos votos válidos, devendo ser realizado um segundo turno com os dois mais votados, caso nenhum candidato atinja o referido percentual. É o sistema adotado para eleição não apenas do Presidente da República e seu Vice, mas também para Governadores dos estados-membros e do Distrito Federal, bem como dos Prefeitos em municipalidade com mais de 200 (duzentos) mil eleitores.

As datas dos pleitos estão no art. 77, *caput*, da CF/1988: o primeiro turno será realizado no primeiro domingo de outubro; o segundo, se houver, no último domingo, no último ano de mandato do então Presidente da República em exercício.

Se antes de realizado segundo turno ocorrer algum impedimento com os candidatos, será convocado o de maior votação entre os remanescentes; havendo empate, o mais idoso (art. 77, §§ 4° e 5°).

Caso diverso é o falecimento do Presidente eleito após sua confirmação em segundo turno; nesse caso, assume o Vice-Presidente eleito e cumpre todo o mandato.

Uma vez eleitos, o Presidente da República, os Governadores de Estado e do Distrito Federal, os Prefeitos e quem os houver sucedido, ou substituído no curso dos mandatos poderão ser reeleitos para um único período subsequente (art. 14, § 5°, da CF/1988).

São requisitos para a candidatura aos cargos de Presidente e Vice-Presidente da República ser brasileiro nato; estar em pleno gozo dos direitos políticos; possuir alistamento eleitoral; possuir filiação partidária (vedada a candidatura avulsa ou autônoma); idade mínima de 35 anos; não se encontra incidindo em nenhuma causa de inelegibilidade (art. 14, §§ 4°, 5° e 7°, da CF/1988).

Nos termos do art. 79 da CF/1988, cabe ao Vice-Presidente substituir o Presidente nos casos de impedimento e sucedê-lo no caso de vaga (vacância). O impedimento é o afastamento temporário, por isso fala-se em substituição; a vacância é o afastamento definitivo, por isso fala-se em sucessão.

Caso típico de impedimento é o contido no art. 83 da CF/1988, o afastamento por mais de 15 (quinze) dias, que deve ser autorizado pelo Congresso Nacional; já exemplo de vacância é a condenação do Presidente em *impeachment*. Caso o Presidente se afaste definitivamente, cabe ao Vice-Presidente exercer o seu cargo e, nos casos de seu afastamento, são chamados, nessa ordem, o Presidente da Câmara dos Deputados, o do Senado Federal e o do Supremo Tribunal Federal.

> **Atenção!**
>
> - O único que substitui o Presidente da República em caráter definitivo é o Vice-Presidente da República, que exercerá o cargo pelo restante do mandato.
> - Pós-CF/1988, existe hipótese de eleição indireta no Brasil? Sim! É a previsão contida no art. 81, § 1º, da CF/1988.
>
>> Art. 81. Vagando os cargos de Presidente e Vice-Presidente da República, far-se-á eleição noventa dias depois de aberta a última vaga.
>>
>> § 1º Ocorrendo a vacância nos últimos dois anos do período presidencial, a eleição para ambos os cargos será feita trinta dias depois da última vaga, pelo Congresso Nacional, na forma da lei.
>>
>> § 2º Em qualquer dos casos, os eleitos deverão completar o período de seus antecessores. (Grifos nossos.)
>
> O § 2º estabelece que apenas haverá o chamado "mandato tampão".
> - A EC nº 111/2021 alterou a data de início do mandato do Presidente da República para o dia 5 de janeiro do ano seguinte ao de sua eleição. Não é mais o dia 1º de janeiro.

8.3.2 Atribuições do Presidente da República

As atribuições do Presidente da República estão previstas no art. 84 da CF/1988: tanto as de chefe da Administração Pública, as de Chefe de Governo e as de Chefe de Estado; são exemplos, respectivamente, dispor mediante decreto, sobre extinção de funções ou cargos públicos, quando vagos; sancionar, promulgar e fazer publicar as leis, bem como expedir decretos e regulamentos para sua fiel execução; e declarar guerra, no caso de agressão estrangeira, autorizada pelo Congresso Nacional.

Atente-se que foi inserida, pela EC n° 109/2021, a seguinte atribuição:

> Art. 84. (...)
>
> XXVIII – propor ao Congresso Nacional a decretação do estado de calamidade pública de âmbito nacional previsto nos arts. 167-B, 167-C, 167-D, 167-E, 167-F e 167-G desta Constituição.

Em regra, as atribuições do Presidente da República são indelegáveis; entretanto, o parágrafo único do art. 84 permite a delegação das atribuições contidas nos incisos VI, XII e XXV aos Ministros de Estado, ao PGR ou ao AGU.

As atribuições do Presidente da República são, dentro de suas compatibilidades, extensíveis, em face da forma do Estado brasileiro – Federação – aos Chefes do Executivo estadual e municipal.

8.3.3 Poder Regulamentar e decretos autônomos

O poder regulamentar do Presidente da República é a prerrogativa de editar decretos e regulamentos com o intuito de explicitar e executar o conteúdo da lei. Trata-se de normas gerais e abstratas infralegais. Sempre necessitam de uma lei prévia a sua expedição.

As normas expedidas por meio do poder regulamentar não se sujeitam ao controle de constitucionalidade, vez que são atos abaixo da lei, sendo eventuais vícios sujeitos ao controle de legalidade, como no caso de extrapolamento do conteúdo da lei que visa regulamentar, por exemplo, criando obrigações não previstas em lei.

Por sua vez, os decretos autônomos são atos primários derivados diretamente da CF/1988. Esses, por serem normas de extração direta da CF/1988, podem ser objeto de controle de constitucionalidade.

Após a EC nº 32/2001, esse tipo de decreto se encontra previsto no art. 84, VI, que trata da chamada "reserva da administração". Esses, segundo o STF, são passíveis de controle de constitucionalidade (ADIs nºs 2.439, 2.155; ADI-MC nº 1.590).

Atenção!

Segundo o STF, o decreto regulamentar pode ser objeto de ADI quando sob o pretexto de meramente regulamentar a lei – o que seria controle de legalidade – extrapola a regulamentação e ganha a característica de decreto autônomo sem amparo constitucional. Ainda, em situação que sequer exista a lei a ser regulamentada.

Outra hipótese, segundo o STF, seria a de o decreto ter dependência absoluta em face da lei que regula, e essa seja declarada inconstitucional. No caso, o decreto pode ser declarado inconstitucional "por arrastamento" à declaração de inconstitucionalidade da lei.

Ainda, entendemos caber Arguição de Descumprimento de Preceito Fundamental (ADPF), tendo em vista o contido no art. 1º da Lei nº 9.882/1999.

8.3.4 Órgãos auxiliares à Presidência da República – Ministros e Conselhos

Os Ministros de Estado são órgãos auxiliares ao Presidente da República, escolhidos livremente e da mesma forma exonerados, entre brasileiros natos e naturalizados, maiores de 21 (vinte um) anos e em gozo dos direitos políticos.

Suas atribuições estão previstas no art. 87 da CF/1988.

> **Atenção!**
>
> Existe um Ministro de Estado que só pode ser brasileiro nato: o Ministro da Defesa, conforme o art. 12, § 3º, VII, da CF/1988.

Os Conselhos da República e da Defesa Nacional são órgãos auxiliares de consulta do Presidente da República. Estão previstos, respectivamente, nos arts. 89 e 91.

As competências do Conselho da República estão no art. 90; as do Conselho da Defesa Nacional, no art. 91, § 1º.

Quanto à composição dos conselhos, vale se atentar que **apenas 1 (um) Ministro compõe o Conselho da República: o Ministro da Justiça**. Outra peculiaridade é a participação de **seis cidadãos brasileiros natos**, com mandato de três anos, sem possibilidade de recondução. Por fim, os líderes da **maioria e da minoria de Câmara e Senado** também participam do Conselho da República.

Já o **Conselho de Defesa Nacional** difere-se em sua composição porquanto conta com **quatro Ministros de Estado**: o da Justiça, o de Estado da Defesa, o das Relações Exteriores e o do Planejamento. Ainda, **entram os Comandantes da Marinha, do Exército e da Aeronáutica**.

Portanto, quatro são membros comuns entre os dois Conselhos:

- **Vice-Presidente da República;**
- **Presidente da Câmara dos Deputados;**

- Presidente do Senado Federal;
- Ministro da Justiça.

MEMBROS DIVERSOS NOS CONSELHOS

Conselho da República	Conselho de Defesa Nacional
■ Os líderes da maioria e da minoria na Câmara dos Deputados	■ Ministro de Estado da Defesa
	■ Ministro das Relações Exteriores
■ Os líderes da maioria e da minoria no Senado Federal	■ Ministro do Planejamento
■ Seis cidadãos brasileiros natos	■ Comandantes da Marinha, do Exército e da Aeronáutica

8.3.5 Crimes de responsabilidade e crimes comuns

Os **crimes de responsabilidade** são infrações político-administrativas que poderão ser cometidas no desempenho da função pública e poderão resultar no impedimento para o exercício da função pública (*impeachment*).

O art. 85 da CF/1988 enumera **exemplificativa e genericamente**, as condutas que ensejam crime de responsabilidade e podem acarretar o impedimento, devendo ser definidas em lei, qual seja, a Lei nº 1.079/1950 e, segundo o STF, apenas a União possui competência para estabelecer as condutas que tipificam crimes de responsabilidade, tendo em vista o art. 22, I.

Há tempo que a jurisprudência do STF é no sentido de que a definição e o processo acerca de crimes de responsabilidade são de competência da União. Atualmente, a tese está cristalizada na **Súmula Vinculante nº 46**: "A definição dos crimes de responsabilidade e o estabelecimento das respectivas normas de processo e julgamento são da competência legislativa privativa da União".

O Presidente da República é julgado pelo Senado Federal, que na ocasião é presidido pelo Presidente do STF ("órgão judicial híbrido"), após autorização da Câmara dos Deputados para tanto (vide os arts. 52, I e 51, I, respectivamente).

A acusação contra o Presidente da República pode ser oferecida por qualquer cidadão; a análise feita pela Câmara dos Deputados é discricionária e de natureza política.

Admitida a acusação por 2/3 (dois terços) dos membros da Câmara dos Deputados, será encaminha ao Senado Federal para apuração e julgamento, não podendo deixar de fazê-lo, ou seja: está o Senado Federal vinculado a instaurar a apuração.

A sentença é formalizada por meio de Resolução do Senado Federal, nos termos do art. 35 da Lei n° 1.079/1950.

O STF entende que a renúncia ao cargo pelo Presidente da República, apresentado na sessão de julgamento, não tem o condão de paralisar o processo de *impeachment*, devendo ele ser finalizado. Ainda, segundo a Corte, o STF não possui competência para rever a decisão de **mérito** tomada pelo Senado Federal, vez que possui **natureza política**; pode controlar apenas ilegalidades verificadas no procedimento, como não concessão de efetivo direito de defesa e contraditório ao Presidente da República.

Atenção!

Diferentemente do que ocorreu no julgamento do então Presidente da República Fernando Collor, no julgamento de *impeachment* da então Presidente Dilma Rousseff, o Senado Federal "fatiou" a votação e as penas impostas.

Por essa razão, foi reconhecido que Dilma Rousseff havia cometido crime de responsabilidade e, em face disso, deveria perder o cargo; porém, no que se refere à sua inabilitação para o exercício de qualquer função pública, essa ao invés de ser consequência da condenação, foi colocada em votação como item autônomo, razão pela qual se afirma ter havido "fatiamento" da votação e penas impostas.

No que diz respeito aos **crimes comuns**, há algumas diferenças a serem observadas.

Segundo o art. 86, *caput*, há a necessidade de autorização da Câmara dos Deputados, da mesma forma que nos crimes de responsabilidade, porém, o órgão encarregado do julgamento é o STF, inclusive dos crimes dolosos contra a vida. A competência do STF não alcança as ações cíveis, apenas subsistindo no exercício do mandato.

Atenção!

O Presidente da República pode ser preso no exercício do cargo?

Sim! O § 3º do art. 86 estabelece que, **enquanto não sobrevier sentença condenatória** nas infrações comuns, o Presidente da República não estará sujeito à prisão; logo, não está o Presidente da República sujeito às medidas cautelares como prisão preventiva e temporária.

Entretanto, caso sobrevenha sentença condenatória proferida pelo STF, ou seja, título condenatório, poderá ele ser preso.

No que se refere aos crimes comuns, o Presidente da República não pode ser responsabilizado por atos estranhos ao mandato enquanto no seu exercício. Pode, assim, ser responsabilizado por crime de lesão corporal, contanto que tenha sido praticado em face do mandato (crime *in officio* e *propter officium*), por exemplo: indignado com críticas à sua política de

Governo, o Presidente, em uma reunião no Palácio do Planalto, agride alguém, produzindo lesões corporais.

Diversa é a situação em que agride alguém ao assistir um jogo de futebol, em seu momento de descanso, por serem adversários de times; não pode responder por esse crime de lesão corporal no exercício do cargo. Nesse caso, ficarão a ação penal e a prescrição suspensas, para que responda após o final do mandato.

É a chamada **irresponsabilidade penal relativa**.

Segundo o STF, as regras contidas nos §§ 3º e 4º não se estendem aos Chefes do Poder Executivo estadual e distrital, no caso, os Governadores.

Apenas a autorização de 2/3 (dois terços) dos membros da Assembleia Legislativa ou da Câmara Legislativa do Distrito Federal, para julgamento perante o STJ.

8.4 Poder Judiciário

É um Poder plenamente independente em uma Democracia.

No Brasil é adotado o "sistema inglês", também conhecido como de unicidade da jurisdição, o que significa dizer que o único Poder que aplica o direito com caráter de definitividade é o Poder Judiciário. A jurisdição e a coisa julgada (diferentemente da chamada "coisa julgada administrativa") são atribuições exclusivas do Poder Judiciário.

A **função típica** do Poder Judiciário é a jurisdição. As demais, administrar a si e legislar na produção de normas gerais, aplicáveis a si e seus órgãos vinculados, como regimentos internos, são suas **funções atípicas**, com base na sua independência assegurada pela Constituição.

8.4.1 Órgãos do Poder Judiciário e garantias

Estão previstos no art. 92 da CF/1988. São eles:

> Art. 92. São órgãos do Poder Judiciário:
>
> I – o Supremo Tribunal Federal;
>
> I-A – o Conselho Nacional de Justiça;
>
> II – o Superior Tribunal de Justiça;
>
> II-A – o Tribunal Superior do Trabalho;
>
> III – os Tribunais Regionais Federais e Juízes Federais;
>
> IV – os Tribunais e Juízes do Trabalho;
>
> V – os Tribunais e Juízes Eleitorais;
>
> VI – os Tribunais e Juízes Militares;
>
> VII – os Tribunais e Juízes dos Estados e do Distrito Federal e Territórios.

As garantias institucionais do Poder Judiciário são sua autonomia orgânico-administrativa, conforme o art. 96 da CF/1988, e a autonomia financeira, prevista no art. 99.

Já as garantias funcionais são a independência dos órgãos do Poder Judiciário, acarretando a partir disso a vitaliciedade, a inamovibilidade e a irredutibilidade de subsídios (art. 95, I, II e III). Ainda, a imparcialidade, que acarreta as vedações contidas no art. 95, parágrafo único, I, II, III, IV e V. O juiz deve decidir sem medos e amarras.

A carreira da magistratura é organizada por meio de lei complementar de iniciativa do STF – LC nº 35/1979.

8.4.2 Garantias aos Magistrados e regras

A **vitaliciedade** apenas é conferida ao magistrado após o cumprimento do estágio probatório de dois anos, sendo a deliberação de vitaliciamento tomada pelo Tribunal ao qual o magistrado se encontra vinculado. Alcançando a vitaliciedade, só por meio de sentença judicial transitada em julgado pode o magistrado perder o cargo.

Atenção!

Essa regra não se aplica aos membros de Tribunais que ingressam no STF, no STJ e pelo "quinto constitucional": esses se tornam vitalícios desde a posse.

Ainda no que se refere aos membros do STF e magistrados que atuam no CNJ, em face de poderem perder seus cargos pela prática de crime de responsabilidade, ou seja, sofrerem *impeachment*, isso seria um abrandamento da regra de só perderem o cargo por meio de sentença judicial transitada em julgado.

E no caso de juiz não vitalício: como perde o cargo?

Pode perder o cargo por deliberação do seu Tribunal (art. 95, I). E, nesse caso, conforme entendimento do CNJ, cabe apreciação desse órgão de controle, pois a decisão, nesse caso, tem natureza administrativa e não judicial, como a sentença que determina a perda do cargo do juiz vitalício (CNJ, PCA n° 267).

A **inamovibilidade** é a garantia de impossibilidade de remoção sem consentimento do magistrado de um local para outro; é garantia que se estende ao juiz substituto, conforme entendimento do STF.

Quanto à **irredutibilidade** de subsídio, trata-se apenas da jurídica, nominal, não é a irredutibilidade real (em face do fenômeno inflacionário). O subsídio dos magistrados será fixado e alterado por meio de lei específica, sujeitando-se ao teto remuneratório do art. 37, XI, da CF/1988, mas sendo inconstitucional, segundo o STF, a regra do § 12 do art. 37, que estabelece subteto (MS nº 25.938).

As **vedações** aos magistrados estão descritas no art. 95, parágrafo único; segundo o dispositivo, aos juízes é vedado:

> I – exercer, ainda que em disponibilidade, outro cargo ou função, salvo uma de magistério;
>
> II – receber, a qualquer título ou pretexto, custas ou participação em processo;
>
> III – dedicar-se à atividade político-partidária.
>
> IV – receber, a qualquer título ou pretexto, auxílios ou contribuições de pessoas físicas, entidades públicas ou privadas, ressalvadas as exceções previstas em lei;
>
> V – exercer a advocacia no juízo ou tribunal do qual se afastou, antes de decorridos três anos do afastamento do cargo por aposentadoria ou exoneração.

Segundo o STF, é permitido aos juízes exercer mais de uma atividade de magistério, contanto que haja compatibilidade com o exercício da magistratura (ADI nº 3.126).

Quanto à **prerrogativa de foro** dos magistrados estabelecida pela Constituição, o STF assentou nos REs nºs 546.609 e 549.560, que, uma vez aposentado o magistrado, cessa o foro especial estabelecido na Constituição Federal, ainda que se trata de atos praticados no exercício da função.

Segundo o STF, é inconstitucional fixação de limite etário, seja mínimo ou máximo, para ingresso na carreira da magistratura, visto que essa limitação não encontra amparo na norma constitucional contida no art. 93, I (ADI nº 5.329).

8.4.3 Alguns órgãos da estrutura do Poder Judiciário e previsões constitucionais

8.4.3.1 CNJ

O CNJ é composto por 15 (quinze) membros, com mandato de 2 (dois) anos e admitida 1 (uma) recondução.

Sua composição está prevista nos incisos do art. 103-B da CF/1988; chama-se a atenção para a participação de membros do Ministério Público, tanto da União quanto dos Estados, ambos escolhidos pelo PGR. Ainda, dois advogados indicados pelo Conselho Federal da OAB; e, por fim, dois cidadãos indicados, um, pela Câmara dos Deputados, outro, pelo Senado Federal.

O Conselho será presidido pelo Presidente do STF e, nas suas ausências e impedimentos, pelo Vice-Presidente do Supremo Tribunal Federal. Com exceção deles, os demais membros do Conselho serão nomeados pelo Presidente da República, depois de aprovada a escolha pela maioria absoluta do Senado Federal, nos termos dos §§ 1° e 2° do art. 103-B da CF/1988. Justifica-se a exceção, porquanto aqueles, ao tempo de suas nomeações para a Corte Suprema, já se sujeitaram à aprovação legislativa, conforme art. 101, parágrafo único, da CF/1988.

O PGR e o presidente do Conselho Federal da OAB oficiarão perante o CNJ.

As atribuições, todas de natureza administrativa do CNJ, estão enumeradas, exemplificativamente, no art. 103-B, § 4°, da CF/1988.

O poder de fiscalização do CNJ alcança magistrados, serviços auxiliares, notariais e de registro, conforme o art. 103-B, § 4°, III.

O CNJ não possui nenhuma competência sobre o STF, sendo esse o órgão de cúpula do Poder Judiciário brasileiro.

Ainda, segundo o STF, não há afronta ao pacto federativo na criação do CNJ, vez que é assegurada a paridade de participação de todos os entes federativos em sua composição e que se trata de um órgão nacional, não federal; é um órgão do Poder Judiciário Nacional; também, assentou a Corte Suprema, o CNJ possui competência normativa primária nas matérias que lhes são afetas pela Constituição, para fins de serem regulamentadas pelo órgão.

Por último, na Súmula nº 649 do STF, a Corte, mesmo após criação do CNJ, é firme na sua jurisprudência de ser inconstitucional a criação, por Constituição Estadual, de órgão de controle administrativo do Poder Judiciário do qual participem representantes de outros Poderes ou entidades. Essa é missão exclusiva do CNJ, em face da unidade da jurisdição e de seu caráter nacional.

8.4.3.2 *STF*

O STF é composto por 11 ministros escolhidos dentre cidadãos com mais de 35 e menos de 65 anos de idade, de notável saber jurídico e reputação ilibada; serão nomeados pelo Presidente da República, depois de aprovada a escolha pela maioria absoluta do Senado Federal. Essa a previsão do art. 101 da CF/1988.

Suas competências estão previstas no art. 102 da CF/1988 e são *numeros clausus*. Acerca dessa competência, algumas regras devem ser registradas, porquanto são do entendimento da própria Corte, visto que é órgão incumbido de esclarecer a CF/1988:

- a competência para julgar, prevista no art. 102, I, *f*, sofreu redução teleológica no seu alcance literal, vez que segundo a Corte, a celeuma entre as entidades da Administração in-

direta, deve ser capaz de gerar "conflito federativo", a exigir a atuação do STF;
- o STF não julga conflito entre STJ e Tribunais Regionais Federais (TRFs) ou TJs, visto que nesses casos, não há conflito entre as Cortes, mas relação de hierarquia, devendo as Cortes Regionais e Estaduais se sujeitarem ao jurisdicionalmente decidido pelo STJ;
- compete ao STF julgar ações ajuizadas contra decisões do CNJ e CNMP no exercício de suas competências constitucionais.

A admissão de recurso extraordinário pelo STF se sujeita ao preenchimento de três requisitos:

- prequestionamento da matéria;
- ofensa direta à Constituição;
- repercussão geral das questões constitucionais.

8.4.3.3 STJ

O STJ é composto, **no mínimo**, por **33** (trinta e três) ministros, que serão nomeados pelo Presidente da República, dentre brasileiros com mais de 35 e menos de 65 anos, de notável saber jurídico e reputação ilibada, depois de aprovada a escolha pela maioria absoluta do Senado Federal, sendo:

> Art. 104. (...)
>
> I – um terço dentre juízes dos Tribunais Regionais Federais e um terço dentre desembargadores dos Tribunais de Justiça, indicados em lista tríplice elaborada pelo próprio Tribunal;
>
> II – um terço, em partes iguais, dentre advogados e membros do Ministério Público Federal, Estadual, do Distrito Federal e Territórios, alternadamente, indicados na forma do art. 94 da Constituição.

As competências do STJ estão estabelecidas no art. 105 da CF/1988.

Enquanto ao STF incumbe a guarda da Constituição, ao STJ foi atribuída a guarda do ordenamento jurídico federal.

8.4.3.4 Justiça Federal

Composta pelos Tribunais Regionais Federais, que são os órgãos colegiados de segundo grau, e por juízes federais, os órgãos singulares de primeira instância, conforme o art. 106.

Os TRFs compõem-se de, **no mínimo, sete juízes**, recrutados, quando possível, na respectiva região e nomeados pelo Presidente da República dentre brasileiros com mais de 30 e menos de 65 anos, sendo um quinto dentre advogados com mais de 10 anos de efetiva atividade profissional e membros do Ministério Público Federal com mais de 10 anos de carreira; os demais, mediante promoção de juízes federais com mais de cinco anos de exercício, por antiguidade e merecimento, alternadamente.

Existiam cinco TRFs, conforme o art. 27, § 6º, do ADCT; porém, com base na mesma regra, não se pode olvidar da criação, pela EC nº 73/2013, dos TRFs das 6ª, 7ª, 8ª e 9ª Regiões.

A Lei nº 14.226/2021 criou o TRF da 6ª Região, com sede em Belo Horizonte e jurisdição no Estado de Minas Gerais.

Atenção!

Perceba que o § 11 do art. 27 do ADCT estabelece que o TRF da 6ª Região teria sede em Curitiba, no Estado do Paraná, e jurisdição nos Estados do Paraná, Santa Catarina e Mato Grosso do Sul.

As competências dos TRFs estão previstas no art. 108 da CF/1988.

Segundo o STF, os TRFs são competentes para julgar autoridades estaduais e municipais que gozem de foro especial em face da função, quando do cometimento de crimes da competência da Justiça Federal (HC n° 80.612) e Súmula n° 702 do STF.

Os juízes federais são os membros que atuam na primeira instância e ingressam na carreira por meio de concurso público de provas e títulos. A eles compete processar e julgar as matérias previstas no art. 109 da CF/1988. Vejamos algumas observações acerca dessa competência:

- da decisão de juiz federal de primeira instância em face da prática de crime político, caberá recurso ordinário diretamente para o STF (art. 102, II, b), e não para o TRF ao qual se encontra o magistrado vinculado;
- quanto à competência fixada no inciso XI, o STF firmou entendimento de que as causas afetas à Justiça Federal são aquelas que envolvam interesses indígenas típicos e específicos, vinculados à própria etnicidade;
- as regras de foro estão nos §§ 1° e 2°;
- nos Territórios Federais – caso sejam criados – a jurisdição e as atribuições cometidas aos juízes federais caberão aos juízes da justiça local, na forma da lei. Essa a regra contida no parágrafo único do art. 110 da CF/1988.

Registre-se, ainda, acerca da competência que, nos termos do art. 109, § 3°:

> Lei poderá autorizar que as causas de competência da Justiça Federal em que forem parte instituição de previdência social e segurado possam ser processadas e julgadas na justiça estadual quando a comarca do domicílio do segurado não for sede de vara federal.

8.4.3.5 Justiça do Trabalho

Nos termos do art. 111 da CF/1988, são órgãos da Justiça do Trabalho: o Tribunal Superior do Trabalho (TST); os Tribunais Regionais do Trabalhos (TRTs) e os juízes do trabalho.

O ST **compor-se-á de 27 – note que não é "no mínimo"** – Ministros, escolhidos dentre brasileiros com mais de 35 anos e menos de 65 anos, de notável saber jurídico e reputação ilibada, nomeados pelo Presidente da República após aprovação pela maioria absoluta do Senado Federal, sendo um quinto dentre advogados com mais de 10z anos de efetiva atividade profissional e membros do Ministério Público do Trabalho com mais de 10 anos de efetivo exercício, observado o disposto no art. 94 da CF/1988; e os demais dentre juízes dos TRTs, oriundos da magistratura da carreira, indicados pelo próprio Tribunal Superior.

A competência originária da Corte está definida no § 3º do art. 111-A da CF/1988.

Os TRTs compõem-se de, **no mínimo**, **sete** juízes, recrutados, quando possível, na respectiva região, e nomeados pelo Presidente da República dentre brasileiros com mais de 30 e menos de 65 anos, sendo um quinto dentre advogados com mais de 10 anos de efetiva atividade profissional e membros do Ministério Público do Trabalho com mais de 10 anos de efetivo exercício, observado o disposto no art. 94 e os demais membros, mediante promoção de juízes do trabalho por antiguidade e merecimento, alternadamente, conforme o art. 115.

A Constituição define a competência da Justiça do Trabalho no seu art. 114. Em face dessa competência, o STF já definiu algumas situações; senão vejamos:

- a Justiça do Trabalho não possui competência para julgar ações entre o Poder Público e seus servidores com vínculo estatutário ou caráter jurídico-administrativo (ADI nº 3.395);

- a Justiça do Trabalho não possui competência para julgar ações penais (ADI n° 3.684);
- a Justiça do Trabalho não possui competência para julgar relações contratuais cíveis, diversas de relação do trabalho (Súmula n° 363 do STJ).

Por sua vez:

- a Justiça do Trabalho é competente para julgar ação de indenização por danos morais e materiais decorrentes de acidente de trabalho (CC n° 7.204);
- a Justiça do Trabalho é competente para julgar ação de indenização proposta por herdeiros de empregado morto em serviço (CC n° 7.545);
- a Justiça do Trabalho é competente para julgar ação possessória decorrente do exercício do direito de greve (CJ n° 6.959);
- "A Justiça do Trabalho é competente para processar e julgar as ações de indenização por danos morais e patrimoniais decorrentes de acidente de trabalho propostas por empregado contra empregador, inclusive aquelas que ainda não possuíam sentença de mérito em primeiro grau quando da promulgação da Emenda Constitucional n° 45/04" (**Súmula Vinculante n° 22**);
- "A Justiça do Trabalho é competente para processar e julgar ação possessória ajuizada em decorrência do exercício do direito de greve pelos trabalhadores da iniciativa privada" (**Súmula Vinculante n° 23**);
- "A competência da Justiça do Trabalho prevista no art. 114, VIII, da Constituição Federal alcança a execução de ofício das contribuições previdenciárias relativas ao objeto da condenação constante das sentenças que proferir e acordos por ela homologados" (**Súmula Vinculante n° 53**);

- A Justiça do Trabalho é competente para executar, de ofício, as contribuições previstas no art. 195, incisos I, alínea "a", e II, da Carta da República, relativamente a títulos executivos judiciais por si formalizados em data anterior à promulgação da EC nº 20/1998 (RE nº 595.326). Não é a Justiça Federal.

8.4.3.6 Justiça Eleitoral

Os órgãos da Justiça Eleitoral são o Tribunal Superior Eleitoral (TSE); os Tribunais Regionais Eleitorais (TREs); os Juízes Eleitorais e as Juntas Eleitorais.

O TSE compor-se-á, **no mínimo**, de **sete** membros, escolhidos (art. 119, CF):

> I – mediante eleição, pelo voto secreto:
>
> a) três juízes dentre os Ministros do Supremo Tribunal Federal;
>
> b) dois juízes dentre os Ministros do Superior Tribunal de Justiça;
>
> II – por nomeação do Presidente da República, dois juízes dentre seis advogados de notável saber jurídico e idoneidade moral, indicados pelo Supremo Tribunal Federal.

Já os TREs compor-se-ão (art. 120, § 1º, CF/1988):

> I – mediante eleição, pelo voto secreto:
>
> a) de dois juízes dentre os desembargadores do Tribunal de Justiça;
>
> b) de dois juízes, dentre juízes de direito, escolhidos pelo Tribunal de Justiça;
>
> II – de um juiz do Tribunal Regional Federal com sede na Capital do Estado ou no Distrito Federal, ou, não ha-

vendo, de juiz federal, escolhido, em qualquer caso, pelo Tribunal Regional Federal respectivo;

III – por nomeação, pelo Presidente da República, de dois juízes dentre seis advogados de notável saber jurídico e idoneidade moral, indicados pelo Tribunal de Justiça.

(...).

Lei complementar disporá sobre a organização e competência dos tribunais, dos juízes de Direito e das juntas eleitorais. Entretanto, segundo o art. 121, § 3º, da CF/1988, "são irrecorríveis as decisões do Tribunal Superior Eleitoral, salvo as que contrariarem esta Constituição e as denegatórias de *habeas corpus* ou mandado de segurança".

A Justiça Eleitoral é a única que possui competência consultiva.

8.4.3.7 Justiça Militar

São órgãos da Justiça Militar: o Superior Tribunal Militar (STM); os Tribunais e Juízes Militares instituídos por lei.

O STM compor-se-á de **15** ministros vitalícios, nomeados pelo Presidente da República, depois de aprovada a indicação pelo Senado Federal, sendo três dentre oficiais-generais da Marinha, quatro dentre oficiais-generais do Exército, três dentre oficiais-generais da Aeronáutica, todos da ativa e do posto mais elevado da carreira, e cinco dentre civis.

Os Ministros civis serão escolhidos pelo Presidente da República dentre brasileiros maiores de 35 anos, sendo três dentre advogados de notório saber jurídico e conduta ilibada, com mais de 10 anos de efetiva atividade profissional; dois, por escolha paritária, dentre juízes auditores e membros do Ministério Público da Justiça Militar.

À Justiça Militar compete processar e julgar os crimes militares definidos em lei, e a lei disporá sobre a organização, o funcionamento e a competência da Justiça Militar.

8.4.3.8 Justiça Estadual e Distrital

Segundo o art. 125, os Estados organizarão sua Justiça, observados os princípios estabelecidos nesta CF/1988; as diretrizes são dadas pelo art. 125, inclusive nos §§ 3º, 4º e 5º acerca da Justiça Militar estadual.

O Distrito Federal não possui competência para organizar, legislar e manter a sua justiça, nos termos do art. 125, sendo essa competência da União, conforme os arts. 21, XIII, e 22, XVII.

Desde a promulgação da EC nº 45/2004, foram extintos os Tribunais de Alçada, passando seus membros a integrar os Tribunais de Justiça do respectivo Estado.

8.4.3.9 Os precatórios judiciais

Conforme a CF/1988, em seu art. 100, os **pagamentos** devidos pelas Fazendas Públicas Federal, estaduais, distrital e municipais, em virtude de sentença judiciária, far-se-ão exclusivamente na ordem cronológica de apresentação dos precatórios e à conta dos créditos respectivos, proibida a designação de casos ou de pessoas nas dotações orçamentárias e nos créditos adicionais abertos para este fim.

A regra, segundo o STF, não abrange as condenações em obrigação de fazer ou não fazer (RE nº 573.872).

O § 5º do artigo determina que é obrigatória a inclusão no orçamento das entidades de direito público, de verba necessária ao pagamento de seus débitos, oriundos de sentenças transitadas em julgado, constantes de precatórios judiciários apresentados até **2 de abril**, fazendo-se o pagamento até o final do exercício seguinte, quando terão seus valores atualizados monetariamente. Segundo o STF, não incidem juros de mora sobre os precatórios que no período sejam pagos (**Súmula Vinculante nº 17**).

Atenção!

A EC nº 114/2021 modificou o prazo final de apresentação dos precatórios judiciários: antes da mencionada EC nº 114/2021, o termo final de apresentação era o dia 1º de julho; agora: 2 de abril!

Vale mencionar que o mesmo STF, ao julgar o RE nº 579.431, firmou a tese de que incidem juros da mora no período compreendido entre a data da realização dos cálculos e a da requisição do precatório, o que se diga, é um momento anterior à apresentação do precatório e distinto daquele tratado na Súmula Vinculante nº 17 supracitada.

A própria CF/1988, nos §§ 1º, 2º e 3º do art. 100, fixa as **exceções ao regime de precatório**; as duas primeiras, em face do respeito à ordem cronológica, e a última, em face do valor. São elas:

- Os **débitos de natureza alimentícia** compreendem aqueles decorrentes de salários, vencimentos, proventos, pensões e suas complementações, benefícios previdenciários e indenizações por morte ou por invalidez, fundadas em responsabilidade civil, em virtude de sentença judicial transitada em julgado, e **serão pagos com preferência** sobre todos os demais débitos, exceto sobre aqueles referidos no § 2º deste artigo.

- Os débitos de natureza alimentícia cujos titulares, originários ou por sucessão hereditária, tenham 60 (sessenta) anos de idade, ou sejam portadores de doença grave, ou pessoas com deficiência, assim definidos na forma da lei, serão **pagos com preferência** sobre todos os demais débitos, **até o valor equivalente ao triplo fixado em lei para os fins do disposto no § 3º deste artigo, admitido o fracionamento para essa finalidade**, sendo que o restante será pago na ordem cronológica de apresentação do precatório.
- O **disposto no** *caput* deste artigo relativamente à expedição de precatórios **não se aplica** aos pagamentos de **obrigações definidas em leis como de pequeno valor** que as Fazendas referidas devam fazer em virtude de sentença judicial transitada em julgado.

Vale registrar que, nos termos do § 8º, é vedada a expedição de precatórios complementares ou suplementares de valor pago, bem como o fracionamento, repartição ou quebra do valor da execução para fins de enquadramento de parcela do total ao pagamento em requisições de pequeno valor (RPV), nos termos do § 3º.

Ainda, é necessário atentar ao teor da Súmula de nº 655 do STF: "A exceção prevista no art. 100, *caput*, da Constituição, em favor dos créditos de natureza alimentícia, não dispensa a expedição de precatório, limitando-se a isentá-los da observância da ordem cronológica dos precatórios decorrentes de condenações de outra natureza".

O § 9º, que determinava a possibilidade de compensação direta pela Fazenda Pública de valor devido por ela com débitos tributários, foi declarado inconstitucional pelo STF. Trata-se do instituto da "compensação forçada". Os efeitos da decisão foram modulados, em face da repercussão financeira. O tema foi objeto tratado nas ADIs nºs 4.357 e 4.425. O § 10 seguiu a mesma sorte do § 9º, pois se trata de desdobramento dele.

Não obstante, **a EC nº 113/2021** – conhecida como "PEC dos precatórios" – deu nova redação ao dispositivo:

> § 9º Sem que haja interrupção no pagamento do precatório e mediante comunicação da Fazenda Pública ao Tribunal, o valor correspondente aos eventuais débitos inscritos em dívida ativa contra o credor do requisitório e seus substituídos deverá ser depositado à conta do juízo responsável pela ação de cobrança, que decidirá pelo seu destino definitivo.

A mesma EC assim dispôs no § 11:

> § 11 É facultada ao credor, conforme estabelecido em lei do ente federativo devedor, **com auto-aplicabilidade para a União**, a oferta de créditos líquidos e certos que originalmente lhe são próprios ou adquiridos de terceiros reconhecidos pelo ente federativo ou por decisão judicial transitada em julgado para:
>
> I – quitação de débitos parcelados ou débitos inscritos em dívida ativa do ente federativo devedor, inclusive em transação resolutiva de litígio, e, subsidiariamente, débitos com a administração autárquica e fundacional do mesmo ente;
>
> II – compra de imóveis públicos de propriedade do mesmo ente disponibilizados para venda;
>
> III – pagamento de outorga de delegações de serviços públicos e demais espécies de concessão negocial promovidas pelo mesmo ente;
>
> IV – aquisição, inclusive minoritária, de participação societária, disponibilizada para venda, do respectivo ente federativo; ou

V – compra de direitos, disponibilizados para cessão, do respectivo ente federativo, inclusive, no caso da União, da antecipação de valores a serem recebidos a título do excedente em óleo em contratos de partilha de petróleo. (Grifos nossos.)

Portanto, não é mais facultada ao credor, conforme estabelecido em lei da entidade federativa devedora, a entrega de créditos em precatórios apenas para compra de imóveis públicos do respectivo ente federado, como dispunha a redação anterior do § 11.

No que se refere ao índice de atualização dos valores dos precatórios, o STF declarou, nas mesmas ADIs acima mencionadas, a inconstitucionalidade das expressões "índice oficial de remuneração básica da caderneta de poupança" e "independente de sua natureza", contidos no § 12, do art. 100 da CF/1988, vez que, se os créditos da Fazenda Pública são atualmente atualizados pela SELIC, não seria isonômico seus débitos serem atualizados pela taxa referencial –TR (que é o índice da poupança), havendo depreciação do patrimônio do particular.

O crédito em precatório junto à Fazenda Pública pode ser cedido; é o que estabelece o § 13 do art. 100: "O credor poderá ceder, total ou parcialmente, seus créditos em precatórios a terceiros, independentemente da concordância do devedor, não se aplicando ao cessionário o disposto nos §§ 2º e 3º", entretanto, perceba: se o crédito gozava de alguma preferência para pagamento, ela não se estende ao cessionário. A cessão de precatórios somente produzirá efeitos após comunicação, por meio de petição protocolizada, ao tribunal de origem e à entidade devedora.

O § 14, na sua redação atual, dada pela EC nº 113/2021, determina que a cessão de precatórios, observado o disposto no § 9º do art. 100, somente produzirá efeitos após comunicação, por meio de petição protocolizada ao Tribunal de origem e ao ente federativo devedor.

A União, a seu critério exclusivo e na forma de lei, poderá assumir débitos, oriundos de precatórios, de Estados, Distrito Federal e Municípios, refinanciando-os diretamente.

A EC nº 94/2016 criou outra hipótese de fracionamento de precatório, em face de seu valor vultoso. Reza o dispositivo do art. 100, § 20:

> Caso haja precatório com valor superior a 15% (quinze por cento) do montante dos precatórios apresentados nos termos do § 5º deste artigo, 15% (quinze por cento) do valor deste precatório serão pagos até o final do exercício seguinte e o restante em **parcelas iguais nos cinco exercícios subsequentes**, acrescidas de juros de mora e correção monetária, ou mediante acordos diretos, perante Juízos Auxiliares de Conciliação de Precatórios, com redução máxima de 40% (quarenta por cento) do valor do crédito atualizado, desde que em relação ao crédito não penda recurso ou defesa judicial e que sejam observados os requisitos definidos na regulamentação editada pelo ente federado. (Grifos nossos.)

Atenção!

Empresas públicas e sociedades de economia mista que explorem atividade econômica em sentido estrito não se sujeitam ao regime de precatório em suas dívidas, tendo em vista a regra contida no art. 173, § 1º, da CF/1988 (ADI nº 1.642).

Exceções a essa regra:

- quando a empresa pública e a sociedade de economia mista exploram determinada atividade por determinação constitucional e em regime de monopólio, como a ECT – Empresa Brasileira de Correios e Telégrafos (RE n° 220.906 e ADPF n° 387);
- quando a empresa pública e a sociedade de economia mista prestam serviço público de atuação própria do Estado e de natureza não concorrencial, sem lucros e sem sua distribuição (RE n° 599.628).

Ainda segundo o STF, analisando a hipótese de penhora anterior à sucessão da empresa pela União, caso da Rede Ferroviária Federal S/A (RFFSA), "é válida a penhora em bens de pessoa jurídica de direito privado, realizada anteriormente à sucessão desta pela União, não devendo a execução prosseguir mediante precatório" (RE n° 693.112).

Sobre os Conselhos de Fiscalização profissional, o STF assentou entendimento, – Tema n° 877 da repercussão geral – de que "os pagamentos devidos, em razão de pronunciamento judicial, pelos Conselhos de Fiscalização, não se submetem ao regime de precatórios" (RE n° 938.837). Segundo o STF, apesar de serem considerados – com exceção da OAB, que se trata de "serviço público independente" – autarquias profissionais, não se confundem esses conselhos com o conceito de Fazenda Pública contido no art. 100 da CF/1988.

Segundo o STF, conforme julgado em repercussão geral, a execução provisória de obrigação de fazer em face da Fazenda Pública não atrai o regime constitucional de precatórios (RE n° 573.872).

Segundo ainda o STF, é constitucional expedição de precatório ou requisição de pequeno valor para pagamento da parte incontroversa e autônoma do pronunciamento judicial transitado em julgado, observada a importância total executada para efeitos de dimensionamento como obrigação de pequeno valor (RE nº 1.205.530).

É possível sequestro de valor para o pagamento de créditos inscritos em precatório?

Sim!

É o que estabelece o § 6º do art. 100:

> As dotações orçamentárias e os créditos abertos serão consignados diretamente ao Poder Judiciário, cabendo ao Presidente do Tribunal que proferir a decisão exequenda determinar o pagamento integral e autorizar, a requerimento do credor e **exclusivamente para os casos de preterimento de seu direito de precedência ou de não alocação orçamentária do valor necessário à satisfação do seu débito**, o sequestro da quantia respectiva. (Grifos nossos.)

Portanto, duas são as situações:

- preterimento do direito de precedência;
- não alocação orçamentária do valor necessário à satisfação do débito.

Vide ainda os arts. 78, § 4º, e 97, § 10, I, ambos do ADCT, que trazem outras hipóteses.

Por último, sempre importante lembrar que o não pagamento de precatório, que, ao fim, é uma ordem judicial, pode ensejar intervenção federal ou estadual, conforme os arts. 34, VI, e 35, IV.

A EC nº 113/2021 acrescentou dois parágrafos ao art. 100. São eles:

§ 21 Ficam a União e os demais entes federativos, nos montantes que lhes são próprios, desde que aceito por ambas as partes, autorizados a utilizar valores objeto de sentenças transitadas em julgado devidos a pessoa jurídica de direito público para amortizar dívidas, vencidas ou vincendas:

I – nos contratos de refinanciamento cujos créditos sejam detidos pelo ente federativo que figure como devedor na sentença de que trata o *caput* deste artigo;

II – nos contratos em que houve prestação de garantia a outro ente federativo;

III – nos parcelamentos de tributos ou de contribuições sociais; e

IV – nas obrigações decorrentes do descumprimento de prestação de contas ou de desvio de recursos.

§ 22 A amortização de que trata o § 21 deste artigo:

I – nas obrigações vencidas, será imputada primeiramente às parcelas mais antigas;

II – nas obrigações vincendas, reduzirá uniformemente o valor de cada parcela devida, mantida a duração original do respectivo contrato ou parcelamento.

8.4.3.10 *Súmula Vinculante*

A EC nº 45/2004, com o intuito de mitigar ou até mesmo resolver o problema da morosidade da prestação jurisdicional, causado não apenas pelo decurso do tempo, mas também pelas divergências de posicionamentos judicias, criou a figura da súmula vinculante.

Prevista no art. 103-A da CF/1988, assim está disposta:

Art. 103-A. O **Supremo Tribunal Federal** poderá, **de ofício ou por provocação,** mediante **decisão de dois terços dos seus membros, após reiteradas decisões sobre matéria constitucional,** aprovar súmula que, a partir de sua publicação na imprensa oficial, terá **efeito vinculante** em relação aos demais órgãos do Poder Judiciário e à administração pública direta e indireta, nas esferas federal, estadual e municipal, bem como proceder à sua revisão ou cancelamento, na forma estabelecida em lei.

§ 1º A súmula terá por objetivo a validade, a interpretação e a eficácia de normas determinadas, acerca das quais haja controvérsia atual entre órgãos judiciários ou entre esses e a administração pública que acarrete grave insegurança jurídica e relevante multiplicação de processos sobre questão idêntica.

§ 2º Sem prejuízo do que vier a ser estabelecido em lei, **a aprovação, revisão ou cancelamento de súmula poderá ser provocada por aqueles que podem propor a ação direta de inconstitucionalidade.**

§ 3º **Do ato administrativo ou decisão judicial que contrariar a súmula** aplicável ou que indevidamente a aplicar, **caberá reclamação ao Supremo Tribunal Federal** que, julgando-a procedente, anulará o ato administrativo ou cassará a decisão judicial reclamada, e determinará que outra seja proferida com ou sem a aplicação da súmula, conforme o caso. (Grifos nossos.)

A lei que regula a matéria é a Lei nº 11.417/2006.

Vale registrar que o STF passou a admitir o controle da constitucionalidade das súmulas via ADPF.

9

Das Funções Essenciais à Justiça

9.1 Introdução

O Poder Judiciário é inerte, ou seja, depende de provocação para sua atuação, com vistas a resguardar a sua imparcialidade e o próprio equilíbrio ante os demais Poderes, visto que é capaz de impor obrigações aos demais, no exercício de sua função típica, qual seja, a judicial.

Dessa feita, a CF/1988 cuidou das instituições que atuam perante o Poder Judiciário, ante a imprescindibilidade desses atores ao próprio funcionamento da Justiça. São eles: o Ministério Público; a Advocacia Pública; a Advocacia Privada; a Defensoria Pública.

9.2 O Ministério Público

O Ministério Público é tratado a partir do art. 127 da CF/1988. É instituição permanente, essencial à função jurisdicional do Estado, incumbindo-lhe a defesa da ordem jurídica, do regime democrático e dos interesses sociais e individuais indisponíveis.

Compreende o Ministério Público, conforme o art. 128:

> Art. 128. O Ministério Público abrange:
>
> I – o **Ministério Público da União**, que compreende:
>
> a) o Ministério Público Federal;
>
> b) o Ministério Público do Trabalho;
>
> c) o Ministério Público Militar;
>
> d) o Ministério Público do Distrito Federal e Territórios;
>
> II – os **Ministérios Públicos dos Estados.**
>
> (...) (Grifos nossos.)

No que se refere ao Ministério Público do Distrito Federal e Territórios, é sempre bom lembrar que cabe à União organizar e mantê-lo, conforme o art. 21, XIII.

Atenção!

A Constituição não previu o Ministério Público eleitoral como um órgão de estrutura e carreira próprias, inserido especificamente em um dos entes políticos da Federação.

Isso se deve por ter uma estrutura mista, composta por membros do Ministério Público Federal e do Ministério Público Estadual.

O Ministério Público, ainda que admitida por alguns doutrinadores sua vinculação ao Poder Executivo, é um órgão independente e autônomo na sua atuação e própria estruturação.

Possui autonomia financeira e administrativa e é regido por princípios próprios: da unidade, da indivisibilidade, da independência funcional e da irredutibilidade dos subsídios.

O princípio da unidade preceitua que seus membros integram um único órgão, regido por um único chefe, no caso, o Procurador-Geral.

O princípio da indivisibilidade significa que os membros não se vinculam aos processos nos quais atuam, podendo ser substituídos uns pelos outros, sem que isso implique qualquer prejuízo ou nulidade ao processo.

O princípio da independência funcional confere liberdade na atuação do membro do Ministério Público, estando ele apenas submetido a Constituição, leis e consciência própria.

Quanto à irredutibilidade de subsídios, aplica-se o já exposto para os membros da Magistratura: é a nominal.

Apesar de não expresso na CF/1988, o STF reconhece o princípio do promotor natural, sendo ele um desdobramento do próprio princípio do juiz natural, vez que o acusado deve ser julgado e **processado** por um órgão pré-constituído, vedando-se designações casuísticas, traduzidas na figura do chamado "promotor *ad hoc*", ou "promotor por encomenda", ou "acusador de exceção". *Vide* o HC nº 67.759.

O STF reconhece as seguintes práticas, sem ofensa ao referido princípio:

- posterior oferta de denúncia por um membro do Ministério Público, ainda que haja pedido de arquivamento de inquérito policial por outro, em casos de juízo improcedente do pedido e uso do art. 28 do CPP (HC nº 92.885);
- designação, pelo Chefe da instituição, de outro membro para funcionar em feito determinado, de atribuição do membro natural e estando ele de acordo, contanto que seja devidamente motivada a designação e razoável o motivo (HC nº 103.038);

- possibilidade de delegação de atribuição do PGR ao Subprocurador-Geral da República, para oferta de denúncia no STJ (ADI n° 2.913).

As funções do Ministério Público estão fixadas no art. 129 da CF/1988 e se trata de rol não exaustivo, tendo em vista o que consta do inciso IX do referido artigo. Essa a razão, inclusive, de o STF ter reconhecido, com base na Teoria dos Poderes Implícitos, o poder de investigação do Ministério Público. Segundo a referida teoria, uma vez que a Constituição atribui competências, funções e poderes, implicitamente, atribui os meios para o exercício do mister.

O STF reconhece ampla possibilidade de os Ministérios Públicos Estaduais postularem diretamente na Corte, inclusive realizando sustentação oral, vez que esses órgãos não se sujeitam administrativa e/ou institucionalmente à Chefia do Ministério Público da União; nesses casos, o PGR atuará como *custos legis*. O tema foi tratado no RE n° 593.727.

Aos membros do Ministério Público também é vedado:

- receber, a qualquer título e sob qualquer pretexto, honorários, percentagens ou custas processuais;
- exercer a advocacia;
- participar de sociedade comercial, na forma da lei;
- exercer, ainda que em disponibilidade, qualquer outra função pública, salvo uma de magistério;
- exercer atividade político-partidária;
- receber, a qualquer título ou pretexto, auxílios ou contribuições de pessoas físicas, entidades públicas ou privadas, ressalvadas as exceções previstas em lei;
- exercer a advocacia no juízo ou tribunal do qual se afastou, antes de decorridos três anos do afastamento do cargo por aposentadoria ou exoneração.

O ingresso na carreira do Ministério Público far-se-á mediante concurso público de provas e títulos, assegurada a participação da OAB em sua realização, exigindo-se do bacharel em Direito, no mínimo, três anos de atividade jurídica e observando-se, nas nomeações, a ordem de classificação.

O Ministério Público da União tem por chefe o PGR, nomeado pelo Presidente da República dentre integrantes da carreira, maiores de 35 anos, após a aprovação de seu nome pela maioria absoluta dos membros do Senado Federal, para mandato de dois anos, permitida a recondução.

A destituição do PGR, por iniciativa do Presidente da República, deverá ser precedida de autorização da maioria absoluta do Senado Federal.

Os Ministérios Públicos dos Estados e o do Distrito Federal e Territórios formarão lista tríplice dentre integrantes da carreira, na forma da lei respectiva, para escolha de seu Procurador-Geral, que será nomeado pelo Chefe do Poder Executivo, para mandato de dois anos, permitida uma recondução.

Atenção!

O art. 130 da CF/1988 atribui aos membros dos Ministérios Públicos de atuação vinculada aos Tribunais de Contas as mesmas disposições pertinentes a direitos, vedações e forma de investidura atribuídas aos membros do Ministério Público contidos no art. 128. Não obstante, esse não é um órgão que faz parte da composição estabelecida no art. 128!

O órgão de fiscalização nacional dos Ministérios Públicos é o CNMP, previsto no art. 130-A da CF/1988.

Compõe-se de **14** membros nomeados pelo Presidente da República, depois de aprovada a escolha pela maioria absoluta do Senado Federal, para um mandato de dois anos, admitida uma recondução, sendo:

- PGR, que o preside;
- quatro membros do Ministério Público da União, assegurada a representação de cada uma de suas carreiras;
- três membros do Ministério Público dos Estados;
- dois juízes, indicados, um pelo STF e outro pelo STJ;
- dois advogados, indicados pelo Conselho Federal da OAB;
- dois cidadãos de notável saber jurídico e reputação ilibada, indicados um pela Câmara dos Deputados e outro pelo Senado Federal.

A competência do CNMP está prevista no art. 130-A, § 2°, da CF/1988. Conforme entendimento do STF, compete ao órgão do CNMP solucionar conflitos de atribuição entre ministérios públicos diversos (Pet n° 4.891 – antes, entendia o STF competir ao PGR).

Segundo o STF, tendo em vista a autonomia do órgão do Ministério Público, é inconstitucional emenda à Constituição estadual que cuida tanto de normas gerais para a organização do Ministério Público dos Estados quanto de atribuições dos órgãos e membros do *parquet* estadual (ADIs n°s 5.281 e 5.324).

Quanto aos servidores do Ministério Público, o STF analisou a proibição do exercício da advocacia a esse e afirmou que são constitucionais as restrições ao exercício da advocacia aos servidores do Poder Judiciário e do Ministério Público, previstas nos arts. 28, IV, e 30, I, da Lei n° 8.906/1994 (1), e no art. 21 da Lei n° 11.415/2006 (2) (ADI n° 5.235).

9.3 Advocacia Pública

A Advocacia-Geral da União é a instituição que, diretamente ou por meio de órgão vinculado, representa a União, judicial e extrajudicialmente, cabendo-lhe, nos termos da lei complementar que dispuser sobre sua organização e funcionamento, as atividades de consultoria e assessoramento jurídico do Poder Executivo, conforme o art. 131.

No que se refere à União, a Advocacia-Geral da União é composta pela Procuradoria-Geral da União, pela Procuradoria-Geral da Fazenda Nacional, pela Procuradoria-Geral Federal e pela Procuradoria-Geral do Banco Central.

Nos Estados, Distrito Federal e Municípios, pelas suas respectivas Procuradorias Gerais.

A advocacia privada não é vedada pela CF/1988 aos membros da Advocacia Pública, restando às leis de organização da carreira de cada ente disciplinar essa possibilidade ou não. Obviamente, ainda que haja permissão, é razoável que os membros não litiguem em face da pessoa jurídica de direito público à qual pertençam. Essa a razão pela qual em alguns entes federativos o membro da advocacia pública pode advogar privadamente e em outros, não.

Quando atua como parecerista, o membro da advocacia pública não pode, automaticamente, ser responsabilizado pela sua opinião, conforme jurisprudência do STF. Há a necessidade de verificação de culpa em sentido amplo para tanto. *Vide* o MS nº 24.073.

9.4 Advocacia

Nos termos do art. 133 da CF/1988, o advogado é indispensável à administração da justiça, sendo inviolável por seus atos e manifestações no exercício da profissão, nos limites da lei.

A Constituição Federal, além da previsão específica acima, em todo o seu texto trata da atuação dos advogados, seja na composição de órgãos públicos, como o CNJ e o CNMP, seja em sua própria atuação, como o direito de ser comunicado da prisão daquele que presta ou eventualmente prestará assistência.

Apesar de sua indispensabilidade, na atuação junto aos Juizados Especiais, o advogado pode ter sua presença dispensada, conforme previsão em lei, sem qualquer ofensa à Constituição, conforme entendimento do STF.

Sobre direito do advogado, na sua atuação, a **Súmula Vinculante nº 14** do STF preceitua:

> É direito do defensor, no interesse do representado, ter acesso amplo aos elementos de prova que, já documentados em procedimento investigatório realizado por órgão com competência de polícia judiciária, digam respeito ao exercício do direito de defesa.

Quanto à OAB, na ADI nº 3.026 o STF assentou que não se trata de entidade pertencente à administração direta ou indireta da União, sendo uma entidade autônoma e independente. Trata-se de "serviços público independente", inclusive gozando de imunidade tributária recíproca quanto aos seus bens, rendas e serviços.

Por fim, o STF, ao julgar o RE nº 603.583, declarou a constitucionalidade de exigência de submissão ao Exame de Ordem do bacharel em Direito para ingresso nos quadros da OAB.

9.5 Defensoria Pública

A Defensoria Pública é instituição permanente, essencial à função jurisdicional do Estado, incumbindo-lhe, como expressão e instrumento do regime democrático, fundamentalmente, a orientação jurídica, a promoção dos direitos humanos e a defesa, em todos os graus, judicial e extrajudicial, dos direitos individuais e coletivos, de forma integral e gratuita, aos necessitados, na forma do inciso LXXIV do art. 5° desta Constituição Federal.

A lei complementar que atende às determinações do art. 134, § 1°, é a LC n° 80/1994 e suas devidas alterações, especialmente as contidas na LC n° 132/2009.

Às Defensorias Públicas da União e do Distrito Federal e às Defensorias Públicas Estaduais são asseguradas autonomia funcional e administrativa e a iniciativa de sua proposta orçamentária dentro dos limites estabelecidos na Lei de Diretrizes Orçamentárias e subordinação ao disposto no art. 99, § 2° (art. 134, §§ 2° e 3°).

São princípios institucionais da Defensoria Pública a unidade, a indivisibilidade e a independência funcional, aplicando-se também, no que couber, o disposto no art. 93 e no inciso II do art. 96 desta CF/1988. No que se refere ao conteúdo dos referidos princípios institucionais, aplicam-se as mesmas considerações feitas quando do tratamento do Ministério Público.

Atenção!

O membro da Defensoria Pública não goza de vitaliciedade, mas de **estabilidade**. Portanto, seu prazo de estágio probatório é de três anos, e não de dois, diferentemente dos membros da Magistratura e do Ministério Público. A regra está prevista na LC n° 80/1994, arts. 43, 88 e 127 c/c o art. 41 da CF/1988.

Portanto, a perda do cargo pode se dar:

- por meio de sentença judicial transitada em julgado;
- por meio de processo administrativo em que seja assegurada ampla defesa;

- por meio de procedimento de avaliação periódica de desempenho.

No que se refere à necessidade de inscrição na OAB, o STJ, ao julgar o RHC n° 61.848, entendeu pela desnecessidade de o Defensor ser inscrito na Ordem; o tema é um dos objetos de discussão da ADI n° 4.636, ainda pendente de julgamento; entretanto, ao julgar o RE n° 1.240.999, o STF decidiu acerca da desnecessidade do Defensor Público ser inscrito na OAB para que possa atuar, tendo por inconstitucional a exigência, em face da relevância da função do Defensor Público e em vista de sua capacidade postulatória decorrer diretamente da CF/1988 ("É inconstitucional a exigência de inscrição do Defensor Público nos quadros da Ordem dos Advogados do Brasil" – Tema n° 1.074 RG).

Alguns entendimentos firmados pelo STF acerca das Defensorias Públicas:

- o prazo em dobro no processo penal é norma "ainda constitucional" e vale enquanto a Defensoria Pública não estiver instalada de forma eficaz e paritária ao Ministério Público (HC n° 70.514);
- procurador de estado que atue como defensor público goza da prerrogativa do prazo em dobro (HC n° 73.310);
- a prerrogativa da intimação pessoal não se aplica no rito dos Juizados Especiais;
- o Defensor Público não pode exercer advocacia privada (ADI n° 3.043);
- é inconstitucional norma de constituição estadual que estende o foro por prerrogativa de função a autoridades não contempladas pela Constituição Federal de forma expressa ou por simetria (ADIs n°s 6.501; 6.508; 6.515; 6.516) – aqui, para toda e qualquer carreira não contemplada pela CF/1988.

10

Da Defesa do Estado e das Instituições Democráticas

10.1 Introdução

A CF/1988 previu medidas de exceção em caso de crise constitucional, que desestabilize a ordem jurídica e política traçada por ela: são os Estados de Defesa e de Sítio, previstos nos arts. 136 e 137 da CF/1988.

O que caracteriza o Estado de Defesa e o Estado de Sítio é a excepcionalidade dessas medidas, a temporariedade e a possibilidade de suspensão de alguns direitos e garantias fundamentais e locais determinados, com a finalidade de restabelecer a ordem.

Trata-se do "sistema constitucional de crises" que, adiante-se, nada tem de arbitrário, visto que os entes federativos devem obediência às normas constitucionais que tratam do referido sistema. Portanto, são seus requisitos: a necessidade da medida; a temporalidade dela; a estrita observação do texto constitucional.

Atente-se que a maior parte das normas constitucionais do capítulo são regras constitucionais, e não princípios.

10.2 Estado de Defesa

Previsto no art. 136 da CF/1988.

O **Presidente da República** pode, **ouvidos o Conselho da República e o Conselho de Defesa Nacional**, decretar estado de defesa **para preservar** ou prontamente **restabelecer, em locais restritos e determinados, a ordem pública ou a paz social ameaçadas por grave e iminente instabilidade institucional ou atingidas por calamidades de grandes proporções na natureza.**

Observe que, por ser uma medida mais branda, o Estado de Defesa não necessita de autorização **prévia** do Congresso Nacional, mas apenas controle posterior (art. 136, § 4º). Já a **manifestação prévia dos Conselhos é obrigatória**, sob pena de vício de inconstitucionalidade do decreto!

Ainda, basta que a ordem pública e a paz social estejam ameaçadas (não o agravo consumado) por grave e iminente (que não aconteceu ainda, mas está prestes a acontecer) instabilidade institucional autorizam a medida.

Quanto à calamidade, **não é qualquer** uma que autoriza o decreto, **mas a de grandes proporções na natureza!**

Prazo: até 30 dias, prorrogável por igual período, se as razões de seu decreto persistirem.

Local: restrito e determinado. Situação de repercussão nacional, é o caso de Estado de Sítio, como veremos adiante.

Medidas autorizadas: restrições (note que não se trata de suspensão dos direitos) aos direitos de reunião, ainda que exercida no seio das associações; sigilo de correspondência; sigilo de comunicação telegráfica e telefônica.

Pode haver também a ocupação e o uso temporário de bens e serviços públicos (ou seja, de outros entes federativos), **na hipótese de calamidade pública, respondendo a União pelos danos e custos decorrentes.** O dever de responsabilidade do Estado não se exclui em face da situação excepcional, e essa medida só se autoriza no caso de calamidade de grandes proporções!

Controle: político e jurisdicional. O político, realizado pelo Congresso Nacional na forma do art. 136, § 4º, e, sendo rejeitado, cessa imediatamente (§ 7º); durante a execução do Estado de Defesa e, posteriormente, quando o Presidente relata ao Congresso as medidas adotadas.

O controle jurisdicional é o de legalidade, e sempre posteriormente.

10.3 Estado de Sítio

O art. 137 da CF/1988, quanto ao Estado de Sítio, define que

> o **Presidente da República pode**, ouvidos o Conselho da República e o Conselho de Defesa Nacional, solicitar ao Congresso Nacional autorização para decretar o estado de sítio nos casos de **comoção grave de repercussão nacional** ou ocorrência de fatos que comprovem a **ineficácia de medida tomada durante o estado de defesa**; declaração de **estado de guerra ou resposta a agressão armada estrangeira** (grifos nossos.).

Note que a atuação dos Conselhos, da mesma forma que no Estado de Defesa, é opinativa. Já no que diz respeito à atuação do Congresso Nacional, a situação é outra: ele precisa autorizar o Presidente da República ao decreto de Sítio. **O controle do Congresso Nacional no Estado de Sítio é prévio!** Atente-se a isso nas provas!

Prazo: aqui são dois prazos, a depender da hipótese.

- Se o Estado de Sítio for decretado com base nos casos de **comoção grave de repercussão nacional** ou ocorrência de fatos que comprovem a **ineficácia de medida tomada durante o estado de defesa: até 30 dias** e a prorrogação, **a cada vez** (o que permite a prorrogação em mais de uma vez), não pode se dar em prazo superior.
- No caso de estado de guerra ou resposta a agressão armada estrangeira, por **todo tempo que perdurar a guerra ou a agressão**. Essas regras estão no § 1º do art. 138.

Local: ser**á especificado após o decreto do Estado de Sítio**, conforme a necessidade, visto que se trata de situação de abrangência nacional. Difere do decreto de Estado de Defesa, que já deve trazer a área especificada de atuação das medidas.

Medidas coercitivas: na vigência do estado de sítio decretado com fundamento no art. 137, I, só poderão ser tomadas contra as pessoas as seguintes medidas:

- obrigação de permanência em localidade determinada;
- detenção em edifício não destinado a acusados ou condenados por crimes comuns;
- restrições relativas à inviolabilidade da correspondência, ao sigilo das comunicações, à prestação de informações e à liberdade de imprensa, radiodifusão e televisão, na forma da lei (não se inclui nas restrições a difusão de pronunciamentos de parlamentares efetuados em suas Casas Legislativas, desde que liberada pela respectiva Mesa);
- **suspensão da liberdade de reunião;**

- busca e apreensão em domicílio;
- intervenção nas empresas de serviços públicos;
- requisição de bens.

Atenção!

Quanto às medidas com base na segunda hipótese autorizada, qual seja, estado de guerra ou resposta a agressão armada, a Constituição não definiu as medidas autorizadas; significa dizer que outras, além das descritas, se necessárias e mais amplas, podem ser adotadas, contanto que haja justificação a adoção; aprovação pelo Congresso Nacional, e estejam no decreto de Estado de Sítio.

Controle: o controle político é realizado prévia, concomitante e sucessivamente pelo Congresso Nacional.

O controle jurisdicional é o de legalidade, e sempre posteriormente, quando provocado.

10.4 Forças Armadas

A competência de atuação das Forças Armadas é subsidiária, uma vez que a atuação em segurança é reservada, ordinariamente e de forma principal, às polícias federal, e civis e militares dos Estados e do Distrito Federal.

Segundo o art. 142, *caput*, CF/1988,

> as Forças Armadas, constituídas pela Marinha, pelo Exército e pela Aeronáutica, são instituições nacionais permanentes e regulares, organizadas com base na hierarquia e na disciplina, sob a autoridade suprema do Presidente da República, e **destinam-se à defesa da Pátria, à garantia dos poderes constitucionais e, por iniciativa de qualquer destes, da lei e da ordem** (grifos nossos).

Qualquer dos Poderes da República, sob a autoridade suprema do Presidente da República, pode invocar as Forças Armadas para manutenção da lei e da ordem.

Embora os Comandantes do Exército, da Marinha e da Aeronáutica não sejam Ministros de Estado nos termos estritos, possuem foro por prerrogativa de função: nos crimes de responsabilidade e comuns, são julgados pelo STF (art. 102, I, c); já nos crimes de responsabilidade conexos com o Presidente da República, o julgamento é perante o Senado Federal (art. 52, I).

A CF/1988, excetuando a regra da universalidade do *habeas corpus* em qualquer caso em que a liberdade de locomoção esteja ameaçada, determina que não caberá *habeas corpus* em relação a punições disciplinares militares, em seu § 2º do art. 142. O STF, interpretando a regra, por sua vez, afirmou que essa impossibilidade se restringe ao **mérito** da medida, não acerca de sua legalidade; nesse caso, pode ser impetrado para que se verifique a legalidade da medida aplicada, como competência da autoridade que aplicou (RHC nº 88.543).

Ao militar são proibidas sindicalização e greve.

O serviço militar é obrigatório nos termos da lei, **salvo às mulheres e aos eclesiásticos em tempos de paz**, podendo se sujeitar a outros encargos que a lei lhes atribuir (art. 143).

Por fim, o STF firmou entendimento de que o serviço militar obrigatório pode ser remunerado em valor inferior ao salário-mínimo; segundo a Corte, os conscritos não se aperfeiçoam em sua definição ao contido no art. 7º, IV, da CF/1988, por essa razão, podem receber aquém do mínimo legal. Eis o enunciado da **Súmula Vinculante nº 6** do STF: "Não viola a Constituição o estabelecimento de remuneração inferior ao salário mínimo para as praças prestadoras de serviço militar inicial".

10.5 Segurança Pública

A CF/1988, em seu art. 144, preceitua que a segurança é dever do Estado, porém, **direito e responsabilidade** de todos:

> Art. 144. A segurança pública, dever do Estado, direito e responsabilidade de todos, é exercida para a preservação da ordem pública e da incolumidade das pessoas e do patrimônio, através dos seguintes órgãos:
>
> I – polícia federal;
>
> II – polícia rodoviária federal;
>
> III – polícia ferroviária federal;
>
> IV – polícias civis;
>
> V – polícias militares e corpos de bombeiros militares.
>
> VI – polícias penais federal, estaduais e distrital.

O inciso VI foi inserido pela EC nº 104/2019 e transformou os antigos agentes penitenciários, responsáveis pela ordem e disciplina nos presídios, em policiais penais.

O STF entende que essa lista de agentes responsáveis pela segurança pública é taxativa, não podendo os outros entes federativos criar outras carreiras ou órgãos incumbidos da tarefa (ADI nº 1.182 e, recentemente, ADI nº 3.996).

O art. 144, § 8º permite às municipalidades criarem sua guarda com o intuito de protegerem seus bens, serviços e instalações, ou seja, com a finalidade de proteger seu patrimônio, como evitar a depredação de uma praça; não se trata do exercício de polícia de segurança pública ostensiva (militares, segundo § 5º) e judiciária (civis e federal, respectivamente, §§ 4º e 1º, IV).

Conforme definido pelo STF, é inconstitucional a restrição do porte de arma de fogo aos integrantes de guardas municipais das capitais dos Estados e dos Municípios com mais de 500.000 (quinhentos mil) habitantes e de guardas municipais dos Municípios com mais de 50.000 (cinquenta mil) e menos de 500.000 (quinhentos mil) habitantes, quando em serviço (ADC n° 38, ADIs n°s 5.538 e 5.948).

Atente-se que as funções da Polícia Federal estão descritas no próprio texto constitucional, § 1°:

> Art. 144. (...)
>
> § 1° A polícia federal, instituída por lei como órgão permanente, organizado e mantido pela União e estruturado em carreira, destina-se a:
>
> I – apurar infrações penais contra a ordem política e social ou em detrimento de bens, serviços e interesses da União ou de suas entidades autárquicas e empresas públicas, assim como outras infrações cuja prática tenha repercussão interestadual ou internacional e exija repressão uniforme, segundo se dispuser em lei;
>
> II – prevenir e reprimir o tráfico ilícito de entorpecentes e drogas afins, o contrabando e o descaminho, sem prejuízo da ação fazendária e de outros órgãos públicos nas respectivas áreas de competência;
>
> III – exercer as funções de polícia marítima, aeroportuária e de fronteiras;
>
> IV – exercer, com exclusividade, as funções de polícia judiciária da União.

Atenção!

Uma vez que não é da competência da Justiça Federal julgar crimes praticados em detrimento de bens, serviços e interesses de sociedade de economia mista da qual a União participe, também não compete à Polícia Federal investigá-los. Compete à Polícia Civil!

Situação que merece destaque é a do Distrito Federal: compete à União organizar e manter a polícia civil, a polícia penal, a polícia militar e o corpo de bombeiros militar do Distrito Federal, bem como prestar assistência financeira ao Distrito Federal para a execução de serviços públicos, por meio de fundo próprio. Em face disso, nos termos do art. 32, § 4°, lei federal disporá sobre a utilização, pelo Governo do Distrito Federal, da polícia civil, da polícia penal, da polícia militar e do corpo de bombeiros militar.

Sobre esse último tema, segundo o STF, compete privativamente à União legislar sobre vencimentos dos membros das polícias civis e militar do Distrito Federal (Súmula n° 647). O entendimento deve se estender à polícia penal do Distrito Federal. Ainda, **Súmula Vinculante n° 39**: "Compete privativamente à União legislar sobre vencimentos dos membros das polícias civil e militar e do corpo de bombeiros militar do Distrito Federal".

Ainda, na ADI n° 2.587, o STF assentou o entendimento de que é vedada a outorga de foro por prerrogativa de função a delegados de polícia. Em outra ADI, a de n° 3.614, declarou que não se pode atribuir a função de atendimento em delegacia de polícia, a policiais militares, em municipalidade que não dispõe de servidor de carreira para o desempenho das atribuições de delegado de polícia.

11

Sistema Tributário Nacional

11.1 Introdução

A Constituição Federal trata do Sistema Tributário Nacional (STN), especificamente, em seus arts. 145 a 162. Isso, entretanto, não quer dizer que o faz apenas nesse Capítulo I, do Título "Da Tributação e do Orçamento"; há outras regras tributárias soltas na Constituição, como a imunidade de taxa para o beneficiário de assistência judiciária gratuita (art. 5º, LXXIV); requisitos da alíquota da contribuição de intervenção no domínio econômico relativa às atividades de importação ou comercialização de petróleo e seus derivados, gás natural e seus derivados e álcool combustível (art. 177, § 4º), dentre outras.

A lei complementar de que trata o art. 146, I, II e III, da CF/1988 é o CTN, que é uma lei originalmente ordinária (Lei nº 5.172/1966), mas que foi recepcionada, em face da teoria da recepção, em sua maior parte, pela Constituição, com a manutenção do *status* de lei complementar conferido pela CF/1967, visto que para a verificação de recepção ou não (revogação) de lei em nosso sistema novo, apenas importa a análise do conteúdo da lei, ou seja, do seu aspecto material.

O art. 34 do ADCT determinou o momento de vigência do STN traçado pela Constituição Federal: a partir do primeiro dia do quinto mês seguinte ao da promulgação da Constituição, mantido, até então, o da CF/1967, com a redação dada pela Emenda nº 1, de 1969, e pelas posteriores. Interessante saber, pois isso já foi questionado em provas que cobram a matéria de Direito Constitucional Tributário com um pouco mais de requinte; assim, em que pese a CF/1988 não ter possuído *vacatio constitutionis*, alguns de seus dispositivos tiveram.

Passemos a vê-lo em suas linhas mais importantes, em face do intuito da presente obra.

11.2 Competência e espécies tributárias

A competência tributária é um poder de exercício juridicamente facultativo, que a Constituição Federal confere a cada ente federativo de instituir, por meio de lei, as espécies tributárias que lhes foram atribuídas.

Atenção!

A Constituição Federal **não cria** tributos! Ela apenas distribui a competência tributária a cada ente federativo, para que eles instituam seus tributos e assim possam implementar a autonomia financeira que o mesmo texto constitucional lhes reconhece.

A competência tributária pode ser legislativa e administrativa (fiscalizar, arrecadar, executar normas, cobrar, autuar por infrações); quando a Constituição defere a competência legislativa, automaticamente confere a competência administrativa.

A competência administrativa também é conhecida como capacidade ativa tributária, conforme art. 7º do CTN, podendo ser delegada; o que não pode ocorrer no caso da competência legislativa tributária.

A competência para legislar sobre Direito Tributário, como não poderia deixar de ser, é concorrente, nos termos do art. 24 c/c o art. 30, I e III, da CF/1988. Cabe à União instituir as normas gerais, no caso o CTN, que é tido, como classificam alguns doutrinadores e já mencionado em julgados do STF, como uma lei nacional (diverso de uma lei federal, que limitaria seu conteúdo apenas à União).

Ainda acerca das competências, o art. 146, III, *d*, c/c seu parágrafo único, determina o tratamento tributário diferenciado para microempresas e empresas de pequeno porte; o sistema foi instituído pela LC nº 123/2006. Note que esse tratamento diferenciado é uma exigência constitucional, ligada ao próprio desenvolvimento econômico do país, conforme o art. 179 da CF/1988.

O constituinte percebeu que o Direito Tributário não se trata de mero ramo do Direito a regular a relação jurídica entre Estado, sujeito ativo e tributante, e contribuinte, sujeito passivo e tributado; o Direito Tributário e, assim, a tributação, podem ser meios de proteção e incentivo à ordem econômica – *vide* impostos de importação e exportação e incentivos fiscais; não por outra razão, o art. 146-A assim determina: "Lei complementar poderá estabelecer critérios especiais de tributação, com o objetivo de prevenir desequilíbrios da concorrência, sem prejuízo da competência de a União, por lei, estabelecer normas de igual objetivo".

Atenção!

Observe que as normas gerais tributárias, determinadas pela Constituição, são da espécie de lei complementar!

As espécies tributárias comuns a todos os entes federativos estão previstas no art. 145 da CF/1988. São elas:

Art. 145. A União, os Estados, o Distrito Federal e os Municípios poderão instituir os seguintes tributos:

I – **impostos**;

II – **taxas**, em razão do exercício do poder de polícia ou pela utilização, efetiva ou potencial, de serviços públicos específicos e divisíveis, prestados ao contribuinte ou postos a sua disposição;

III – **contribuição de melhoria**, decorrente de obras públicas. (Grifos nossos.)

As demais espécies tributárias estão previstas nos arts. 148, 149 e 149-A.

O art. 148 trata dos empréstimos compulsórios e suas hipóteses de instituição, o que não se confunde com seu fato gerador! Na Constituição, estão elencadas apenas as situações que autorizam a instituição da referida espécie tributária. Observe: é "para atender..." que o inciso I diz; da mesma forma, no II, "no caso..." ou seja, na situação. A competência para instituí-los, verificada uma das situações dos incisos I e II, é da União.

O art. 149 da CF/1988 especifica as contribuições e as suas finalidades: contribuições sociais, de intervenção no domínio econômico e de interesse das categorias profissionais ou econômicas, como **instrumento de sua atuação nas respectivas áreas**.

Atenção!

Com exceção do art. 149, § 1º, que trata das contribuições para o regime próprio de previdência de cada ente federativo (RPPS) – como não poderia deixar de ser em face da autonomia de cada um! – as demais contribuições são de competência de instituição da União.

O art. 149-A prevê a chamada contribuição para o custeio de iluminação pública (COSIP), de competência para instituição de Municípios e Distrito Federal.

Tendo em vista essas previsões constitucionais, em que pese o CTN, em seu art. 5º, apenas ter previsto três espécies tributárias (as mesmas do art. 145), adotando (o CTN!) a Teoria Tripartida das espécies tributárias, pós-Constituição de 1988 é assente na doutrina e na jurisprudência do STF que cinco são as espécies tributárias, adotando a Corte a Teoria Quinquipartida:

- impostos;
- taxas;   } art. 145 da CF/1988
- contribuições de melhoria;
- empréstimos compulsórios; ➡ art. 148 da CF/1988
- contribuições. ➡ art. 149, *caput* e § 1º; art. 149-A

Competência para instituição:

UNIÃO	ESTADOS	DISTRITO FEDERAL	MUNICÍPIOS
Impostos	Impostos	Impostos	Impostos
Taxas	Taxas	Taxas	Taxas
Contribuições de melhoria	Contribuições de melhoria	Contribuições de melhoria	Contribuições de melhoria
Empréstimos compulsórios	X	X	X
Contribuições Previdenciárias (RGPS e RPPS)	Contribuições Previdenciárias apenas seu RPPS	Contribuições Previdenciárias apenas seu RPPS	Contribuições Previdenciárias apenas seu RPPS
CIDE	X	X	X
Contribuição de categorias profissionais	X	X	X
X	X	COSIP	COSIP

Tendo em vista a autonomia tributária conferida aos entes federativos pelo constituinte, nos limites por si traçados, é de se reconhecer que não há qualquer relação de sobreposição ou preferência sobre aqueles; com base nesse entendimento, o STF ao julgar a ADPF nº 357, declarou que o concurso de preferência entre os entes federados na cobrança judicial dos créditos tributários e não tributários, previsto no parágrafo único do art. 187 da Lei nº 5.172/1966 (CTN) e no parágrafo único do art. 29 da Lei nº 6.830/1980 (Lei de Execuções Fiscais – LEF), **não foi recepcionado** pela CF/1988.

11.2.1 Impostos

São as únicas espécies discriminadas na Constituição, sendo delineados no próprio texto constitucional os fatos econômicos e as bases econômicas tributáveis.

Trata-se de competência comum na instituição, pois todos os entes a detêm, mas **privativa na sua especificação constitucional**, pois cada ente só poderá instituir o imposto em face do fato econômico e da base econômica que lhe tenham sido atribuídos pela CF/1988. Portanto, União, Estados, Distrito Federal e Municípios podem instituir impostos, pois essa competência lhes é comum; mas jamais a União poderá instituir, por exemplo, o Imposto sobre a Propriedade de Veículos Automotores (IPVA), pois essa competência especificada é privativa dos Estados-membros.

As competências privativas de instituição de impostos estão assim distribuídas:

UNIÃO (arts. 153 e 154 da CF/1988)	ESTADOS (art. 155)	DISTRITO FEDERAL (art. 155)	MUNICÍPIOS (art. 156) e DISTRITO FEDERAL (arts. 156 c/c art. 147)
Importação de produtos estrangeiros – II	Transmissão *causa mortis* e doação, de quaisquer bens ou direitos – ITCMD	Transmissão *causa mortis* e doação, de quaisquer bens ou direitos – ITCMD	Propriedade predial e territorial urbana – IPTU
Exportação, para o exterior, de produtos nacionais ou nacionalizados – IE	Operações relativas à circulação de mercadorias e sobre prestações de serviços de transporte interestadual e intermunicipal e de comunicação, ainda que as operações e as prestações se iniciem no exterior – ICMS	Operações relativas à circulação de mercadorias e sobre prestações de serviços de transporte interestadual e intermunicipal e de comunicação, ainda que as operações e as prestações se iniciem no exterior – ICMS	Transmissão *inter vivos*, a qualquer título, por ato oneroso, de bens imóveis, por natureza ou acessão física, e de direitos reais sobre imóveis, exceto os de garantia, bem como cessão de direitos a sua aquisição – ITBI
Renda e proventos de qualquer natureza – IR	Propriedade de veículos automotores – IPVA	Propriedade de veículos automotores – IPVA	**Serviços** de qualquer natureza, não compreendidos no art. 155, II, **definidos em lei complementar** – ISSQN
Produtos industrializados – IPI			
Operações de crédito, câmbio e seguro, ou relativas a títulos ou valores mobiliários – IOF			

UNIÃO (arts. 153 e 154 da CF/1988)	ESTADOS (art. 155)	DISTRITO FEDERAL (art. 155)	MUNICÍPIOS (art. 156) e DISTRITO FEDERAL (arts. 156 c/c art. 147)
Propriedade territorial rural – ITR			
Grandes fortunas, nos termos de lei complementar – IGF			
Mediante lei complementar, impostos não previstos no artigo anterior – IRe			
Na iminência ou no caso de guerra externa, impostos extraordinários – IEG			

Como se percebe, a competência da União é a maior e ainda possui uma residual, **IRe**, prevista no art. 154, I, da CF/1988; da lista contida no art. 153, o único ainda não instituído é o imposto do inciso VII, sobre grandes fortunas (**ISG**). Esses dois impostos possuem algo em comum: **ambos não podem ser instituídos por medida provisória**, vez que a Constituição exige lei complementar para suas instituições, conforme referidos dispositivos combinados com o art. 62, § 1°, III, da CF/1988.

Ainda sobre o IRe, na sua instituição, além da edição de lei complementar para tanto, existem mais duas regras constitucionais a serem observadas: não podem ser cumulativos e não podem ter fato gerador ou base de cálculo já discriminados na Constituição.

O imposto extraordinário de guerra (**IEG**) pode ser instituído por medida provisória! Perceba: apesar de se encontrar no mesmo artigo da Constituição, não é exigida no seu inciso a veiculação por meio de lei complementar!

Usando a terminologia da Constituição (vez que mais adequado seria hipótese de incidência), o fato gerador do IEG pode ser qualquer um contido nos arts. 153, 155 e 156 da CF/1988. É isso que a Constituição fala quando diz que a União pode instituir impostos de guerra, **compreendidos ou não em sua competência tributária**. Portanto, pode a União instituir um ICMS-Guerra, sem prejuízo do cobrado pelos Estados e Distrito Federal.

No que se refere ao ICMS, algumas informações são importantes acerca da espécie:

- é não cumulativo;
- **poderá** ser seletivo (ao contrário do IPI, que deve!);
- resolução do Senado Federal, de iniciativa do Presidente da República ou de um terço dos Senadores, aprovada pela maioria absoluta de seus membros, **estabelecerá** as alíquotas aplicáveis às operações e prestações, interestaduais e de exportação;
- é facultado ao Senado Federal estabelecer **alíquotas mínimas nas operações internas**, mediante resolução de iniciativa de um terço e aprovada pela maioria absoluta de seus membros; **fixar alíquotas máximas nas mesmas operações** para resolver conflito específico que envolva interesse de Estados, mediante resolução de iniciativa da maioria absoluta e aprovada por dois terços de seus membros;
- não incidirá sobre operações que destinem mercadorias para o exterior, nem sobre serviços prestados a destinatários no exterior, assegurada a manutenção e o aproveita-

mento do montante do imposto cobrado nas operações e prestações anteriores (hipótese de imunidade);
- não incidirá sobre o ouro como ativo financeiro ou instrumento cambial (hipótese de imunidade);
- suas alíquotas serão definidas mediante deliberação dos Estados e do Distrito Federal; essa deliberação é tomada no Conselho Nacional de Política Fazendária (CONFAZ).

Segundo o STF, acerca do ICMS, "Na entrada de mercadoria importada do exterior, é legítima a cobrança do ICMS por ocasião do desembaraço aduaneiro" **(Súmula Vinculante nº 48)**; ainda, "O ICMS não incide sobre alienação de salvados de sinistro pelas seguradoras" **(Súmula Vinculante nº 32)**.

Quanto ao IPTU, após diversos julgados no mesmo sentido, o STF aprovou a **Súmula Vinculante nº 52**, no seguinte sentido:

> Ainda quando alugado a terceiros, permanece imune ao IPTU o imóvel pertencente a qualquer das entidades referidas pelo art. 150, VI, "c", da Constituição Federal, desde que o valor dos aluguéis seja aplicado nas atividades para as quais tais entidades foram constituídas.

No que se refere ao ISSQN, importante lembrar que a Constituição delegou à lei complementar definir quais serviços são objeto de tributação. A LC nº 116/2003. Segundo o STF, conforme entendimento sumulado de forma vinculante, "É inconstitucional a incidência do Imposto sobre Serviços de Qualquer Natureza – ISS sobre operações de locação de bens móveis" – Súmula **Vinculante nº 31**.

Sobre o IPI, **Súmula Vinculante nº 58**: "Inexiste direito a crédito presumido de IPI relativamente à entrada de insumos isentos, sujeitos à alíquota zero ou não tributáveis, o que não contraria o princípio da não cumulatividade".

11.2.2 Taxas

As taxas são espécies tributárias de competência comum, vez que todos os entes podem instituí-las. Inclusive nas situações que as autorizam, previstas no art. 145 da CF/1988:

> Art. 145. A União, os Estados, o Distrito Federal e os Municípios poderão instituir os seguintes tributos: (...)
>
> II – taxas, em razão do exercício do poder de polícia ou pela utilização, efetiva ou potencial, de serviços públicos específicos e divisíveis, prestados ao contribuinte ou postos a sua disposição;
>
> (...)
>
> § 2º As taxas não poderão ter base de cálculo própria de impostos.

Diferentemente dos impostos, trata-se de tributo contraprestacional, uma vez que o contribuinte paga a exação para se ver atendido em uma das duas hipóteses constitucionais:

- em razão de fiscalização sofrida pelo exercício de poder de polícia do Estado – como, por exemplo, a taxa de fiscalização da vigilância sanitária (TFVS) em um estabelecimento comercial de refeições;
- pela utilização, efetiva ou potencial, de serviço público específico (que pode ser destacado em unidade autônoma de todos os prestados pelo Estado) e divisível (quando pode ser usado separadamente por um único usuário), por exemplo, a expedição de uma certidão.

O STF entende que a cobrança de taxa de fiscalização é permitida, periodicamente, contanto que haja órgão da administração estruturado para a fiscalização e ela seja, de fato, exercida, ainda que não efetivamente, com o deslocamento do agente ao local a ser fiscalizado (RE nº 416.601).

Sobre as taxas, já disciplinou o STF em súmulas vinculantes:

Súmula Vinculante nº 19: A taxa cobrada exclusivamente em razão dos serviços públicos de coleta, remoção e tratamento ou destinação de lixo ou resíduos provenientes de imóveis, não viola o artigo 145, II, da Constituição Federal.

Súmula Vinculante nº 29: É constitucional a adoção, no cálculo do valor de taxa, de um ou mais elementos da base de cálculo própria de determinado imposto, desde que não haja integral identidade entre uma base e outra.

No caso da Súmula Vinculante nº 29, o que a Constituição e o próprio CTN (art. 77, parágrafo único) proíbem é a total identidade da base de cálculo de imposto, podendo ser adotado algum elemento deste para a instituição da taxa.

11.2.3 Contribuições de melhoria

A Constituição Federal foi econômica ao tratar da contribuição de melhoria, mencionando-a uma única vez, conforme o art. 145, III.

Trata-se de espécie tributária comum, podendo todos os entes federativos instituí-la e contraprestacional, vez que há valorização no patrimônio do contribuinte, no caso de seu imóvel, decorrente de obra pública. O STF entende, inclusive, que esse é um requisito inafastável para a cobrança da exação, porquanto é o seu fato gerador: **a valorização imobiliária**.

Ainda, como a valorização só pode ser verificada posteriormente à obra, ainda que em parte ou na totalidade de sua conclusão, a contribuição de melhoria só pode ser cobrada após a obra, pois é a partir daí que se pode verificar o fato gerador, qual seja, a valorização imobiliária.

Atenção!

Perceba que a obra pública que enseja a contribuição de melhoria não é financiada pela exação, mas por impostos! A cobrança de melhoria é para evitar o enriquecimento sem causa de uns, em face de outros, vez que todos, em regra, pagam impostos. Assim, é contraprestacional no sentido de que o contribuinte recebeu "algo" do Estado, teve seu patrimônio acrescido, pela valorização imobiliária.

11.2.4 Empréstimos compulsórios

Como já afirmado anteriormente, a Constituição não define o(s) fato(s) gerador(es) do empréstimo compulsório; apenas as situações que autorizam a sua instituição, conforme o art. 148:

> Art. 148. A União, mediante **lei complementar**, poderá instituir empréstimos compulsórios:
>
> I – para atender a despesas extraordinárias, decorrentes de calamidade pública, de guerra externa ou sua iminência;
>
> II – no caso de investimento público de caráter urgente e de relevante interesse nacional, observado o disposto no art. 150, III, "b".
>
> Parágrafo único. A aplicação dos **recursos** provenientes de empréstimo compulsório será **vinculada à despesa que fundamentou sua instituição**. (Grifos nossos.)

Segundo a CF/1988, a instituição de empréstimo compulsório deve ser feita por meio de lei complementar (mais uma vez: não admite medida provisória!); outra característica relevante é que os recursos aportados ao cofre da União a título de empréstimo compulsório devem ser empregados na despesa que autorizou a sua instituição: ou a despesas extraordinárias, decorrentes de calamidade pública, de guerra externa ou sua iminência; ou o investimento público de caráter urgente e de relevante interesse nacional.

Atenção!

A hipótese de investimento público de caráter urgente e de relevante interesse nacional autoriza a instituição de empréstimo compulsório, mas, nesse caso, o tributo só pode ser cobrado no exercício subsequente à sua instituição, conforme a parte final do art. 148, II ("observado o disposto no art. 150, III, b).

Por fim, o empréstimo compulsório é um tributo restituível – sendo essa a sua característica que lhe dá autonomia como espécie tributária. E, de acordo com o entendimento do STF, a devolução do empréstimo compulsório tem de ser feita em moeda, não se admitindo outra prestação que não seja dinheiro.

11.2.5 Contribuições e COSIP

O art. 149 trata de três contribuições:

- contribuições sociais (art. 195 da CF/1988);
- contribuições de intervenção no domínio econômico (arts. 149, § 2°, e 177, § 4°, ambos da CF/1988);
- contribuições de interesse das categorias profissionais ou econômicas (arts. 8°, IV, parte final, e 149).

A competência para a instituição, por lei ordinária (ou medida provisória), dessas contribuições é da União, com duas exceções: uma no que se refere à competência (art. 149,

§ 1°); outra, referente à necessidade de lei complementar (art. 195, § 4°):

> A União, os Estados, o Distrito Federal e os Municípios instituirão, por meio de lei, contribuições para custeio de regime próprio de previdência social, cobradas dos servidores ativos, dos aposentados e dos pensionistas, que poderão ter alíquotas progressivas de acordo com o valor da base de contribuição ou dos proventos de aposentadoria e de pensões (art. 149, § 1°, da CF/1988).
>
> A lei poderá instituir outras fontes destinadas a garantir a manutenção ou expansão da seguridade social, obedecido o disposto no art. 154, I (art. 195, § 4°, da CF/1988).

A previsão do § 1° do art. 149 remete ao art. 40 da CF/1988.

A remissão do art. 195, § 4° ao art. 154, I, da CF/1988 determina a leitura da instituição da referida contribuição nos mesmos moldes de instituição o IRe: lei complementar e não cumulatividade.

Atenção!

A EC n° 103/2019 criou espécie de contribuição extraordinária destinada ao RPPS de competência da União! Vejamos:

Art. 149. (...)

§ 1°-A **Quando houver déficit atuarial**, a contribuição ordinária dos aposentados e pensionistas poderá incidir sobre o valor dos proventos de aposentadoria e de pensões que supere o salário-mínimo.

§ 1°-B **Demonstrada a insuficiência da medida prevista no § 1°-A** para equacionar o déficit atuarial, é facultada a instituição de contribuição extraordinária, no âmbito da União, dos servidores públicos ativos, dos aposentados e dos pensionistas.

§ 1º-C **A contribuição extraordinária** de que trata o § 1º-B **deverá ser instituída simultaneamente com outras medidas para equacionamento do déficit e vigorará por período determinado, contado da data de sua instituição.** (Grifos nossos.)

No que se refere à possibilidade de coincidência do fato gerador (hipótese de incidência) e base de cálculo entre contribuições e impostos, segundo o STF, não há óbice constitucional para tanto, podendo coincidir, especialmente porque se tratam de duas espécies tributárias com destinações diversas: os impostos, o custeio das despesas gerais da máquina administrativa (receita, em regra, não vinculada); as contribuições, para as despesas específicas determinadas pela Constituição (receita vinculada).

O STF pronunciou a constitucionalidade da CIDE destinada ao Instituto Nacional de Colonização e Reforma Agrária (INCRA): "É constitucional a contribuição de intervenção no domínio econômico destinada ao INCRA devida pelas empresas urbanas e rurais, inclusive após o advento da EC nº 33/2001" (RE nº 630.898).

A COSIP é tratada no art. 149-A:

> Art. 149-A Os Municípios e o Distrito Federal poderão instituir contribuição, na forma das respectivas leis, para o custeio do serviço de iluminação pública, observado o disposto no art. 150, I e III. (Incluído pela Emenda Constitucional nº 39, de 2002.)
>
> Parágrafo único. É facultada a cobrança da contribuição a que se refere o *caput*, na fatura de consumo de energia elétrica.

11.3 Limitações constitucionais ao poder de tributar – princípios constitucionais

11.3.1 Introdução

A Seção II do capítulo que trata do STN é de suma importância para contribuintes e federação. É composta pelos arts. 150, 151 e 152 da CF/1988.

No que se refere ao contribuinte, uma vez que a tributação atinge direito fundamental resguardado pela Constituição, o de propriedade, era salutar que o Constituinte não olvidasse de tecer algumas garantias em favor do contribuinte, com o intuito de conter a ânsia tributária do Estado. Como dizem, a tributação tem o poder de destruir, caso exercida livremente pelo Estado. Não à toa, as referidas regras são tidas como verdadeiras cláusulas pétreas em favor do cidadão.

Quanto à proteção da Federação, da mesma forma, de nada adiantaria a Constituição prever as autonomias política e financeira dos entes federativos, se não lhes dessem meios de efetivá-las. Eis a razão, por exemplo, da imunidade recíproca de impostos conferida aos entes federativos, sendo essa regra de suma importância para a manutenção da Federação.

Consagrou-se o uso da denominação "princípios" das referidas previsões constitucionais; mas a verdade é que a maioria das previsões da Seção encerram regras constitucionais. Não obstante, faremos a menção de "princípios" em face da nomenclatura consagrada em doutrina e jurisprudência.

Saliente-se que, como expresso no art. 150, *caput*, outras garantias além das contidas no referido dispositivo podem ser conferidas ao contribuinte; como o caso da assistência judiciária gratuita (art. 5º, LXXIV); a imunidade das exportações (art. 155, § 2º, X, *a*).

11.3.2 Princípio da legalidade tributária

Este princípio está previsto no art. 150, I, da CF/1988. Segundo o dispositivo, é vedado à União, aos Estados, ao Distrito Federal e aos Municípios exigir ou aumentar tributo sem lei que o estabeleça.

Trata-se de regra sem exceção. Nenhum tributo pode ser instituído senão por meio da edição de lei: seja ordinária, que é a regra (e medida provisória); seja por meio da edição de lei complementar, nos casos em que a Constituição exige e aqui, reiteramos: não pode haver edição de medida provisória instituindo o tributo, ante a previsão do art. 62, III, da CF/1988.

Atenção!

A CF/1988 autoriza, nos limites e termos estabelecidos em lei, a alteração de alíquotas de algumas espécies tributárias já instituídas por lei, o que parcela da doutrina entende como uma exceção à regra e até algumas provas assim a definem.

Não obstante, atente-se: os tributos são instituídos por lei, e as próprias leis instituidoras estabelecem os termos e os limites nos quais as alíquotas podem ser manejadas por meio de ato do Chefe do Poder Executivo.

São as referidas espécies que admitem o manejo de suas alíquotas:

- II, IE, IPI e IOF – art. 153, § 1°, da CF/1988 ⟹ as alíquotas podem ser **alteradas**

- CIDE combustível – art. 177, § 4°, I, *b*, da CF/1988
- ICMS combustível unifásico – art. 155, § 4°, IV, *c*, da CF/1988

  ⟹ as alíquotas podem ser **reduzidas** e **restabelecidas**

A Constituição não determina qual ato deve ser usado para alteração das alíquotas pelo Chefe do Poder Executivo; costumeiramente, é o decreto. No que se refere ao ICMS, essa deliberação é conjunta entre Estados e Distrito Federal, no CONFAZ.

Inclusive, em respeito ao princípio da legalidade, o STF decidiu que as decisões adotadas no CONFAZ possuem natureza meramente autorizativa para que o ente federativo, no caso os Estados e o Distrito Federal, edite a norma a efetivar o deliberado e aprovado:

> CONCESSÃO. INCENTIVO FISCAL DE ICMS. NATUREZA AUTORIZATIVA DO CONVÊNIO CONFAZ. 1. PRINCÍPIO DA LEGALIDADE ESPECÍFICA EM MATÉRIA TRIBUTÁRIA. 2. TRANSPARÊNCIA FISCAL E FISCALIZAÇÃO FINANCEIRA-ORÇAMENTÁRIA. 1. O poder de isentar submete-se às idênticas balizar do poder de tributar com destaque para o princípio da legalidade tributária que a partir da EC nº 03/1993 adquiriu destaque ao prever lei específica para veiculação de quaisquer desonerações tributárias (art. 150 § 6º, *in fine*). 2. Os convênios CONFAZ têm natureza meramente autorizativa ao que imprescindível a submissão do ato normativo que veicule quaisquer benefícios e incentivos fiscais à apreciação da Casa Legislativa. 3. A exigência de submissão do convênio à Câmara Legislativa do Distrito Federal evidencia observância não apenas ao princípio da legalidade tributária, quando é exigida lei específica, mas também à transparência fiscal que, por sua vez, é pressuposto para o exercício de controle fiscal-orçamentário dos incentivos fiscais de ICMS. 4. Ação Direta de Inconstitucionalidade julgada improcedente (ADI nº 5.929, Rel. Min. Edson Fachin, Tribunal Pleno, julgado em 14.02.2020, *DJe* 06.03.2020).

Conforme entendimento do STF, a iniciativa para deflagração do processo legislativo de instituição de espécie tributária, não é privativa do Chefe do Poder Executivo (ADI-MC n° 724).

11.3.3 Princípio da isonomia tributária

Trata-se de especificação do já previsto no art. 5°, *caput*, da CF/1988; entretanto, o Constituinte achou por bem especificá-lo em capítulo próprio que trata do STN.

Conforme o art. 150, II, da CF/1988, é vedado à União, aos Estados, ao Distrito Federal e aos Municípios instituir tratamento desigual entre contribuintes que se encontrem em situação equivalente, proibida qualquer distinção em razão de ocupação profissional ou função por eles exercida, independentemente da denominação jurídica dos rendimentos, títulos ou direitos.

O princípio determina que seja observada a isonomia formal e material; formal, na medida em que todos devem ser tributados (igualdade na lei); material, na medida em que todos devem ser tributados de acordo com a sua capacidade contributiva (igualdade perante a lei), conforme determina o art. 145, § 1°, primeira parte, da CF/1988.

Segundo o STF, em face do referido princípio constitucional, na apuração do imposto sobre a renda de pessoa física, a pessoa com deficiência que supere o limite etário e seja capacitada para o trabalho pode ser considerada como dependente quando a sua remuneração não exceder as deduções autorizadas por lei (ADI n° 5.583).

11.3.4 Princípio da não surpresa tributária

Previsto no art. 150, III, da CF/1988, subdivide-se em três princípios contemplados em três alíneas: (a) princípio da irretroatividade; (b) princípio da anterioridade do exercício financeiro; (c) princípio da anterioridade nonagesimal (ou noventena). Vejamos cada um:

a) **Princípio da irretroatividade – art. 150, III, *a***

    É regra sem exceção. Segundo a previsão constitucional, é vedado à União, aos Estados, ao Distrito Federal e aos Municípios **cobrar tributos em relação a fatos geradores ocorridos antes do início da vigência da lei** que os houver instituído ou aumentado.

b) **Princípio da anterioridade do exercício financeiro – art. 150, III, *b***

    Segundo a regra, que trata da eficácia da lei tributária, é vedado à União, aos Estados, ao Distrito Federal e aos Municípios **cobrar tributos no mesmo exercício financeiro em que tenha sido publicada a lei** que os instituiu ou aumentou.

    A regra possui **exceções**, e são elas:

- II, IE, **IPI** e IOF ⎫
- empréstimo compulsório, calamidade, guerra ⎬ art. 150, § 1°, parte inicial
- IEG ⎭
- Contribuições sociais do art. 195 ⟶ art. 195, § 6°
- CIDE Combustível ⟶ art. 177, § 4°, I, *b*
- ICMS Combustível unifásico ⟶ art. 155, § 4°, IV, *c*

    Medida provisória que implique instituição ou majoração de impostos, exceto os previstos nos arts. 153, I, II, IV, V, e 154, II, ou seja, II, IE, IPI, IOF e IEG, só produzirá efeitos no exercício financeiro seguinte se tiver sido convertida em lei até o último dia daquele em que foi editada, conforme o art. 62, § 2°, da CF/1988.

O STF resolveu tornar vinculante o entendimento já sumulado de nº 669.

Súmula Vinculante nº 50: Norma legal que altera o prazo de recolhimento de obrigação tributária não se sujeita ao princípio da anterioridade.

c) **Princípio da anterioridade nonagesimal (noventena) – art. 150, III, c**

O único não originário do texto constitucional e inserido por meio de EC nº 42/2003.

É vedado à União, aos Estados, ao Distrito Federal e aos Municípios **cobrar tributos antes de decorridos 90 dias da data em que haja sido publicada a lei que os instituiu ou aumentou**, observado o disposto na alínea *b*, qual seja, a anterioridade do exercício financeiro. Logo, trata-se de princípios, em regra, cumulativos.

Da mesma forma, é regra que trata de eficácia da lei, ou seja, sua produção de efeitos.

Comporta exceções previstas na Constituição, e são elas:

- II, IE, **IR** e IOF
- empréstimo compulsório, calamidade, guerra
- IEG
- base de cálculo do IPVA
- base de cálculo do IPTU

} art. 150, § 1º, parte inicial

11.3.5 Princípio do não confisco

Conforme o art. 150, IV, é vedado à União, aos Estados, ao Distrito Federal e aos Municípios utilizar tributo com efeito de confisco.

A CF/1988 não traz parâmetros objetivos para a configuração de tributação confiscatória; coube ao STF fazê-lo. No entendimento da Corte (ADC 8 MC, Rel. Min. Celso de Mello, Tribunal Pleno, julgado em 13/10/1999, DJe 04/04/2003):

> A proibição constitucional do confisco em matéria tributária nada mais representa senão a interdição, pela Carta Política, de qualquer pretensão governamental que possa conduzir, no campo da fiscalidade, à injusta apropriação estatal, no todo ou em parte, do patrimônio ou dos rendimentos dos contribuintes, comprometendo-lhes, pela insuportabilidade da carga tributária, o exercício do direito a uma existência digna, ou a prática de atividade profissional lícita ou, ainda, a regular satisfação de suas necessidades vitais (educação, saúde e habitação, por exemplo). **A identificação do efeito confiscatório** deve ser feita em função da **totalidade da carga tributária**, mediante **verificação da capacidade de que dispõe o contribuinte** – considerado o montante de sua riqueza (renda e capital) – para suportar e sofrer a incidência de **todos os tributos** que ele deverá pagar, dentro de **determinado período**, à mesma pessoa política que os houver instituído (a União Federal, no caso), condicionando-se, ainda, a aferição do grau de insuportabilidade econômico-financeira, à observância, pelo legislador, de **padrões de razoabilidade** destinados a neutralizar excessos de ordem fiscal eventualmente praticados pelo Poder Público. Resulta configurado o caráter confiscatório de determinado tributo, sempre que o efeito cumulativo – resultante das múltiplas incidências tributárias estabelecidas pela mesma entidade estatal – afetar, substancialmente, de maneira irrazoável, o patrimônio e/ou os rendimentos do contribuinte.
> – O Poder Público, especialmente em sede de tributação

(as contribuições de seguridade social revestem-se de caráter tributário), não pode agir imoderadamente, pois a atividade estatal acha-se essencialmente condicionada pelo princípio da razoabilidade (grifos nossos).

Em negrito, os critérios eleitos pelo STF para fins de verificação de uma tributação confiscatória.

Registre-se que, quanto às multas tributárias, o STF assentou entendimento de que aquelas superiores a 100% do tributo devido mostram-se confiscatórias:

> CARÁTER CONFISCATÓRIO. VIOLAÇÃO AO ART. 150, IV, DA CONSTITUIÇÃO FEDERAL. AGRAVO IMPROVIDO. I – Esta Corte firmou entendimento no sentido de que são confiscatórias as multas fixadas em 100% ou mais do valor do tributo devido. Precedentes. II – Agravo regimental improvido (RE nº 657.372 AgR, Rel. Min. Ricardo Lewandowski, Segunda Turma, julgado em 28/05/2013, *DJe* 10.06.2013).

11.3.6 Princípio da liberdade de tráfego

O art. 150, V, determina que é vedado à União, aos Estados, ao Distrito Federal e aos Municípios estabelecer limitações ao tráfego de pessoas ou bens, por meio de **tributos interestaduais ou intermunicipais**, ressalvada a cobrança de pedágio pela utilização de vias conservadas pelo Poder Público.

O STF já decidiu que, quando possuir natureza tributária – o que nem sempre é o caso, como os contratos de concessão firmados com particulares para explorarem esse serviço, sendo esse o caso atualmente (tarifa) – o pedágio é tributo da espécie taxa (RE nº 181.475).

11.3.7 Princípio da uniformidade geográfica, da uniformidade da tributação de rendas dos entes federativos e da vedação a isenções heterônomas

São determinações voltadas para a União e estão previstas no art. 151 da CF/1988. Todas visam o equilíbrio e proteção ao pacto federativo.

> Art. 151. É vedado à União:
>
> I – instituir tributo que não seja uniforme em todo o território nacional ou que implique distinção ou preferência em relação a Estado, ao Distrito Federal ou a Município, em detrimento de outro, **admitida a concessão de incentivos fiscais destinados a promover o equilíbrio do desenvolvimento sócio-econômico entre as diferentes regiões do País (uniformidade geográfica);**
>
> II - tributar a renda das obrigações da dívida pública dos Estados, do Distrito Federal e dos Municípios, bem como a remuneração e os proventos dos respectivos agentes públicos, em níveis superiores aos que fixar para suas obrigações e para seus agentes **(uniformidade da tributação de rendas);**
>
> III – instituir isenções de tributos da competência dos Estados, do Distrito Federal ou dos Municípios **(vedação à isenção heterônomas).** (Grifos nossos.)

11.3.8 Princípio da não discriminação tributária

Este princípio é voltado a todos os entes federativos, e está previsto no art. 152 da CF/1988.

> Art. 152. É vedado aos Estados, ao Distrito Federal e aos Municípios estabelecer diferença tributária entre bens e

serviços, de qualquer natureza, em razão de sua procedência ou destino.

11.3.9 Imunidades tributárias

Trata-se de hipótese de não incidência tributária. A Constituição exclui da competência do ente federativo a possibilidade de fazer com que incida, sobre determinado ato ou fato jurídico, a norma tributária; caso não fosse essa regra imunizante, poderia ser exigido o tributo em face do fato eleito como imune pela norma constitucional.

As imunidades podem ser objetivas, subjetivas ou das duas espécies concentradas; será objetiva, quando em face de bens, patrimônio e serviços determinados; subjetiva, quando em face da pessoa. Podem concentrar as duas características, como a imunidade recíproca que incide sobre bens, serviços e patrimônio (objetiva) dos entes políticos (subjetiva).

O art. 150, VI, da CF/1988 traz previsão de imunidade em face da instituição de **impostos**. Vejamos.

a) **Imunidade recíproca – art. 150, VI, *a*, CF/1988**

Segundo referida previsão, é vedado à União, aos Estados, ao Distrito Federal e aos Municípios instituir impostos sobre patrimônio, renda ou serviços, uns dos outros. É imunidade incondicionada; sendo o patrimônio, renda ou serviço da administração direta de cada ente político, está imune. Exemplo: os Estados e o Distrito Federal não podem cobrar IPVA dos veículos automotores usados pela Polícia Federal, vez que, ao fim, são da União.

O § 2º completa a regra dispondo que a vedação do inciso VI, *a* é extensiva às **autarquias e às fundações instituídas e mantidas pelo Poder Público, no que se refere ao pa-**

trimônio, à renda e aos serviços, vinculados a suas finalidades essenciais ou às delas decorrentes. É a chamada **imunidade recíproca extensiva ou condicionada,** vez que está condicionada à afetação do patrimônio, da renda e dos serviços às finalidades essenciais ou delas decorrentes das pessoas jurídicas mencionadas.

O fundamento da imunidade é o princípio federativo.

Segundo o STF, a imunidade tributária recíproca alcança as empresas públicas e sociedades de economia mista prestadoras de serviços públicos de prestação obrigatória pelo Poder Público, não se inserindo, assim, no contexto da norma prevista no art. 173, § 2°, da CF/1988 (RE n° 407.099; ACO n° 1.295).

Como dito, trata-se de imunidade subjetiva-objetiva.

b) **Imunidade religiosa – art. 150, VI, *b*, CF/1988**

É vedado à União, aos Estados, ao Distrito Federal e aos Municípios instituir impostos sobre templos de qualquer culto. Quanto à referida regra imunizante, o § 4° esclarece que a vedação expressa no inciso VI, alínea *b* compreende somente o patrimônio, a renda e os serviços, relacionados com as finalidades essenciais do templo de qualquer culto.

Segundo o STF, a expressão "templo" deve ser interpretada de forma ampla, abrangendo não apenas as edificações, mas serviços e todas as atividades desenvolvidas pela entidade religiosa e que possa gerar tributação. Assim, uma igreja não paga IPTU de seu prédio que serve de base para o seu culto e também não paga IR dos valores recebidos pelos seus fiéis a título de dízimo, por exemplo.

Toda e qualquer religião é abrangida pela imunidade, ante a laicidade do Estado brasileiro.

Alguns entendimentos do STF acerca dessas espécies de imunidade:

- Cemitérios sem fins lucrativos gozam da referida imunidade.

- "Ainda quando alugado a terceiros, permanece imune ao IPTU o imóvel pertencente a qualquer das entidades referidas pelo art. 150, VI, c, da Constituição Federal, desde que o valor dos aluguéis seja aplicado nas atividades para as quais tais entidades foram constituídas" (**Súmula Vinculante nº 52**, originada da Súmula nº 724). É pacífico na Corte que o referido entendimento se estende à alínea b.

Trata-se de imunidade subjetiva-objetiva: em face dos templos de qualquer culto e de seus bens.

c) **Imunidade dos partidos políticos, sindicatos de trabalhadores e instituições de educação e de assistência social, sem fins lucrativos – art. 150, VI, c, da CF/1988**

A regra estabelece que é vedado à União, aos Estados, ao Distrito Federal e aos Municípios instituir impostos sobre patrimônio, renda ou serviços dos partidos políticos, inclusive suas fundações, das entidades sindicais dos trabalhadores, das instituições de educação e de assistência social, sem fins lucrativos, atendidos os requisitos da lei.

Os requisitos a serem atendidos pelas entidades de educação e assistência social sem fins lucrativos são os definidos no art. 14 do CTN; entende-se que esses requisitos são estabelecidos em lei complementar, porquanto se trata de regulação de limitação constitucional ao poder de tributar e, assim, ante a previsão do art. 146, II, da CF/1988, exige-se a previsão em lei complementar desses requisitos.

> **Atenção!**
>
> O STF já declarou que o art. 150, VI, c remete a lei ordinária apenas a definição dos requisitos de constituição e funcionamento dessas entidades imunes, mas não as obrigações que devem cumprir para gozar da regra imunizante; nesse caso, cabe à lei complementar. Como dito, o art. 14 do CTN regula a matéria.

Ainda, o STF já sumulou os seguintes entendimentos no que se refere à imunidade:

- "Ainda quando alugado a terceiros, permanece imune ao IPTU o imóvel pertencente a qualquer das entidades referidas pelo art. 150, VI, c, da Constituição Federal, desde que o valor dos aluguéis seja aplicado nas atividades para as quais tais entidades foram constituídas" (**Súmula Vinculante nº 52**, originada da Súmula nº 724).

- "A imunidade tributária conferida a instituições de assistência social sem fins lucrativos pelo art. 150, VI, c, da Constituição, somente alcança as entidades fechadas de previdência social privada se não houver contribuição dos beneficiários" (Súmula nº 730).

Trata-se de imunidade subjetiva-objetiva.

d) Imunidade cultural – art. 150, VI, *d*, da CF/1988

Estabelece a Constituição que é vedado à União, aos Estados, ao Distrito Federal e aos Municípios instituir impostos sobre livros, jornais, periódicos e o papel destinado a sua impressão.

Trata-se de imunidade objetiva, que incide apenas sobre determinados bens, quais sejam: livros, jornais, periódicos e papel destinado à impressão destes. Portanto, não estão imunes a editora, a livraria, o dono da banca de revistas ou qualquer pessoa que comercialize esses bens, devendo, por exemplo, pagar IR da venda resultante desses bens.

Os tributos que são imunes são aqueles que incidem na cadeia de produção e circulação, como II, IPI e ICMS.

Segundo o STF:

- qualquer conteúdo está abrangido pela imunidade cultural; a CF/1988 não faz exigência acerca do conteúdo dos livros, jornais e periódicos (RE nº 87.633);
- listas telefônicas estão abrangidas pela imunidade (RE nº 199.183);
- apostilas para estudo também são abrangidas (RE nº 183.403);
- álbuns de figurinhas também foram equiparados a livros pela Corte e gozam da imunidade (RE nº 221.239);
- "a imunidade prevista no art. 150, VI, *d*, da Constituição Federal abrange os filmes e papéis fotográficos necessários à publicação de jornais e periódicos" (Súmula nº 657).

No que se refere aos livros eletrônicos, a matéria foi objeto de revisão de posicionamento da Corte, no julgamento do RE nº 330.817, em regime de repercussão geral, Tema nº 593.

O STF reviu sua posição anterior e estendeu a imunidade aqui estudada a esses, observadas algumas regras. Vejamos:

> Tema nº 593 da Repercussão Geral do STF. A imunidade tributária constante do art. 150, VI, *d*, da CF/88 aplica-se ao livro eletrônico (e-book), inclusive aos suportes **exclusivamente** utilizados para fixá-lo (Grifos nossos).

O entendimento foi cristalizado na Súmula Vinculante n° 57:

> A imunidade tributária constante do art. 150, VI, d, da CF/88 aplica-se à importação e comercialização, no mercado interno, do livro eletrônico (e-book) e dos suportes exclusivamente utilizados para fixá-los, como leitores de livros eletrônicos (e-readers), ainda que possuam funcionalidades acessórias.

Atenção!

Atente-se, nas provas, à palavra "exclusivamente" fixada na tese! Caso o suporte do livro eletrônico não seja exclusivo para leitura e *download* de livros, como *smartphones* e alguns *tablets*, segundo a tese fixada pelo STF, não incide a imunidade.

e) **Imunidade de fonogramas e videofonogramas – art. 150, VI, *e*, da CF/1988**

Esta imunidade não é originária do texto constitucional, tendo sido inserida por meio da EC n° 75/2013. Sua finalidade foi reoxigenar a indústria de fonogramas e videofonogramas no Brasil, tão prejudicada pela "pirataria".

Dispõe a referida alínea que é vedado à União, aos Estados, ao Distrito Federal e aos Municípios instituir impostos sobre fonogramas e videofonogramas musicais **produzidos no Brasil** contendo obras musicais ou literomusicais de **autores brasileiros e**/ou obras em geral **interpretadas por artistas brasileiros** bem como **os suportes materiais ou arquivos digitais que os contenham**, **salvo** na etapa de replicação industrial de mídias ópticas de leitura a laser.

Atente-se às regras cumulativas estabelecidas para gozo da referida imunidade:

- o fonograma ou videofonograma deve ter sido produzido no Brasil;
- as obras musicais ou literomusicais devem ter como autoria ou intérprete brasileiro.

Assim, se o cantor Roberto Carlos resolve produzir um fonograma seu na Argentina, não estará imune, visto que já desatende a primeira regra. Entretanto, se a banda U2 resolve produzir no Brasil um fonograma com as músicas de autoria de Roberto Carlos, estará imune, visto que atende a duas regras cumulativas: produção no Brasil + obra de autor brasileiro (letras de músicas de Roberto Carlos).

f) **Outras hipóteses de imunidades fora do elenco do art. 150, VI, da CF/1988**

Como asseverado no inciso VI, as imunidades ali tratadas são destinadas a incidência de impostos. Não obstante, a CF/1988 possui em seu texto outras situações de imunidade além das ali previstas, inclusive destinadas a outras espécies tributárias. Vejamos:

- imunidade das receitas decorrentes de exportação às contribuições sociais e Contribuições de Intervenção no Domínio Econômico (CIDEs) art. 149, § 2º, inciso I;
- imunidade dos produtos industrializados exportados ao IPI – art. 153, § 3º, III;
- imunidade das pequenas glebas rurais, definidas em lei, quando as explore o proprietário que não possua outro imóvel ao ITR – art. 153, § 4º, II;
- imunidade do ouro aos outros tributos, sujeitando-se apenas ao IOF, quando definido como ativo financeiro ou instrumento cambial – art. 153, § 5º;
- imunidade das exportações ao ICMS – art. 155, § 2º, X, *a*;

- imunidade nas prestações de serviço de comunicação nas modalidades de radiodifusão sonora e de sons e imagens de recepção livre e gratuita ao ICMS – art. 155, § 2º, X, *d*;
- imunidade a todos os impostos dos entes federados, nas operações de transferência de imóveis desapropriados para fins de reforma agrária – art. 184, § 5º;
- imunidade a contribuições sociais das entidades beneficentes de assistência social que atendam às exigências estabelecidas em lei – art. 195, § 7º;
- imunidade às taxas judiciais – art. 5º, LXXIV;
- imunidade às taxas de certidões de vida e morte – art. 5º, LXXVI;
- Conforme EC nº 116, de 17 de fevereiro de 2022, o IPTU não incide sobre templos de qualquer culto, ainda que as entidades abrangidas pela imunidade de que trata a alínea "b" do inciso VI do *caput* do art. 150 da Constituição sejam apenas locatárias do bem imóvel (art. 156, § 1º-A, CF/1988).

11.3.10 Repartição de receitas tributárias

A repartição de receitas é a forma que o constituinte previu de reforçar a autonomia financeira dos entes políticos menores em face dos maiores; as regras estão previstas nos arts. 157 a 162 da CF/1988. Algumas delas:

- Apenas Estados, Distrito Federal e Municípios recebem receitas repartidas na forma dos arts. 157, 158 e 159; a União nunca recebe; os Municípios nunca repartem!
- Os tributos que se sujeitam à repartição de suas receitas: IR, IRe; ITR; IPI, IOF; IPVA; ICMS; CIDE (art. 177, § 4º, da CF/1988).

> **Atenção!**
>
> A regra de repartição do IOF se encontra no art. 153, § 5º, da CF/1988, sendo: 30% para o Estado, o Distrito Federal ou o Território, conforme a origem; 70% para o Município de origem.

- Em regra, é vedada a retenção ou qualquer restrição à entrega e ao emprego dos recursos atribuídos, nesta seção, aos Estados, ao Distrito Federal e aos Municípios, neles compreendidos adicionais e acréscimos relativos a impostos. Exceção: a vedação não impede a União e os Estados de condicionarem a entrega de recursos ao pagamento de seus créditos, inclusive de suas autarquias e ao cumprimento do disposto no art. 198, § 2º, incisos II e III, qual seja, aplicação dos mínimos constitucionais à saúde pública, por Estados, Distrito Federal e Municípios (art. 160); ainda, conforme art. 160, § 2º (acrescentado pela EC nº 113/2021):

   > § 2º Os contratos, os acordos, os ajustes, os convênios, os parcelamentos ou as renegociações de débitos de qualquer espécie, inclusive tributários, firmados pela União com os entes federativos conterão cláusulas para autorizar a dedução dos valores devidos dos montantes a serem repassados relacionados às respectivas cotas nos Fundos de Participação ou aos precatórios federais.

- Cabe à lei complementar disciplinar o valor adicionado para fins do disposto no art. 158, parágrafo único, I; normas sobre a entrega dos recursos de que trata o art. 159, qual seja, dos fundos de participação; e dispor sobre o acompanhamento, pelos beneficiários, do cálculo das quotas e da liberação das participações previstas nos arts. 157, 158 e 159 (art. 161).

TRIBUTOS	ESTADOS E DF	MUNICÍPIOS
IR (retido na fonte) – arts. 157, I, e 158, I	100%	100%
IPI – art. 159, II c/c o art. 159, § 3º	10%	25% do valor recebido pelo estado*
IR + IPI (50%* para fundos) – art. 159, I	21,5 % – FPE	22,5% + 1% (primeiro decêndio de julho) + 1% (primeiro decêndio de setembro)**** – FPM
IOF – art. 153, § 5º	30%	70%
IRe – art. 157, II	20%	X
ITR – art. 158, II c/c o art. 153, § 4º, III	X	50% (se fiscalizado e cobrado pela União); 100% (se fiscalizado e cobrado pelo município)
CIDE-Combustíveis – art. 159, III e § 4º	29%	25% do valor recebido pelo estado
IPVA – art. 158, III	X	50%
ICMS – art. 158, IV	X	25%

* A EC nº 108/2020 definiu que as parcelas de receita pertencentes aos Municípios, mencionadas no inciso IV, ou seja, de receita de ICMS, serão creditadas conforme os seguintes critérios:

I – 65% (sessenta e cinco por cento), no mínimo, na proporção do valor adicionado nas operações relativas à circulação de mercadorias e nas prestações de serviços, realizadas em seus territórios;

II – até 35% (trinta e cinco por cento), de acordo com o que dispuser lei estadual, observada, obrigatoriamente, a distribuição de, no mínimo, 10 (dez) pontos percentuais com base em indicadores de melhoria nos resultados de aprendizagem e de aumento da equidade, considerado o nível socioeconômico dos educandos.

** E três por cento, para aplicação em programas de financiamento ao setor produtivo das Regiões Norte, Nordeste e Centro-Oeste, por meio de suas instituições financeiras de caráter regional, de acordo com os planos regionais de desenvolvimento, ficando assegurada ao semiárido do Nordeste a metade dos recursos destinados à Região, na forma que a lei estabelecer.

*** Percentual estabelecido pela EC nº 112/2021.

**** Receita a ser transferida por inclusão feita pela EC nº 112/2021.

Por último, segundo o STF,

> Pertence ao Município, aos Estados e ao Distrito Federal a titularidade das receitas arrecadadas a título de imposto de renda retido na fonte incidente sobre valores pagos por eles, suas autarquias e fundações a pessoas físicas ou jurídicas contratadas para a prestação de bens ou serviços, conforme disposto nos arts. 158, I, e 157, I, da Constituição Federal (RE nº 1.293.453).

12

Das Finanças Públicas

12.1 Introdução

A finalidade do Estado é a promoção do bem comum, ou seja, o atendimento das necessidades sociais e missões constitucionais incumbidas a ele pela Constituição, tais como prestação de serviços de segurança pública, saúde, educação, prestação jurisdicional, dentre outras.

Ocorre que a promoção do bem comum, nos termos acima afirmados, impõe gastos vultosos pelo Estado, devendo este obter esses recursos por meio de sua atividade financeira, que consiste, basicamente, em obter recursos e geri-los com responsabilidade.

É para essa atividade que as normas dos arts. 163 a 169 da CF/1988 estão voltadas, devendo atenção aos arts. 163, 165 e 167, que tratam, respectivamente, das matérias que devem ser reguladas por lei complementar; as leis orçamentárias e as vedações nas quais não podem incorrer os entes políticos na administração de seus recursos, ou seja, na atividade financeira.

Registre-se que a EC nº 109/2021 promoveu algumas modificações no referido capítulo.

12.2 Normas gerais

Segundo o art. 163 da CF/1988, lei complementar disporá sobre:

I – finanças públicas;

II – dívida pública externa e interna, incluída a das autarquias, fundações e demais entidades controladas pelo Poder Público;

III – concessão de garantias pelas entidades públicas;

IV – emissão e resgate de títulos da dívida pública;

V – fiscalização financeira da administração pública direta e indireta;

VI – operações de câmbio realizadas por órgãos e entidades da União, dos Estados, do Distrito Federal e dos Municípios;

VII – compatibilização das funções das instituições oficiais de crédito da União, resguardadas as características e condições operacionais plenas das voltadas ao desenvolvimento regional;

VIII – sustentabilidade da dívida, especificando:

a) indicadores de sua apuração;

b) níveis de compatibilidade dos resultados fiscais com a trajetória da dívida;

c) trajetória de convergência do montante da dívida com os limites definidos em legislação;

d) medidas de ajuste, suspensões e vedações;

e) planejamento de alienação de ativos com vistas à redução do montante da dívida.

Parágrafo único. A lei complementar de que trata o inciso VIII do *caput* deste artigo pode autorizar a aplicação das vedações previstas no art. 167-A desta Constituição.

A lei que atualmente cumpre o determinado no art. 163 é a Lei nº 4.320/1964, recepcionada com *status* de lei complementar, portanto, só podendo ser alterada por meio dessa espécie normativa. O inciso VIII e suas alíneas foram inseridos pela EC nº 109/2021.

Ainda, foi inserido o art. 163-A pela EC nº 108/2020:

> Art. 163-A. A União, os Estados, o Distrito Federal e os Municípios disponibilizarão suas informações e dados contábeis, orçamentários e fiscais, conforme periodicidade, formato e sistema estabelecidos pelo órgão central de contabilidade da União, de forma a garantir a rastreabilidade, a comparabilidade e a publicidade dos dados coletados, os quais deverão ser divulgados em meio eletrônico de amplo acesso público.

A competência da União para emitir moeda será exercida exclusivamente pelo banco central, conforme prevê o art. 164, *caput*. Ainda prevê o dispositivo:

> Art. 164. (...)
>
> § 1º É vedado ao banco central **conceder**, direta ou indiretamente, **empréstimos ao Tesouro Nacional e** a qualquer órgão ou entidade que **não** seja **instituição financeira**.
>
> § 2º O banco central poderá comprar e vender títulos de emissão do Tesouro Nacional, **com o objetivo de regular a oferta de moeda ou a taxa de juros**.
>
> § 3º As disponibilidades de caixa da União serão depositadas no banco central; as dos Estados, do Distrito Federal, dos Municípios e dos órgãos ou entidades do Poder Público e das empresas por ele controladas, em instituições financeiras oficiais, ressalvados os casos previstos em lei. (Grifos nossos.)

Os casos previstos em lei do § 3º, segundo o STF, é lei federal.

O art. 164-A, inserido pela EC nº 109/2021, dispõe:

> Art. 164-A. A União, os Estados, o Distrito Federal e os Municípios devem conduzir suas políticas fiscais de forma a manter a dívida pública em níveis sustentáveis, na forma da lei complementar referida no inciso VIII do caput do art. 163 desta Constituição.
>
> Parágrafo único. A elaboração e a execução de planos e orçamentos devem refletir a compatibilidade dos indicadores fiscais com a sustentabilidade da dívida.

12.3 Orçamento

O orçamento é a lei que contém a aprovação prévia das receitas e despesas para um período determinado de atividade financeira do Estado, qual seja, no Brasil, 1 (um) ano. Ainda, é instrumento pelo qual é possível se verificar as políticas públicas para esse mesmo período, ou seja, o programa de atuação do Estado.

O orçamento não possui todas as autorizações de gastos públicos, por isso se fala em abertura de créditos suplementares, conforme os arts. 165, § 8º, segunda parte, e 167, § 3º, ambos da CF/1988.

A natureza jurídica do orçamento conferida pela Constituição é de lei em seu sentido formal, vez que deve observar o processo legislativo para si estabelecido pela Constituição, que culmina em sua promulgação; não obstante, não se trata de lei em sentido material, vez que se trata de um ato concreto, particular e destinado a produzir efeitos em determinado período.

Atenção!

O STF admite o controle de constitucionalidade das leis orçamentárias, como no caso de vício de iniciativa, vez que ela pertence ao Chefe do Poder Executivo!

As espécies orçamentárias estão previstas no art. 165 e §§ 1º, 2º e 5º:

> Art. 165. **Leis de iniciativa do Poder Executivo** estabelecerão:
>
> I – o plano plurianual; (PPP)
>
> II – as diretrizes orçamentárias; (LDO)
>
> III – os orçamentos anuais. (LOA)
>
> § 1º A lei que instituir o **plano plurianual** estabelecerá, de forma regionalizada, as **diretrizes, objetivos e metas da administração pública federal** para as despesas de capital e outras delas decorrentes e para as relativas aos **programas de duração continuada.**
>
> § 2º A Lei de Diretrizes Orçamentárias compreenderá as metas e prioridades da administração pública federal, estabelecerá as diretrizes de política fiscal e respectivas metas, em consonância com trajetória sustentável da dívida pública, orientará a elaboração da lei orçamentária anual, disporá sobre as alterações na legislação tributária e estabelecerá a política de aplicação das agências financeiras oficiais de fomento. (Redação dada pela Emenda Constitucional nº 109, de 2021.)
>
> § 5º A **lei orçamentária anual compreenderá**:
>
> I – o **orçamento fiscal** referente aos Poderes da União, seus fundos, órgãos e entidades da administração direta e indireta, inclusive fundações instituídas e mantidas pelo Poder Público;

II - o **orçamento de investimento** das empresas em que a União, direta ou indiretamente, detenha a maioria do capital social com direito a voto;

III - o **orçamento da seguridade social**, abrangendo todas as entidades e órgãos a ela vinculados, da administração direta ou indireta, bem como os fundos e fundações instituídos e mantidos pelo Poder Público. (Grifos nossos.)

O § 8º do art. 165 veda as chamadas "caudas orçamentárias" e apregoa o princípio da exclusividade da LOA:

> Art. 165. (...)
>
> § 8º A lei orçamentária anual não conterá dispositivo estranho à previsão da receita e à fixação da despesa, não se incluindo na proibição a autorização para abertura de créditos suplementares e contratação de operações de crédito, ainda que por antecipação de receita, nos termos da lei.

Ainda sobre a necessidade de lei complementar, prevê o art. 165, § 9º:

> Art. 165. (...)
>
> § 9º Cabe à lei complementar:
>
> I - **dispor sobre o exercício financeiro**, a vigência, os prazos, a elaboração e a organização do plano plurianual, da lei de diretrizes orçamentárias e da lei orçamentária anual;
>
> II - estabelecer normas de gestão financeira e patrimonial da administração direta e indireta bem como condições para a instituição e funcionamento de fundos.
>
> III - dispor sobre critérios para a execução equitativa, além de procedimentos que serão adotados quando

> houver impedimentos legais e técnicos, cumprimento de restos a pagar e limitação das programações de caráter obrigatório, para a realização do disposto nos §§ 11 e 12 do art. 166. (Grifos nossos.)

A EC nº 100/2019 introduziu o § 10 com o seguinte conteúdo:

> Art. 165. (...)
>
> § 10 A administração tem o dever de executar as programações orçamentárias, adotando os meios e as medidas necessários, com o propósito de garantir a efetiva entrega de bens e serviços à sociedade.

A EC nº 102/2019 acrescentou os §§ 11, 12, 13, 14 e 15 ao texto constitucional, do qual recomendamos a leitura. Vale registrar que, nos termos do art. 4º da referida emenda constitucional, suas normas entram em vigor na data de sua publicação e produzirá efeitos a partir da execução orçamentária do exercício financeiro subsequente, **excetuada a alteração ao ADCT, que terá eficácia no mesmo exercício de sua publicação.**

A EC nº 109/2021 incluiu o § 16, cuja leitura recomendamos; determina o dispositivo que as leis orçamentárias devem observar, no que couber, os resultados do monitoramento e da avaliação das políticas públicas previstos no art. 37, § 16, da CF/1988 (também inserido pela EC nº 109/2021), que assim dispõe:

> Art. 37. (...)
>
> § 16 Os órgãos e entidades da administração pública, individual ou conjuntamente, devem realizar avaliação das políticas públicas, inclusive com divulgação do objeto a ser avaliado e dos resultados alcançados, na forma da lei.

12.4 Vedações do art. 167

O art. 167 estabelece algumas vedações voltadas à administração e execução da atividade financeira do Estado. O dispositivo merece leitura atenta. Destacamos as mais importantes vedações:

> Art. 167. São vedados:
>
> I – o início de programas ou projetos **não incluídos na lei orçamentária anual**;
>
> II – a **realização de despesas ou a assunção de obrigações diretas que excedam os créditos orçamentários ou adicionais**;
>
> III – a realização de operações de créditos que excedam o montante das despesas de capital, **ressalvadas as autorizadas** mediante créditos suplementares ou especiais com finalidade precisa, **aprovados pelo Poder Legislativo por maioria absoluta**;[1]
>
> IV – **a vinculação de receita de impostos** a órgão, fundo ou despesa, **ressalvadas a repartição do produto da arrecadação** dos impostos **a que se referem os arts. 158 e 159**, a **destinação de recursos** para as ações e serviços públicos de **saúde**, para manutenção e desenvolvimento do **ensino** e para realização de **atividades da administração tributária**, como determinado, respectivamente, pelos arts. 198, § 2º, 212 e 37, XXII, **e a prestação de garantias às operações de crédito por antecipação de re-

---

[1] Segundo a EC nº 106/2020: Art. 4º Será dispensada, durante a integralidade do exercício financeiro em que vigore a calamidade pública nacional de que trata o art. 1º desta Emenda Constitucional, a observância do inciso III do *caput* do art. 167 da Constituição Federal. Parágrafo único. O Ministério da Economia publicará, a cada 30 (trinta) dias, relatório com os valores e o custo das operações de crédito realizadas no período de vigência do estado de calamidade pública nacional de que trata o art. 1º desta Emenda Constitucional.

ceita, previstas no art. 165, § 8º, bem como o disposto no § 4º deste artigo;

V – a **abertura de crédito suplementar ou especial sem prévia autorização legislativa e** sem **indicação dos recursos** correspondentes;

VI – a **transposição, o remanejamento ou a transferência de recursos** de uma categoria de programação para outra ou de um órgão para outro, **sem prévia autorização legislativa;**

VII – a **concessão** ou utilização de **créditos ilimitados;**

VIII – a utilização, sem autorização legislativa específica, de recursos dos orçamentos fiscal e da seguridade social para suprir necessidade ou cobrir déficit de empresas, fundações e fundos, inclusive dos mencionados no art. 165, § 5º;

IX – a **instituição de fundos** de qualquer natureza, **sem prévia autorização legislativa;**

X – a **transferência voluntária de recursos e a concessão de empréstimos,** inclusive por antecipação de receita, pelos Governos Federal e Estaduais e suas instituições financeiras, **para pagamento de despesas com pessoal ativo, inativo e pensionista,** dos Estados, do Distrito Federal e dos Municípios;

XI – a **utilização dos recursos provenientes das contribuições sociais de que trata o art. 195, I, a, e II,** para a realização de **despesas distintas do pagamento de benefícios do regime geral de previdência social** de que trata o art. 201;

XII – na forma estabelecida na lei complementar de que trata o § 22 do art. 40, a utilização de recursos de regime próprio de previdência social, incluídos os valores integrantes dos fundos previstos no art. 249, para a realização de despesas distintas do pagamento dos benefícios previdenciários do respectivo fundo vinculado àquele regime e das despesas necessárias à sua organização e ao seu funcionamento;

XIII – a transferência voluntária de recursos, a concessão de avais, as garantias e as subvenções pela União e a concessão de empréstimos e de financiamentos por instituições financeiras federais aos Estados, ao Distrito Federal e aos Municípios na hipótese de descumprimento das regras gerais de organização e de funcionamento de regime próprio de previdência social;

XIV – a criação de fundo público, quando seus objetivos puderem ser alcançados mediante a vinculação de receitas orçamentárias específicas ou mediante a execução direta por programação orçamentária e financeira de órgão ou entidade da administração pública.

§ 1º Nenhum investimento cuja execução ultrapasse um exercício financeiro poderá ser iniciado sem prévia inclusão no plano plurianual, ou sem lei que autorize a inclusão, sob pena de crime de responsabilidade.

§ 2º Os créditos especiais e extraordinários terão vigência no exercício financeiro em que forem autorizados, salvo se o ato de autorização for promulgado nos últimos quatro meses daquele exercício, caso em que, reabertos nos limites de seus saldos, serão incorporados ao orçamento do exercício financeiro subsequente". (Grifos nossos.)

Note que os créditos **suplementares** não estão abrangidos pela regra.

A abertura de crédito extraordinário somente será admitida para atender a despesas imprevisíveis e urgentes, como as decorrentes de guerra, comoção interna ou calamidade pública, podendo ser feito por meio de medida provisória (§ 3º).

Ainda **excetuando** a regra do inciso IV, é permitida a vinculação das receitas a que se referem os arts. 155, 156, 157, 158 e as alíneas *a*, *b*, *d* e *e* do inciso I, e o inciso II do *caput* do art. 159 desta CF/1988 para pagamento de débitos com a União e para prestar-lhe garantia ou contragarantia; essa a atual previsão e redação do § 4º, tendo em vista a promulgação da EC nº 109/2021.

A transposição, o remanejamento ou a transferência de recursos de uma categoria de programação para outra poderão ser admitidos, no âmbito das atividades de ciência, tecnologia e inovação, com o objetivo de viabilizar os resultados de projetos restritos a essas funções, mediante ato do Poder Executivo, sem necessidade da prévia autorização legislativa prevista no inciso VI deste artigo. Trata-se de outra regra de **exceção** à regra geral de autorização legislativa prévia para manejo de portabilidade de recursos orçamentários.

A EC nº 109/2021 incluiu o § 6º:

> Art. 167. (...)
>
> § 6º Para fins da apuração ao término do exercício financeiro do cumprimento do limite de que trata o inciso III do *caput* deste artigo, as receitas das operações de crédito efetuadas no contexto da gestão da dívida pública mobiliária federal somente serão consideradas no exercício financeiro em que for realizada a respectiva despesa.

Vale registrar que a EC nº 105/2019 incluiu no texto constitucional o art. 166-A, dispondo que as emendas individuais impositivas apresentadas ao projeto de lei orçamentária anual poderão alocar recursos a Estados, ao Distrito Federal e a Municípios por meio de transferência especial ou transferência com finalidade definida. Como se trata de emenda recente, vale a leitura do dispositivo, especialmente em provas que cobrem a matéria de Direito Financeiro.

A EC nº 106/2020 institui regime extraordinário fiscal, financeiro e de contratações para enfrentamento de calamidade pública nacional decorrente de pandemia; estatui que durante a vigência de estado de calamidade pública nacional reconhecido pelo Congresso Nacional em razão de emergência de saúde pública de importância internacional decorrente de pandemia, a União adotará regime extraordinário fiscal, financeiro e de contratações para atender às necessidades dele decorrentes, somente naquilo em que a urgência for incompatível com o regime regular, nos termos definidos na referida emenda constitucional. São dispositivos que merecem atenção, em face das exceções que criam às regras constitucionais:

> Art. 2º Com o **propósito exclusivo de enfrentamento do contexto da calamidade e de seus efeitos sociais e econômicos, no seu período de duração**, o Poder Executivo federal, no âmbito de suas competências, poderá adotar **processos simplificados de contratação de pessoal, em caráter temporário e emergencial, e de obras, serviços e compras que assegurem, quando possível, competição e igualdade de condições a todos os concorrentes, dispensada a observância do § 1º do art. 169 da Constituição Federal na contratação de que trata o inciso IX do *caput* do art.** 37 da Constituição Federal, limitada a dispensa às situações de que trata o referido inciso, sem prejuízo da tutela dos órgãos de controle.
>
> Parágrafo único. Nas hipóteses de distribuição de equipamentos e insumos de saúde imprescindíveis ao enfrentamento da calamidade, a União adotará critérios objetivos,

devidamente publicados, para a respectiva destinação a Estados e a Municípios.

Art. 3º Desde que não impliquem despesa permanente, **as proposições legislativas e os atos do Poder Executivo com propósito exclusivo de enfrentar a calamidade e suas consequências sociais e econômicas, com vigência e efeitos restritos à sua duração, ficam dispensados da observância das limitações legais quanto à criação, à expansão ou ao aperfeiçoamento de ação governamental que acarrete aumento de despesa e à concessão ou à ampliação de incentivo ou benefício de natureza tributária da qual decorra renúncia de receita.**

Art. 6º Durante a vigência da calamidade pública nacional de que trata o art. 1º desta Emenda Constitucional, os recursos decorrentes de operações de crédito realizadas para o refinanciamento da dívida mobiliária poderão ser utilizados também para o pagamento de seus juros e encargos.

Art. 9º Em caso de irregularidade ou de descumprimento dos limites desta Emenda Constitucional, o Congresso Nacional **poderá sustar**, por decreto legislativo, qualquer decisão de órgão ou entidade do Poder Executivo relacionada às medidas autorizadas por esta Emenda Constitucional. (Grifos nossos.)

Por fim, a EC nº 109/2021 incluiu os arts. 167-A ao 167-G que demandam leitura atenda, em especial à norma contida no art. 167-A, §§ 1º ao 3º, que trata da atuação do Chefe do Poder Executivo para expedição de ato com semelhanças a uma "medida provisória", senão vejamos:

Art. 167-A. (...)

§ 1º Apurado que a despesa corrente supera 85% (oitenta e cinco por cento) da receita corrente, sem exceder o percentual mencionado no *caput* deste artigo,[2] as medidas nele indicadas podem ser, no todo ou em parte, implementadas por **atos do Chefe do Poder Executivo com vigência imediata**, facultado aos demais Poderes[3] e órgãos autônomos implementá-las em seus respectivos âmbitos.

§ 2º O ato de que trata o § 1º deste artigo deve ser submetido, em regime de urgência, à apreciação do Poder Legislativo.[4]

§ 3º O ato perde a eficácia, reconhecida a validade dos atos praticados na sua vigência, quando:

I – rejeitado pelo Poder Legislativo;

II – transcorrido o prazo de 180 (cento e oitenta) dias sem que se ultime a sua apreciação; ou

III – apurado que não mais se verifica a hipótese prevista no § 1º deste artigo, mesmo após a sua aprovação pelo Poder Legislativo.

(...) (Grifos nossos.)

---

[2] Art. 167-A. Apurado que, no período de 12 (doze) meses, a relação entre despesas correntes e receitas correntes supera **95% (noventa e cinco por cento)**, no âmbito dos Estados, do Distrito Federal e dos Municípios, é facultado aos Poderes Executivo, Legislativo e Judiciário, ao Ministério Público, ao Tribunal de Contas e à Defensoria Pública do ente, enquanto permanecer a situação, aplicar o mecanismo de ajuste fiscal de vedação da: (...). (Grifos nossos.)

[3] Atente-se: as medidas se limitam ao âmbito do Poder Executivo.

[4] Aqui, registramos nossa dúvida acerca da constitucionalidade do dispositivo, tendo em vista o princípio da Separação dos Poderes e as medidas que podem ser adotadas, conforme o art. 167-A, *caput*: uma vez que a medida se restringe ao âmbito do Poder Executivo, qual a razão de ser apreciada pelo Poder Legislativo?

13

Da Ordem Econômica e Financeira

13.1 Introdução

A CF/1988 não adota o liberalismo em sua vertente clássica, cujo Estado era abstencionista e as constituições promulgadas nessa época (dos Estados Unidos da América de 1787 e da França de 1791), mas estavam preocupadas em limitar a atuação do Estado e atribuir direitos e garantias de primeira geração os indivíduos.

Não cabia ao Estado intervir na ordem econômica para regulá-la; essa tarefa de controle pertencia à "mão invisível do mercado", conforme conceito de Adam Smith, que, num cenário de liberdade absoluta, se encarregava da missão.

O modelo traçado pela CF/1988 adota o capitalismo, mas não descuida de intervir na ordem econômica, tendo como escopo os fundamentos e objetivos contidos nos arts. 1º e 3º, respectivamente, do próprio texto.

A Constituição, em seus arts. 173 e 174, autoriza a atuação do Estado na economia de forma direta e indireta; será **di-**

reta, quando explorar atividade econômica, conforme permitido, quando necessária aos imperativos da segurança nacional ou a relevante interesse coletivo, conforme definidos em lei.

Indireta, a atuação do Estado se dá na forma do art. 174: "Como agente normativo e regulador da atividade econômica, o Estado exercerá, na forma da lei, as funções de fiscalização, incentivo e planejamento, sendo este determinante para o setor público e indicativo para o setor privado".

13.2 Princípios da ordem econômica brasileira

Estão contidos no art. 170:

> Art. 170. A ordem econômica, fundada na valorização do trabalho humano e na livre iniciativa, tem por fim assegurar a todos existência digna, conforme os ditames da justiça social, observados os seguintes princípios:
>
> I – soberania nacional;
>
> II – propriedade privada;
>
> III – função social da propriedade;
>
> IV – livre-concorrência;
>
> V – defesa do consumidor;
>
> VI – defesa do meio ambiente, inclusive mediante tratamento diferenciado conforme o impacto ambiental dos produtos e serviços e de seus processos de elaboração e prestação;
>
> VII – redução das desigualdades regionais e sociais;
>
> VIII – busca do pleno emprego;
>
> IX – tratamento favorecido para as empresas de pequeno porte constituídas sob as leis brasileiras e que tenham sua sede e administração no País.

Parágrafo único. É assegurado a todos o livre-exercício de qualquer atividade econômica, independentemente de autorização de órgãos públicos, salvo nos casos previstos em lei.

O princípio da soberania nacional preconiza que o Estado brasileiro organiza sua ordem com base nos seus próprios interesses, sem a interferência e pressões de Estados estrangeiros.

A propriedade privada e a função social caminham juntas: na medida em que o Estado permite a apropriação dos meios, determina que eles e o produto de seu uso, atendam a função social a que se destinam.

A livre-concorrência é corolário do princípio da isonomia no âmbito da ordem econômica. Visa evitar abusos, concentração de mercado e permissão para que todos entrem e saiam do mercado quando bem entenderem.

A atividade econômica não se legitima se negar proteção ao consumidor e ao meio ambiente; no primeiro caso, porque o consumidor é, em regra e em tese, a parte mais fraca da relação de consumo que se insere no mercado; no que se refere ao meio ambiente, não se legitima a produção de riqueza a todo e qualquer custo ambiental.

A redução das desigualdades regionais e sociais, e a busca do pleno emprego são fins da ordem econômica brasileiro.

O parágrafo único do dispositivo assegura a regra da liberdade de exercício de atividades econômicas, sem necessidade de autorização de órgãos públicos para tanto, exceto nos casos que a lei demande isso, permitindo, portanto, que algumas atividades sejam autorizadas pelo Estado. Não obstante, uma vez cumprida as exigências legais, o Estado não pode se furtar a autorizar o exercício da atividade.

13.3 A atuação do Estado na ordem econômica

13.3.1 Agente econômico em sentido estrito

A regra geral de atuação do Estado na ordem econômica se encontra no art. 173, *caput*, da CF/1988:

> Art. 173. Ressalvados os casos previstos nesta Constituição, a exploração direta de atividade econômica pelo Estado só será permitida quando necessária aos imperativos da segurança nacional ou a relevante interesse coletivo, conforme definidos em lei.

A atuação é subsidiária: atua o Estado quando o setor privado não tiver capacidade de atuar suficiente e satisfatoriamente em um setor ou quando não tiver interesse.

E só quando autorizado pela Constituição: ou nos casos previstos, ou quando necessária aos imperativos de segurança nacional ou relevante interesse coletivo, ainda assim, definidos em lei.

Essa atuação do Estado é feita por meio de pessoas jurídicas, geralmente, empresas públicas e sociedades de economia mista.

Segundo o § 1º:

> Art. 173. (...)
>
> § 1º A lei estabelecerá o estatuto jurídico da empresa pública, da sociedade de economia mista e de suas subsidiárias que explorem atividade econômica de produção ou comercialização de bens ou de prestação de serviços, dispondo sobre:
>
> I – sua função social e formas de fiscalização pelo Estado e pela sociedade;

II – a sujeição ao regime jurídico próprio das empresas privadas, inclusive quanto aos direitos e obrigações civis, comerciais, trabalhistas e tributários;

III – licitação e contratação de obras, serviços, compras e alienações, observados os princípios da administração pública;

IV – a constituição e o funcionamento dos conselhos de administração e fiscal, com a participação de acionistas minoritários;

V – os mandatos, a avaliação de desempenho e a responsabilidade dos administradores.

As empresas públicas e sociedades de economia se sujeitam a algumas regras próprias, que derrogam o regime privado, em face de previsão constitucional:

- criação de subsidiárias e participação em empresas privadas se sujeitam a autorização legislativa (art. 37, XIX e XX);
- contratação de corpo **permanente** de empregados por meio de concurso público e demais regras no que se refere a acumulação de cargos e teto de remuneração (art. 37, II, XI e XVII);
- os empregados podem responder por atos de improbidade (art. 37, § 4º);
- sofrem controle interno e externo (arts. 84, II, e 70).

Atenção!

Empresas públicas e sociedades de economia mista que exerçam atividade econômica em sentido estrito **não respondem** civilmente nos termos do art. 37, § 6º, da CF/1988.

Conforme o dispositivo constitucional, a responsabilidade objetiva alcança as pessoas jurídicas de direito público e as de direito privado **prestadoras de serviços públicos.**

As empresas públicas e sociedades de economia mista que se inserem no mercado atuam em pé de igualdade com os demais agentes privados; essa regra está contida no § 2° do art. 173: "As empresas públicas e as sociedades de economia mista não poderão gozar de privilégios fiscais não extensivos às do setor privado".

13.3.2 Agente normativo e regulador

Trata-se da atuação indireta do Estado na economia. Segundo o art. 174, *caput*:

> Art. 174. Como agente normativo e regulador da atividade econômica, o Estado exercerá, na forma da lei, as **funções de fiscalização, incentivo e planejamento**, sendo este determinante para o setor público e indicativo para o setor privado. (Grifos nossos.)

O planejamento econômico é determinante para o setor público; para o setor privado, apenas indicativo dos objetivos, atividades e setores de atuação que o Estado entende como importantes para obtenção de desenvolvimento da economia e alcance de suas missões constitucionais.

13.3.3 Agente prestador de serviços públicos

O *caput* do art. 175 prevê que: "Incumbe ao Poder Público, na forma da lei, diretamente ou sob regime de concessão ou permissão, sempre através de licitação, a prestação de serviços públicos".

Não se trata dos serviços de segurança pública, prestação jurisdicional, mas aqueles que possuam conteúdo econômico, como serviços de telefonia.

O parágrafo único determina a edição de lei de normas gerais que trate:

> I – o regime das empresas concessionárias e permissionárias de serviços públicos, o caráter especial de seu contrato e de sua prorrogação, bem como as condições de caducidade, fiscalização e rescisão da concessão ou permissão;
>
> II – os direitos dos usuários;
>
> III – política tarifária;
>
> IV – a obrigação de manter serviço adequado.

13.3.4 Atuação em regime de monopólio e exploração de recursos minerais e potenciais de energia hidráulica em face do art. 21, VIII e IX

Nos termos da atual Constituição, apenas a União pode atuar em regime de monopólio; nem os outros entes federativos, nem os agentes privados. Ainda, a União não pode criar outros além dos descritos no art. 177. São eles:

> Art. 177. Constituem monopólio da União:
>
> I – a pesquisa e a lavra das jazidas de petróleo e gás natural e outros hidrocarbonetos fluidos;
>
> II – a refinação do petróleo nacional ou estrangeiro;
>
> III – a importação e exportação dos produtos e derivados básicos resultantes das atividades previstas nos incisos anteriores;
>
> IV – o transporte marítimo do petróleo bruto de origem nacional ou de derivados básicos de petróleo produzidos

no País, bem assim o transporte, por meio de conduto, de petróleo bruto, seus derivados e gás natural de qualquer origem;

V – a pesquisa, a lavra, o enriquecimento, o reprocessamento, a industrialização e o comércio de minérios e minerais nucleares e seus derivados, com exceção dos radioisótopos cuja produção, comercialização e utilização poderão ser autorizadas sob regime de permissão, conforme as alíneas *b* e *c* do inciso XXIII do *caput* do art. 21 desta Constituição Federal.

A União poderá contratar com empresas estatais ou privadas a realização das atividades previstas nos incisos I a IV deste artigo, observadas as condições estabelecidas em lei (art. 177, § 1º). Alguns autores entendem que essa norma, inserida pela EC nº 9/95, "flexibilizou" o monopólio da União.

No que se refere aos recursos minerais e potenciais de energia hidráulica, por força do art. 21, VII e IX, esses são bens da União, inclusive os de subsolo. Não obstante, não se confundem com o solo e sua propriedade. Assim preceitua o art. 176:

> Art. 176. **As jazidas, em lavra ou não, e demais recursos minerais e os potenciais de energia hidráulica constituem propriedade distinta da do solo**, para efeito de exploração ou aproveitamento, e pertencem à União, garantida ao concessionário a propriedade do produto da lavra. (Grifos nossos.)

As regras dos parágrafos do dispositivo merecem leitura atenta no que ressaltamos:

> Art. 176. (...)
>
> § 1º **A pesquisa e a lavra de recursos minerais e o aproveitamento dos potenciais** a que se refere o "caput" deste

> artigo **somente poderão** ser efetuados mediante **autorização ou concessão da União, no interesse nacional, por brasileiros ou empresa constituída sob as leis brasileiras e que tenha sua sede e administração no País, na forma da lei**, que estabelecerá as condições específicas quando essas atividades se desenvolverem em faixa de fronteira ou terras indígenas.
>
> § 2º É **assegurada participação ao proprietário do solo** nos resultados da lavra, na forma e no valor que dispuser a lei.
>
> § 3º **A autorização** de pesquisa será **sempre por prazo determinado**, e as autorizações e concessões previstas neste artigo **não poderão ser cedidas ou transferidas**, total ou parcialmente, **sem prévia anuência do poder concedente**.
>
> § 4º Não dependerá de **autorização ou concessão** o aproveitamento do **potencial** de energia renovável de **capacidade reduzida**. (Grifos nossos.)

Vale a observação do conteúdo do § 3º: pode haver cessão ou transferência? **Sim**! Contanto que haja prévia anuência do poder concedente, no caso, a União.

13.3.5 Política urbana, agrícola e fundiária, e reforma agrária

O art. 182 trata da política urbana:

> Art. 182. A política de desenvolvimento urbano, executada pelo Poder Público municipal, conforme diretrizes gerais fixadas em **lei**, tem por objetivo ordenar o pleno desenvolvimento das funções sociais da cidade e garantir o bem-estar de seus habitantes. (Grifos nossos.)

A lei mencionada no dispositivo é federal: Lei nº 10.257/2001 – Estatuto da Cidade.

Os parágrafos do dispositivo ainda trazem as seguintes regras:

> Art. 182. (...)
>
> § 1º O **plano diretor**, aprovado pela Câmara Municipal, **obrigatório para cidades com mais de vinte mil habitantes**, é o instrumento básico da política de desenvolvimento e de expansão urbana.
>
> § 2º A propriedade urbana cumpre sua função social quando atende às exigências fundamentais de ordenação da cidade expressas no plano diretor.
>
> § 3º As **desapropriações** de imóveis urbanos serão feitas com **prévia e justa indenização em dinheiro.**
>
> § 4º É facultado ao Poder Público municipal, mediante **lei específica para área incluída no plano diretor**, exigir, **nos termos da lei federal**, do proprietário do solo urbano não edificado, subutilizado ou não utilizado, que **promova seu adequado aproveitamento, sob pena, sucessivamente,** de:
>
> I – **parcelamento ou edificação compulsórios;**
>
> II – imposto sobre a propriedade predial e territorial urbana **progressivo no tempo;**
>
> III – **desapropriação** com **pagamento mediante títulos da dívida pública de emissão previamente aprovada pelo Senado Federal**, com prazo de **resgate de até dez anos,** em parcelas anuais, iguais e sucessivas, assegurados o valor real da indenização e os juros legais. (Grifos nossos).

> **Atenção!**
>
> No que se refere à previsão do § 1º, em municípios com exatos 20 mil habitantes não é obrigatório o plano diretor. A Constituição fala "com mais".

A desapropriação contida no § 3º não é sanção; trata-se de necessidade ou utilidade pública, razão pela qual a indenização é prévia, justa e em dinheiro.

Já a desapropriação contida no § 4º, III é sanção em face do desatendimento à determinação pública; não obstante, não pode o Estado expropriar o indivíduo de sua propriedade – ou seja, retirar a propriedade sem compensação financeira nenhuma por isso. Mas, nesse caso, a indenização não é diretamente em dinheiro, mas em títulos da dívida pública.

No art. 183, há a previsão de hipótese de usucapião constitucional.

A política agrícola e fundiária e de reforma agrária é tratada, basicamente, em três dispositivos constitucionais: arts. 184, 185 e 186 da CF/1988.

> Art. 184. **Compete à União desapropriar por interesse social, para fins de reforma agrária**, o imóvel rural que não esteja cumprindo sua função social, **mediante prévia e justa indenização em títulos da dívida agrária**, com cláusula de preservação do valor real, **resgatáveis no prazo de até vinte anos**, a partir do segundo ano de sua emissão, e cuja utilização será definida em lei.
>
> § 1º As **benfeitorias úteis e necessárias serão indenizadas em dinheiro**. (...)
>
> Art. 185. São **insuscetíveis de desapropriação** para fins de reforma agrária:

I – a **pequena e média propriedade rural**, assim definida em lei, **desde que seu proprietário não possua outra**;

II – **a propriedade produtiva**.

Parágrafo único. A lei garantirá tratamento especial à propriedade produtiva e fixará normas para o cumprimento dos requisitos relativos a sua função social.

Art. 186. A **função social** é cumprida quando a propriedade rural atende, **simultaneamente**, segundo critérios e graus de exigência estabelecidos em lei, aos seguintes requisitos:

I – aproveitamento racional e adequado;

II – utilização adequada dos recursos naturais disponíveis e preservação do meio ambiente;

III – observância das disposições que regulam as relações de trabalho;

IV – exploração que favoreça o bem-estar dos proprietários e dos trabalhadores. (Grifos nossos.)

Importante ainda consignar a regra contida no art. 189:

Art. 189. Os **beneficiários** da distribuição de imóveis rurais **pela reforma agrária** receberão **títulos de domínio ou de concessão de uso, inegociáveis** pelo **prazo de dez anos**.

Parágrafo único. O título de domínio e a concessão de uso serão conferidos ao homem ou à mulher, ou a ambos, independentemente do estado civil, nos termos e condições previstos em lei. (Grifos nossos.)

Atenção!

O prazo de resgate dos títulos da dívida pública por desapropriação urbana é de até 10 anos; o prazo de resgate dos títulos da dívida agrária, de até 20 anos.

13.4 O Sistema Financeiro Nacional (SFN)

Pós-EC n° 40/2003, apenas restou o *caput* do art. 192, com redação dada pela própria emenda:

> Art. 192. O sistema financeiro nacional, estruturado de forma a promover o desenvolvimento equilibrado do País e a servir aos interesses da coletividade, em todas as partes que o compõem, abrangendo as cooperativas de crédito, será regulado por leis complementares que disporão, inclusive, sobre a participação do capital estrangeiro nas instituições que o integram.

Atente-se ao fato de que a Constituição exige **lei complementar** para sua regulação.

14

Da Ordem Social

14.1 Introdução

A CF/1988, no art. 193, declara que a ordem social tem como base o primado do trabalho, e como objetivo o bem-estar e a justiça sociais.

O parágrafo único do dispositivo, incluído pela EC nº 108/2020, diz que o Estado exercerá a função de planejamento das políticas sociais, assegurada, na forma da lei, a participação da sociedade nos processos de formulação, monitoramento, controle e avaliação dessas políticas.

14.2 Seguridade Social

Nos termos do texto constitucional, a seguridade social compreende um conjunto integrado de ações de iniciativa dos Poderes Públicos e da sociedade, destinadas a assegurar os direitos relativos **à saúde, à previdência e à assistência social.**

Compete ao Poder Público, nos termos da lei, organizar a seguridade social, com base nos seguintes objetivos:

Art. 194. (...)

Parágrafo único. (...)

I – universalidade da cobertura e do atendimento;

II – uniformidade e equivalência dos benefícios e serviços às populações urbanas e rurais;

III – seletividade e distributividade na prestação dos benefícios e serviços;

IV – irredutibilidade do valor dos benefícios;

V – equidade na forma de participação no custeio;

VI – diversidade da base de financiamento, identificando-se, em rubricas contábeis específicas para cada área, as receitas e as despesas vinculadas a ações de saúde, previdência e assistência social, preservado o caráter contributivo da previdência social; (Redação dada pela EC nº 103/2019).

VII – caráter democrático e descentralizado da administração, mediante gestão quadripartite, com participação dos trabalhadores, dos empregadores, dos aposentados e do Governo nos órgãos colegiados.

O art. 195 determina as bases de financiamento da seguridade social. Segundo o dispositivo, a seguridade social será financiada por toda a sociedade, de forma direta e indireta, nos termos da lei, mediante recursos provenientes dos orçamentos da União, dos Estados, do Distrito Federal e dos Municípios, e das seguintes contribuições sociais:

Art. 195 (...)

I – do empregador, da empresa e da entidade a ela equiparada na forma da lei, incidentes sobre:

a) a folha de salários e demais rendimentos do trabalho pagos ou creditados, a qualquer título, à pessoa física que lhe preste serviço, mesmo sem vínculo empregatício;

b) a receita ou o faturamento;

c) o lucro;

II – do trabalhador e dos demais segurados da previdência social, podendo ser adotadas alíquotas progressivas de acordo com o valor do salário de contribuição, não incidindo contribuição sobre aposentadoria e pensão concedidas pelo Regime Geral de Previdência Social; (Redação dada pela ECn° 103/2019.)

III – sobre a receita de concursos de prognósticos;

IV – do importador de bens ou serviços do exterior, ou de quem a lei a ele equiparar.

A União detém competência residual para instituição de contribuição, conforme o § 4° do art. 195. Exige-se a edição de lei complementar para tanto.

A cobrança das contribuições sociais se sujeita ao prazo de 90 dias de publicação da lei que as houver instituído, nos termos do § 6° do art. 195.

São isentas de contribuição para a seguridade social as entidades beneficentes de assistência social que atendam às exigências estabelecidas em lei; como se trata de limitação constitucional ao poder de tributar, deve ser lei complementar.

O produtor, o parceiro, o meeiro e o arrendatário rurais e o pescador artesanal, bem como os respectivos cônjuges, que exerçam suas atividades em regime de economia familiar, sem empregados permanentes, contribuirão para a seguridade social mediante a aplicação de uma alíquota sobre o resultado da comercialização da produção e farão jus aos benefícios nos termos da lei. É o que dispõe o § 8°.

As contribuições sociais previstas no inciso I do art. 195 poderão ter alíquotas diferenciadas em razão da atividade econômica, da utilização intensiva de mão de obra, do porte da empresa ou da condição estrutural do mercado de trabalho, **sendo também autorizada a adoção de bases de cálculo diferenciadas** apenas no caso das alíneas *b* e *c* do inciso I do dispositivo. É o § 9° com redação dada pela EC n° 103/2019.

Por último e mais importante, o § 5° dispõe, com o intuito de evitar irresponsabilidades na concessão de benefícios previdenciários e assistenciais, que nenhum benefício ou serviço da seguridade social poderá ser criado, majorado ou estendido sem a correspondente fonte de custeio total.

O § 3° proíbe que pessoa jurídica em débito com o sistema da seguridade social, como estabelecido em lei, contrate com o Poder Público ou dele receba benefícios ou incentivos fiscais ou creditícios. Não obstante, a regra foi excepcionada e não se aplica durante a vigência da calamidade pública provocada pela pandemia, conforme o parágrafo único do art. 3° da EC n° 106/2020.[1]

14.2.1 Saúde

As regras estão previstas do art. 196 ao 200.

A saúde é direito de todos e dever do Estado, garantido mediante políticas sociais e econômicas que visem à redução do risco de doença e de outros agravos e ao acesso universal

---

[1] Art. 3° Desde que não impliquem despesa permanente, as proposições legislativas e os atos do Poder Executivo com propósito exclusivo de enfrentar a calamidade e suas consequências sociais e econômicas, com vigência e efeitos restritos à sua duração, ficam dispensados da observância das limitações legais quanto à criação, à expansão ou ao aperfeiçoamento de ação governamental que acarrete aumento de despesa e à concessão ou à ampliação de incentivo ou benefício de natureza tributária da qual decorra renúncia de receita.
Parágrafo único. Durante a vigência da calamidade pública nacional de que trata o art. 1° desta Emenda Constitucional, não se aplica o disposto no § 3° do art. 195 da Constituição Federal.

e igualitário às ações e serviços para sua promoção, proteção e recuperação.

Não obstante a previsão de ser dever do Estado, a assistência à saúde é livre à iniciativa privada, conforme o art. 199.

As ações e serviços públicos de saúde integram uma rede regionalizada e hierarquizada e constituem um sistema único, organizado de acordo com as seguintes diretrizes:

Art. 198. (...)

I – descentralização, com direção única em cada esfera de governo;

II – atendimento integral, com prioridade para as atividades preventivas, sem prejuízo dos serviços assistenciais;

III – participação da comunidade".

Ao SUS compete, além de outras atribuições, nos termos da lei:

Art. 200. (...)

I – controlar e fiscalizar procedimentos, produtos e substâncias de interesse para a saúde e participar da produção de medicamentos, equipamentos, imunobiológicos, hemoderivados e outros insumos;

II – **executar as ações de vigilância sanitária e epidemiológica**, bem como as de saúde do trabalhador;

III – ordenar a formação de recursos humanos na área de saúde;

IV – **participar** da formulação da **política e da execução das ações de saneamento básico**;

V – incrementar, em sua área de atuação, o desenvolvimento científico e tecnológico e a inovação;

> VI – fiscalizar e inspecionar alimentos, compreendido o controle de seu teor nutricional, bem como bebidas e águas para consumo humano;
>
> VII – participar do controle e fiscalização da produção, transporte, guarda e utilização de substâncias e produtos psicoativos, tóxicos e radioativos;
>
> VIII – **colaborar na proteção do meio ambiente**, nele compreendido o do trabalho. (Grifos nossos.)

Ainda sobre o direito à saúde e o SUS, o STF decidiu pela constitucionalidade da regra contida no art. 32 da Lei nº 9.656/1998, que determina o ressarcimento ao SUS, por planos de saúde, por procedimentos médicos, hospitalares ou ambulatoriais (RE nº 597.064).

14.2.2 Previdência social

As regras estão previstas nos arts. 201 e 202, tendo sofrido algumas mudanças por meio da EC nº 103/2019. Senão, vejamos.

Segundo o art. 201, a previdência social será organizada sob a forma do Regime Geral de Previdência Social (RGPS), de caráter contributivo e de filiação obrigatória, observados critérios que preservem o equilíbrio financeiro e atuarial, e atenderá, na forma da lei, a:

> I – cobertura dos eventos de incapacidade temporária ou permanente para o trabalho e idade avançada; (Redação dada pela Emenda Constitucional nº 103, de 2019.)
>
> II – proteção à maternidade, especialmente à gestante;
>
> III – proteção ao trabalhador em situação de desemprego involuntário;

IV – salário-família e auxílio-reclusão para os dependentes dos segurados de baixa renda;

V – pensão por morte do segurado, homem ou mulher, ao cônjuge ou companheiro e dependentes, observado o disposto no § 2º.

Quanto a fixação e preservação do valor dos benefícios, são assegurados:

> Art. 201. (...)
>
> § 2º **Nenhum benefício** que substitua o salário de contribuição ou o rendimento do trabalho do segurado **terá valor mensal inferior ao salário mínimo.**
>
> § 3º Todos os salários de contribuição considerados para o cálculo de benefício serão devidamente atualizados, na forma da lei.
>
> § 4º É assegurado o **reajustamento dos benefícios** para preservar-lhes, em caráter permanente, **o valor real**, conforme critérios definidos em lei.
>
> (...)
>
> § 6º A **gratificação natalina** dos aposentados e pensionistas terá por base o valor dos proventos do mês de dezembro de cada ano. (Grifos nossos.)

É vedada a filiação ao RGPS, na qualidade de segurado facultativo, de pessoa participante de RPPS.

Após a EC nº 103/2019, são as seguintes as condições a serem cumpridas para aposentação no RGPS:

> Art. 201. (...)
>
> § 7º É assegurada aposentadoria no regime geral de previdência social, nos termos da lei, obedecidas as seguintes condições:

I – **65 (sessenta e cinco) anos de idade, se homem**, e **62 (sessenta e dois) anos de idade, se mulher**, observado **tempo mínimo de contribuição**;

II – **60 (sessenta) anos de idade**, se homem, e **55 (cinquenta e cinco) anos de idade, se mulher**, para os **trabalhadores rurais** e para os que exerçam suas **atividades em regime de economia familiar**, nestes incluídos o produtor rural, o garimpeiro e o pescador artesanal;

§ 8º O **requisito de idade** a que se refere o inciso I do § 7º será **reduzido em 5 (cinco) anos, para o professor** que comprove **tempo de efetivo exercício** das funções de **magistério na educação infantil e no ensino fundamental e médio fixado em lei complementar.**

§ 9º Para fins de aposentadoria, será **assegurada a contagem recíproca** do tempo de contribuição entre o Regime Geral de Previdência Social e os regimes próprios de previdência social, e destes entre si, observada a compensação financeira, de acordo com os critérios estabelecidos em lei.

§ 9º-A O tempo de serviço militar exercido nas atividades de que tratam os arts. 42, 142 e 143 e o tempo de contribuição ao Regime Geral de Previdência Social ou a regime próprio de previdência social terão contagem recíproca para fins de inativação militar ou aposentadoria, e a compensação financeira será devida entre as receitas de contribuição referentes aos militares e as receitas de contribuição aos demais regimes.

(...)

§ 12 Lei instituirá **sistema especial de inclusão previdenciária**, com alíquotas diferenciadas, para atender aos **trabalhadores de baixa renda, inclusive** os que se encontram em **situação de informalidade, e àqueles sem** renda própria que se dediquem exclusivamente ao trabalho doméstico no âmbito de sua residência, desde que pertencentes a famílias de baixa renda.

§ 13 A aposentadoria concedida ao segurado de que trata o § 12 terá valor de 1 (um) salário-mínimo.

§ 14 É vedada a contagem de tempo de contribuição fictício para efeito de concessão dos benefícios previdenciários e de contagem recíproca.

§ 15 Lei complementar estabelecerá vedações, regras e condições para a acumulação de benefícios previdenciários.

§ 16 Os **empregados dos consórcios públicos, das empresas públicas, das sociedades de economia mista e das suas subsidiárias serão aposentados compulsoriamente, observado o cumprimento do tempo mínimo de contribuição**, ao atingir a idade máxima de que trata o inciso II do § 1º do art. 40, na forma estabelecida em lei. (Grifos nossos.)

14.2.3 Assistência social

Para usufruir dos benefícios da assistência social, assim como na saúde, não é necessário que o indivíduo contribua para tanto. Assim, a assistência social, conforme o próprio texto constitucional, será prestada a quem dela necessitar, independentemente de contribuição à seguridade social, e tem por objetivos:

Art. 203. (...)

I – a proteção à família, à maternidade, à infância, à adolescência e à velhice;

II – o amparo às crianças e adolescentes carentes;

III – a promoção da integração ao mercado de trabalho;

IV – a habilitação e reabilitação das pessoas portadoras de deficiência e a promoção de sua integração à vida comunitária;

V – a garantia de um salário mínimo de benefício mensal à pessoa portadora de deficiência e ao idoso que comprovem não possuir meios de prover à própria manutenção ou de tê-la provida por sua família, conforme dispuser a lei;

VI – a redução da vulnerabilidade socioeconômica de famílias em situação de pobreza ou de extrema pobreza.

O inciso VI foi inserido no dispositivo 203 pela EC nº 114/2021. Atente-se à novidade! Está regulada nos arts. 203 e 204 da CF/1988.

Regra importante a que se deve sempre ter atenção, especialmente voltada para os Estados e o Distrito Federal, é a contida no art. 204, parágrafo único:

> Art. 204. (...)
>
> Parágrafo único. É facultado aos Estados e ao Distrito Federal vincular a programa de apoio à inclusão e promoção social até cinco décimos por cento de sua receita tributária líquida, vedada a aplicação desses recursos no pagamento de:
>
> I – despesas com pessoal e encargos sociais;
>
> II – serviço da dívida;
>
> III – qualquer outra despesa corrente não vinculada diretamente aos investimentos ou ações apoiados.

14.3 Educação

A educação, direito de todos e dever do Estado e da família, será promovida e incentivada com a colaboração da sociedade, visando ao pleno desenvolvimento da pessoa, seu preparo para o exercício da cidadania e sua qualificação para o trabalho.

As normas constitucionais que tratam da educação estão previstas nos arts. 205 a 214.

Os princípios que o ensino terá como base estão previstos no art. 206:

> Art. 206. (...)
>
> I – igualdade de condições para o acesso e permanência na escola;
>
> II – liberdade de aprender, ensinar, pesquisar e divulgar o pensamento, a arte e o saber;
>
> III – pluralismo de ideias e de concepções pedagógicas, e coexistência de instituições públicas e privadas de ensino;
>
> IV – gratuidade do ensino público em estabelecimentos oficiais;
>
> V – valorização dos profissionais da educação escolar, garantidos, na forma da lei, planos de carreira, com ingresso exclusivamente por concurso público de provas e títulos, aos das redes públicas;
>
> VI – gestão democrática do ensino público, na forma da lei;
>
> VII – garantia de padrão de qualidade;
>
> VIII – piso salarial profissional nacional para os profissionais da educação escolar pública, nos termos de lei federal;
>
> IX – garantia do direito à educação e à aprendizagem ao longo da vida. (Incluído pela Emenda Constitucional nº 108, de 2020.)

Segundo o STF, "a cobrança de taxa de matrícula nas Universidades Públicas viola o disposto no art. 206, inciso IV, da Constituição Federal" **(Súmula Vinculante nº 12)**.

As universidades gozam de autonomia didático-científica, administrativa e de gestão financeira e patrimonial, e obedecerão ao princípio de indissociabilidade entre ensino, pesquisa e extensão. É facultado às universidades admitir professores, técnicos e cientistas estrangeiros, na forma da lei. Essas regras aplicam-se às instituições de pesquisa científica e tecnológica e estão dispostas no art. 207 da CF/1988.

Nos termos do art. 209, o ensino é livre à iniciativa privada, atendidas as seguintes condições: "I – cumprimento das normas gerais da educação nacional; II – autorização e avaliação de qualidade pelo Poder Público".

A União, os Estados, o Distrito Federal e os Municípios organizarão em regime de colaboração seus sistemas de ensino. Ainda, conforme o art. 211:

> Art. 211. (...)
>
> § 1º A União organizará o sistema federal de ensino e o dos Territórios, financiará as instituições de ensino públicas federais e exercerá, em matéria educacional, função redistributiva e supletiva, de forma a garantir equalização de oportunidades educacionais e padrão mínimo de qualidade do ensino mediante assistência técnica e financeira aos Estados, ao Distrito Federal e aos Municípios;
>
> § 2º Os **Municípios atuarão prioritariamente no ensino fundamental e na educação infantil.**
>
> § 3º Os **Estados e o Distrito Federal atuarão prioritariamente no ensino fundamental e médio.**

§ 4º Na organização de seus sistemas de ensino, a União, os Estados, o Distrito Federal e os Municípios definirão formas de colaboração, de forma a assegurar a universalização, a qualidade e a equidade do ensino obrigatório.

§ 5º A educação básica pública atenderá prioritariamente ao ensino regular.

§ 6º A União, os Estados, o Distrito Federal e os Municípios exercerão ação redistributiva em relação a suas escolas.

§ 7º O padrão mínimo de qualidade de que trata o § 1º deste artigo considerará as condições adequadas de oferta e terá como referência o Custo Aluno Qualidade (CAQ), pactuados em regime de colaboração na forma disposta em lei complementar, conforme o parágrafo único do art. 23 desta Constituição. (Grifos nossos.)

Atenção!

O que a Constituição preconiza aos Municípios, aos Estados e ao Distrito Federal é a atuação prioritária, não exclusiva. Portanto, pode um estado, por exemplo, manter uma instituição de ensino superior, em que pese não ser essa a sua prioridade na educação, conforme determina a CF/1988.

Para o STF, é constitucional a norma federal que prevê a forma de atualização do piso nacional do magistério da educação básica (ADI nº 4.848).

O §§ 7º, 8º e 9º foram incluídos pela EC nº 108/2020 ao art. 212, que também agregou ao texto constitucional o art. 212-A, que estabelece critérios para aplicação do recurso previsto no art. 212 da CF/1988. Os dispositivos merecem leitura, especialmente o art. 212, vez que se trata de exceção à regra contida no art. 167, IV, da CF/1988.

Segundo o STF, a exigência de seis anos de idade para ingresso no ensino fundamental é constitucional, cabendo ao Ministério da Educação definir o momento em que deve ser preenchido o critério etário (ADC nº 17).

Questão bastante debatida no RE nº 888.815 foi a possibilidade do ensino domiciliar (*homeschooling*) no Brasil, segundo a CF/1988. A Corte Suprema definiu que, atualmente, o ensino domiciliar no Brasil não é possível, entretanto, afirmou que não há vedação expressa pela Constituição acerca dessa possibilidade. Entretanto, não havendo legislação que defina a matéria, bem como mecanismos de avaliação e fiscalização para o ensino domiciliar, atualmente não é possível.

> CONSTITUCIONAL. EDUCAÇÃO. DIREITO FUNDAMENTAL RELACIONADO À DIGNIDADE DA PESSOA HUMANA E À EFETIVIDADE DA CIDADANIA. DEVER SOLIDÁRIO DO ESTADO E DA FAMÍLIA NA PRESTAÇÃO DO ENSINO FUNDAMENTAL. NECESSIDADE DE LEI FORMAL, EDITADA PELO CONGRESSO NACIONAL, PARA REGULAMENTAR O ENSINO DOMICILIAR. RECURSO DESPROVIDO. 1. A educação é um direito fundamental relacionado à dignidade da pessoa humana e à própria cidadania, pois exerce dupla função: de um lado, qualifica a comunidade como um todo, tornando-a esclarecida, politizada, desenvolvida (CIDADANIA); de outro, dignifica o indivíduo, verdadeiro titular desse direito subjetivo fundamental (DIGNIDADE DA PESSOA HUMANA). No caso da educação básica obrigatória (CF, art. 208, I), os titulares desse direito indisponível à educação são as crianças e adolescentes em idade escolar. 2. É dever da família, sociedade e Estado assegurar à criança, ao adolescente e ao jovem, com absoluta prioridade, a educação.

A Constituição Federal consagrou o dever de solidariedade entre a família e o Estado como núcleo principal à formação educacional das crianças, jovens e adolescentes com a dupla finalidade de defesa integral dos direitos das crianças e dos adolescentes e sua formação em cidadania, para que o Brasil possa vencer o grande desafio de uma educação melhor para as novas gerações, imprescindível para os países que se querem ver desenvolvidos. 3. A Constituição Federal não veda de forma absoluta o ensino domiciliar, mas proíbe qualquer de suas espécies que não respeite o dever de solidariedade entre a família e o Estado como núcleo principal à formação educacional das crianças, jovens e adolescentes. São inconstitucionais, portanto, as espécies de *unschooling* radical (desescolarização radical), unschooling moderado (desescolarização moderada) e *homeschooling* puro, em qualquer de suas variações. 4. O ensino domiciliar não é um direito público subjetivo do aluno ou de sua família, porém não é vedada constitucionalmente sua criação por meio de lei federal, editada pelo Congresso Nacional, na modalidade "utilitarista" ou "por conveniência circunstancial", desde que se cumpra a obrigatoriedade, de 4 a 17 anos, e se respeite o dever solidário Família/Estado, o núcleo básico de matérias acadêmicas, a supervisão, avaliação e fiscalização pelo Poder Público; bem como as demais previsões impostas diretamente pelo texto constitucional, inclusive no tocante às finalidades e objetivos do ensino; em especial, evitar a evasão escolar e garantir a socialização do indivíduo, por meio de ampla convivência familiar e comunitária (CF, art. 227). 5. Recurso extraordinário desprovido, com a fixação da seguinte tese (TEMA 822): **"Não existe direito público subjetivo do aluno ou de sua família ao ensino domiciliar, inexistente na legislação**

brasileira" (RE n° 888.815, Rel. Min. Roberto Barroso, Rel. p/ Acórdão: Alexandre de Moraes, Tribunal Pleno, julgado em 12.09.2018, REPERCUSSÃO GERAL – MÉRITO *DJe* 21.03.2019 – grifos nossos).

No que se refere ao ensino religioso, o STF assentou a constitucionalidade do ensino religioso nas escolas públicas, podendo ser confessional e facultativo, e assegurando também o proselitismo nesse ensino (ADI n° 4.439); pela importância, vejamos:

> 5. A Constituição Federal garante aos alunos, que expressa e voluntariamente se matriculem, o pleno exercício de seu direito subjetivo ao ensino religioso como disciplina dos horários normais das escolas públicas de ensino fundamental, ministrada de acordo com os princípios de sua confissão religiosa e baseada nos dogmas da fé, inconfundível com outros ramos do conhecimento científico, como história, filosofia ou ciência das religiões. 6. O binômio Laicidade do Estado/Consagração da Liberdade religiosa está presente na medida em que o texto constitucional (a) expressamente garante a voluntariedade da matrícula para o ensino religioso, consagrando, inclusive o dever do Estado de absoluto respeito aos agnósticos e ateus; (b) implicitamente impede que o Poder Público crie de modo artificial seu próprio ensino religioso, com um determinado conteúdo estatal para a disciplina; bem como proíbe o favorecimento ou hierarquização de interpretações bíblicas e religiosas de um ou mais grupos em detrimento dos demais. 7. Ação direta julgada improcedente, declarando-se a constitucionalidade do artigo 33, *caput* e §§ 1° e 2°, da Lei n° 9.394/1996, e do art. 11, § 1°,

do Acordo entre o Governo da República Federativa do Brasil e a Santa Sé, relativo ao Estatuto Jurídico da Igreja Católica no Brasil, e afirmando-se a **constitucionalidade do ensino religioso confessional como disciplina facultativa dos horários normais das escolas públicas de ensino fundamental**. (ADI nº 4.439, Rel. Min. Roberto Barroso, Rel. p/ Acórdão: Alexandre de Moraes, Tribunal Pleno, julgado em 27.09.2017, *DJe* 21.06.2018).

Nos termos do art. 212, a União aplicará, anualmente, nunca menos de 18%, e os Estados, o Distrito Federal e os Municípios, 25%, no mínimo, da receita resultante de impostos, compreendida a proveniente de transferências, na manutenção e desenvolvimento do ensino.

14.4 Cultura

A cultura é tratada nos arts. 215 e 216-A.

Determina a CF/1988 que o Estado garantirá a todos o pleno exercício dos direitos culturais e acesso às fontes da cultura nacional, e apoiará e incentivará a valorização e a difusão das manifestações culturais.

Constitui o patrimônio cultural brasileiro os bens de natureza material e imaterial, tomados individualmente ou em conjunto, portadores de referência à identidade, à ação, à memória dos diferentes grupos formadores da sociedade brasileira, nos quais se incluem:

Art. 216. (...)

I – as formas de expressão;

II – os modos de criar, fazer e viver;

III – as criações científicas, artísticas e tecnológicas;

IV – as obras, objetos, documentos, edificações e demais espaços destinados às manifestações artístico-culturais;

V – os conjuntos urbanos e sítios de valor histórico, paisagístico, artístico, arqueológico, paleontológico, ecológico e científico.

Atenção!

O § 5° do art. 216 traz regra de tombamento constitucional; ou seja, hipótese de bens tombados diretamente pela Constituição: "Ficam tombados todos os documentos e os sítios detentores de reminiscências históricas dos antigos quilombos".

14.5 Desporto

É tratado no art. 217 da CF/1988. É dever do Estado fomentar práticas desportivas formais e não formais

Conforme o art. 217, § 1°, o Poder Judiciário só admitirá ações relativas à disciplina e às competições desportivas após esgotarem-se as instâncias da justiça desportiva, regulada em lei.

Apesar da nomenclatura "justiça desportiva", trata-se de órgão de natureza administrativa; a regra ainda excepciona a previsão constitucional contida no art. 5°, XXXV, determinando que o Poder Judiciário só poderá admitir ações relativas à disciplina desportiva, após prévio esgotamento da referida instância da justiça desportiva. Trata-se da "jurisdição condicionada" ou "instância administrativa de curso forçado".

14.6 Ciência, tecnologia, inovação e comunicação social

A Constituição trata da ciência, da tecnologia e da inovação nos arts. 218 e 219-B. Da comunicação social, nos arts. 220 a 224.

A comunicação social e a liberdade de informação devem ser interpretadas em cotejo com outras previsões constitucionais, especialmente as que tratam da intimidade e da inviolabilidade à honra, à imagem do indivíduo. Eis por que não podem ser lidas de forma absoluta, conforme a CF/1988.

É vedada toda e qualquer censura de natureza política, ideológica e artística.

> Segundo o art. 220, § 3º, compete à lei federal:
>
> I – regular as diversões e espetáculos públicos, cabendo ao Poder Público informar sobre a natureza deles, as faixas etárias a que não se recomendem, locais e horários em que sua apresentação se mostre inadequada;
>
> II – estabelecer os meios legais que garantam à pessoa e à família a possibilidade de se defenderem de programas ou programações de rádio e televisão que contrariem o disposto no art. 221, bem como da propaganda de produtos, práticas e serviços que possam ser nocivos à saúde e ao meio ambiente.

A participação do capital estrangeiro na comunicação social também está prevista na CF/1988:

> Em qualquer caso, pelo menos setenta por cento do capital total e do capital votante das empresas jornalísticas e de radiodifusão sonora e de sons e imagens deverá pertencer, direta ou indiretamente, a brasileiros natos ou naturalizados há mais de dez anos, que exercerão

obrigatoriamente a gestão das atividades e estabelecerão o conteúdo da programação(art. 222, § 1º – grifos nossos).

14.7 Meio ambiente

O regime básico de proteção ao meio ambiente está traçado pela CF/1988, em seu art. 225. A leitura do dispositivo é obrigatória para quem se sujeita às provas de concursos públicos.

Segundo o STF, é inconstitucional, com base no art. 225, a importação de pneus usados (ADPF nº 101).

Ainda, o STF entende que decorre da CF/1988 o princípio, reconhecido pela doutrina, da precaução ambiental (ADI nº 5.447).

Importante registrar que, para o STF, no que se refere à norma prevista no art. 225, § 3º, a reparação civil do dano ambiental – não a penal! – é imprescritível (RE nº 654.833).

Registre-se que, com base no § 7º do art. 225 da CF/1988, inserido no texto constitucional pela EC nº 96/2017, foi promulgada a Lei nº 13.364/2016, posterior, assim, à decisão do STF acerca da proibição do esporte de vaquejada (ADI nº 4.983). Em face desse cenário, foi proposta ADI para declaração da inconstitucionalidade da referida emenda constitucional. Até o momento, pendente de apreciação.

Sobre o uso de animais para testes de produtos cosméticos, de higiene pessoal e afins, na ADI nº 5.995, assim se manifestou o STF:

> Não havendo norma federal disciplinadora, **é constitucional lei estadual que proíba a utilização de animais para desenvolvimento, experimento e teste de produtos cosméticos, higiene pessoal, perfumes, limpeza e seus componentes.**

Ante a inexistência de disciplina da matéria em nível federal, nos termos do art. 24, § 3º, da Constituição Federal (CF) (1), é permitido aos estados exercitar a competência legislativa plena.

Na hipótese, apesar da proximidade temática da norma impugnada em relação ao conteúdo da Lei federal nº 11.794/2008, esta possui objeto distinto, pois dispõe tão somente acerca do uso de animais para afins de atividade de ensino e pesquisa científica.

Portanto, e no mesmo sentido de recente julgamento de questão análoga (2), não há, no caso, invasão da competência da União para editar normas gerais sobre fauna, conservação da natureza e proteção do meio ambiente (art. 24, VI, da CF).

É inconstitucional norma estadual que veda a comercialização de produtos desenvolvidos a partir de teste em animais, bem como a que determina conste no rótulo informação acerca da não realização de testes em animais.

Isso porque esses dispositivos legais violam a competência legislativa da União para editar normas gerais sobre produção e consumo, e para legislar sobre comércio interestadual.

Ademais, a vedação imposta genericamente à comercialização de todo e qualquer produto sem distinção da sua respectiva origem invade a competência da União para legislar sobre comércio interestadual, nos termos do art. 22, VIII, da CF (3).

Com base nesse entendimento, o Plenário, por maioria, julgou parcialmente procedente pedido formulado em ação direta para declarar a inconstitucionalidade do parágrafo único do art. 1º e do art. 4º da Lei nº 7.814/2017 do estado do Rio de Janeiro.

Precedente citado: ADI 5.996/AM, relator Min. Alexandre de Moraes (DJe de 30.4.2020).

14.8 Da família, da criança, do adolescente, do jovem e do idoso

A CF destina os arts. 226 a 230 ao tema.

Com base no referido capítulo em que o STF reconheceu a união estável homoafetiva, vejamos transcrição de parte da ementa do jugado da ADI nº 4.277, em face de sua importância:

> (...) TRATAMENTO CONSTITUCIONAL DA INSTITUIÇÃO DA FAMÍLIA. RECONHECIMENTO DE QUE A CONSTITUIÇÃO FEDERAL NÃO EMPRESTA AO SUBSTANTIVO "FAMÍLIA" NENHUM SIGNIFICADO ORTODOXO OU DA PRÓPRIA TÉCNICA JURÍDICA. A FAMÍLIA COMO CATEGORIA SÓCIO-CULTURAL E PRINCÍPIO ESPIRITUAL. DIREITO SUBJETIVO DE CONSTITUIR FAMÍLIA. INTERPRETAÇÃO NÃO-REDUCIONISTA. O *caput* do art. 226 confere à família, base da sociedade, especial proteção do Estado. Ênfase constitucional à instituição da família. Família em seu coloquial ou proverbial significado de núcleo doméstico, pouco importando se formal ou informalmente constituída, ou se integrada por casais heteroafetivos ou por pares homoafetivos. A Constituição de 1988, ao utilizar-se da expressão "família", não limita sua formação a casais heteroafetivos nem a formalidade cartorária, celebração civil ou liturgia religiosa. Família como instituição privada que, voluntariamente constituída entre pessoas adultas, mantém com o Estado e a sociedade civil uma necessária relação tricotômica. Núcleo familiar que é o principal lócus institucional de

concreção dos direitos fundamentais que a própria Constituição designa por "intimidade e vida privada" (inciso X do art. 5º). Isonomia entre casais heteroafetivos e pares homoafetivos que somente ganha plenitude de sentido se desembocar no igual direito subjetivo à formação de uma autonomizada família. Família como figura central ou continente, de que tudo o mais é conteúdo. Imperiosidade da interpretação não-reducionista do conceito de família como instituição que também se forma por vias distintas do casamento civil. Avanço da Constituição Federal de 1988 no plano dos costumes. Caminhada na direção do pluralismo como categoria sócio-político-cultural. Competência do Supremo Tribunal Federal para manter, interpretativamente, o Texto Magno na posse do seu fundamental atributo da coerência, o que passa pela eliminação de preconceito quanto à orientação sexual das pessoas. (...)

O art. 227, § 4º contém mandado de incriminação voltado ao legislador: "A lei punirá severamente o abuso, a violência e a exploração sexual da criança e do adolescente."

Por fim, o art. 230, § 2º contém norma constitucional de eficácia plena que garante aos maiores de 65 anos a gratuidade dos transportes coletivos urbanos.

Após anos de decisões controvertidas e posições dissonantes na jurisprudência, especialmente em sede de lides de natureza previdenciária, o STF, ao julgar o RE nº 1.045.273, assentou a ilegitimidade da existência paralela de conhecidas uniões estáveis ou casamento e união estável, tendo em vista a adoção da monogamia pela CF/1988 como forma de constituição de família.

14.9 Dos índios

Aos índios são reconhecidos sua organização social, costumes, línguas, crenças e tradições, e os direitos originários sobre as terras que tradicionalmente ocupam, competindo à União demarcá-las, proteger e fazer respeitar todos os seus bens.

Segundo os parágrafos do art. 231:

> Art. 231. (...)
>
> § 1º São **terras tradicionalmente ocupadas pelos índios** as por eles **habitadas em caráter permanente,** as **utilizadas para suas atividades produtivas,** as imprescindíveis à **preservação dos recursos ambientais necessários a seu bem-estar e as necessárias a sua reprodução física e cultural, segundo seus usos, costumes e tradições.**
>
> § 2º As **terras tradicionalmente** ocupadas pelos índios destinam-se a sua **posse permanente, cabendo-lhes o usufruto exclusivo das riquezas** do solo, dos rios e dos lagos nelas existentes.
>
> § 3º O aproveitamento dos recursos hídricos, incluídos os potenciais energéticos, a pesquisa e a lavra das riquezas minerais em terras indígenas só podem ser efetivados com **autorização do Congresso Nacional,** ouvidas as comunidades afetadas, ficando-lhes assegurada participação nos resultados da lavra, na forma da lei.
>
> § 4º As **terras** de que **trata este artigo são inalienáveis e indisponíveis, e os direitos sobre elas, imprescritíveis.**
>
> § 5º É vedada a remoção dos grupos indígenas de suas terras, salvo, "ad referendum" do Congresso Nacional, em **caso de catástrofe ou epidemia** que ponha em risco sua população, **ou no interesse da soberania do País,** após deliberação do Congresso Nacional, garan-

tido, em qualquer hipótese, o retorno imediato logo que cesse o risco.

§ 6º São nulos e extintos, não produzindo efeitos jurídicos, os atos que tenham por objeto a ocupação, o domínio e a posse das terras a que se refere este artigo, ou a exploração das riquezas naturais do solo, dos rios e dos lagos nelas existentes, ressalvado relevante interesse público da União, segundo o que dispuser lei complementar, não gerando a nulidade e a extinção direito a indenização ou a ações contra a União, salvo, na forma da lei, quanto às benfeitorias derivadas da ocupação de boa-fé.

§ 7º Não se aplica às terras indígenas o disposto no art. 174, § 3º e § 4º. (Grifos nossos.)

No que se refere à previsão do § 5º, verificam-se duas situações que permitem a remoção dos grupos indígenas: a primeira, em caso de catástrofe ou epidemia que ponha em risco a população; nesse caso, o Congresso Nacional, posteriormente à remoção, o que se justifica em face da urgência das duas situações, poderá referendar a medida.

A segunda situação do § 5º, qual seja, no interesse da soberania do País, demanda deliberação prévia do Congresso Nacional para a remoção dos grupos indígenas.

Quanto ao § 7º do art. 231 e aos §§ 3º e 4º do art. 174 da CF/1988, conferem, em suma, tratamento diferenciado às cooperativas garimpeiras; entretanto, no que se refere às terras indígenas, essas regras não se aplicam.

Por fim, nos termos do art. 232, os índios, suas comunidades e organizações são partes legítimas para ingressar em juízo em defesa de seus direitos e interesses, intervindo o Ministério Público em todos os atos do processo.

Referências

ABBOUD, Georges. *Processo constitucional brasileiro*. 2. ed. São Paulo: Editora Thomson Reuters – Revista dos Tribunais, 2018.

ALEXANDRINO, Marcelo; PAULO, Vicente. *Direito constitucional descomplicado*. 5. ed. Rio de Janeiro: Editora Método, 2010.

ÁVILA, Humberto. *Fundamentos do direito tributário*. Madrid: Editora Marcial Pons, 2012.

BARROSO, Luís Roberto. *Curso de direito constitucional contemporâneo*. Os conceitos fundamentais e a construção do novo modelo. 5. ed. São Paulo: Editora Saraiva, 2015.

BONAVIDES, Paulo. *Curso de direito constitucional*. 22. ed. São Paulo: Editora Malheiros, 2008.

CAVALCANTE, Márcio André Lopes. *Principais julgados do STF e STJ comentados:* julgados de 2018. Salvador: Editora JusPodivm, 2019.

CARVALHO FILHO, José dos Santos. *Manual de direito administrativo*. 25. ed. São Paulo: Editora Atlas, 2012.

FERNANDES, Bernardo Gonçalves. *Curso de direito constitucional*. 2. ed. Rio de Janeiro: Editora Lumen Iuris, 2010.

GADAMER, Hans-Georg. *Verdade e método*. Petrópolis: Vozes, 1997.

GRAU, Eros Roberto. *A ordem econômica na Constituição de 1988*. 11. ed. São Paulo: Editora Malheiros, 2006.

HÄBERLE, Peter. *El estado constitucional*. Buenos Aires: Editora Ástreal, 2007.

HARADA, Kiyoshi. *Direito financeiro e tributário*. 26. ed. São Paulo: Editora Atlas, 2016.

KELSEN, Hans. *Teoria pura do direito*. São Paulo: Editora Martins Fontes, 2008.

LENZA, Pedro. *Direito constitucional esquematizado*. 23. ed. São Paulo: Editora Saraiva, 2019.

MACHADO, Hugo de Brito. *Teoria geral do direito tributário*. São Paulo: Editora Malheiros, 2015.

MEIRELLES, Hely Lopes; WALD, Arnold; MENDES, Gilmar Ferreira. *Mandado de segurança e ações constitucionais*. 37. ed. São Paulo: Editora Malheiros, 2016.

MELLO, Celso Antônio Bandeira de. *Curso de direito administrativo*. 28. ed. São Paulo: Editora Malheiros, 2010.

MENDES, Gilmar Ferreira; COELHO, Inocêncio Mártires; BRANCO, Paulo Gustavo Gonet. *Curso de direito constitucional*. 2. ed. São Paulo: Editora Saraiva, 2008.

MIRANDA, Jorge. *Teoria do estado e da Constituição*. 3. ed. Rio de Janeiro: Editora Forense, 2011.

MÜLLER, Friedrich. *Métodos de trabalho do direito constitucional*. 3. ed. Rio de Janeiro: Renovar, 2005.

PAULSEN, Leandro. *Constituição e código tributário comentados*: à luz da doutrina e da jurisprudência. 18. ed. São Paulo: Editora Saraiva, 2018.

PETTER, Lafayete Josué. *Direito financeiro*. 4. ed. Porto Alegre: Editora Verbo Jurídico, 2009.

PORTELA, Paulo Henrique Gonçalves. *Direito internacional público e privado*. 4. ed. Salvador: Editora JusPodivm, 2012.

SARMENTO, Daniel. *Por um constitucionalismo inclusivo*: história constitucional brasileira, teoria da Constituição e direitos fundamentais. Rio de Janeiro: Editora Lumen Iuris, 2010.

SARMENTO, Daniel; SARLET, Ingo Wolfgang. *Direitos fundamentais no Supremo Tribunal Federal*: balanço e crítica. Rio de Janeiro: Editora Lumen Iuris, 2011.

SMEND, Rudolf. *Constitución y derecho constitucional*. Madrid: Centro de Estudios Constitucionales 1985.

TAVARES, André Ramos. *Curso de direito constitucional*. 4. ed. São Paulo: Editora Saraiva, 2006.

TAVARES, André Ramos. *Curso de direito constitucional*. 10. ed. São Paulo: Saraiva, 2012.

TAVARES, Marcelo Leonardo. *Direito previdenciário*: regime geral de previdência social e regras constitucionais dos regimes próprios de previdência social. 16. ed. Rio de Janeiro: Editora Impetus, 2015.

TORRES, Ricardo Lobo. *Curso de direito financeiro e tributário*. 20. ed. Rio de Janeiro: Editora Processo, 2018.

VIEHWEG, Theodor. *Tópica y jurisprudencia*. Madrid: Taurus, 1964.

Sítios eletrônicos:

www.stf.jus.br

www.stj.jus.br

www.planalto.gov.br